Sammlung Vandenhoeck

V&R

Kriminalität und abweichendes Verhalten

Deutschland im 18. und 19. Jahrhundert

Herausgegeben von
Helmut Berding,
Diethelm Klippel und Günther Lottes

Vandenhoeck & Ruprecht

Umschlaggestaltung: Markus Eidt
unter Verwendung der Abbildung
»View of the Tread Mill for the Employment of Prisoners«
aus: *The Gentleman's Magazine* 92 (1822)

Die Deutsche Bibliothek – CIP-Einheitsaufnahme

Kriminalität und abweichendes Verhalten :
Deutschland im 18. und 19. Jahrhundert / hrsg. von Helmut Berding,
Diethelm Klippel und Günther Lottes. –
Göttingen : Vandenhoeck und Ruprecht, 1999
(Sammlung Vandenhoeck)
ISBN 3-525-01381-7

Satz: Satzspiegel, Nörten-Hardenberg.
Druck- und Bindearbeiten: Hubert & Co., Göttingen.

Inhalt

Diethelm Klippel

Staat und Devianz

Zur Einführung

I.

Die Historische Kriminalitätsforschung – zu der fünf von sechs Beiträgen dieses Bandes zählen – bildet derzeit eines der Wachstumsgebiete der Geschichtswissenschaft. Davon zeugen schon die zahlreichen Forschungsberichte, die sich bemühen, strukturierende Überblicke über die weiter zunehmende Zahl von Veröffentlichungen zu geben.[1] Es fällt nicht schwer, Ursachen für die wissenschaftliche Hausse anzuführen: Abgesehen von Anstößen durch englischsprachige und französische Veröffentlichungen steht die Erkenntnis erheblicher Forschungsdefizite am Anfang der Entwicklung, die zudem eine etablierte Spezialdisziplin betrifft (und möglicherweise auch überrascht hat). Das Gebiet, auf dem sich die Historische Kriminalitätsforschung bewegt, galt bisher als von der Rechtsgeschichte, des näheren der Strafrechtsgeschichte besetzt, die folgerichtig gelegentlich auch für die vorhandenen Defizite verantwortlich gemacht wird.

Doch geht die Historische Kriminalitätsforschung methodisch und inhaltlich weit über die traditionellen Themen der Strafrechtsgeschichte – nämlich vor allem die Gesetzgebungs- und Wissenschaftsgeschichte – hinaus; nicht zuletzt erfolgt ein Perspektivenwechsel weg von Ideen und Normen hin zu der Lebenswelt und dem Alltag der Betroffenen, vor allem der Täter, ihrem gesellschaftlichen Hintergrund und ihren Motiven und Zwängen. Grob gesagt: Sozialgeschichtliche Fragestellungen treten an die Stelle der von der Rechtsgeschichte üblicherweise behandelten Probleme. Das zeigt sich schon an dem Begriff »Historische Kriminalitätsforschung«, in dem sich – nicht ohne Abgrenzungsabsichten gegenüber der »klassischen« Rechtsgeschichte – die Perspektivenerweiterung widerspiegelt.

Man kann nun fragen, warum es der Rechtsgeschichte, abgesehen von Ausnahmefällen, nicht gelungen ist, zumindest einen Teil der angesprochenen Fragestellungen ebenfalls zu untersuchen, oder, realistischer ausgedrückt, warum selbst bei den geläufigen Themen der Strafrechtsgeschichte große Forschungslücken festzustellen sind. In der Frage soll kein Vorwurf liegen, da die Defizite vor allem auf strukturellen und wissenschaftspolitischen Entwicklungen beruhen. Abgesehen von der in den Lehrstühlen institutionalisierten und daher starken Verknüpfung der Rechtsgeschichte mit dem Zivilrecht, die auf die Historische Rechtsschule im 19. Jahrhundert zurückgeht,[2] wird Rechtsgeschichte in Deutschland traditionellerweise von Juristen innerhalb der Juristischen Fakultäten betrieben, hat also – unabhängig von der methodischen Zugehörigkeit zur Geschichtswissenschaft[3] – zumindest auch Aufgaben in der Rechtswissenschaft zu erfüllen, in der Lehre fast ausschließlich in der Juristenausbildung. Neuerdings kommt hinzu, daß der inhaltliche und personelle Anteil der Rechtsgeschichte an der Juristenausbildung und darüber hinaus ihre Bedeutung innerhalb der Rechtswissenschaft generell in Frage gestellt werden. Auf die Auswirkungen für eine wissenschaftliche Juristenausbildung ist hier nicht einzugehen; wohl aber läßt sich erkennen, daß infolge der geschilderten Entwicklung noch weitere Teile einer als umfassend verstandenen Rechtsgeschichte – und nicht nur einzelne wie die Historische Kriminalitätsforschung – in die Kompetenz der Geschichtswissenschaft übergehen werden. Abgesehen von durchaus wünschenswerten Einzelfällen ist daher nicht zu erwarten, daß die Rechtsgeschichte bisher nicht besetztes Terrain der Historischen Kriminalitätsforschung für sich reklamieren wird.

Freilich liegt es auf der Hand, daß die Expansion der Geschichtswissenschaft auf Gebiete, die der Rechtsgeschichte zumindest benachbart sind – wenn man diese Gebiete nicht ohnehin einer wohlverstandenen »legal history« im umfassenden Sinn zurechnen will –, auch für die Geschichtswissenschaft neue, gegenstandsspezifische Probleme aufwirft. Um Mißverständnisse zu vermeiden: Auch hier geht es nicht um die Formulierung von Vorwürfen; vielmehr sollen einige methodische und inhaltliche Probleme, die von der Historischen Kriminalitätsforschung zunächst eher ausgeklammert wurden, aber neuerdings zunehmend Beachtung finden, noch deutlicher ins Bewußtsein gehoben werden.

Ganz allgemein gesprochen: Ohne die Berücksichtigung der Entwicklung und des Einflusses des Rechts bzw. rechtshistorisch zu erfassender Faktoren dürfte sich Historische Kriminalitätsforschung vor allem in der Neuzeit kaum ohne die Gefahr von Verzerrungen durchführen lassen. Die Feststellung mag für Juristen banal klingen, ist aber für Historiker nicht überflüssig: So etwa tragen Kenntnisse über den rechtlichen Ablauf eines Kriminalprozesses dazu bei, bei der Auswertung von Prozeßakten Fehler zu vermeiden; Protokolle etwa sind meist prozessual »gefiltert«, bestimmte Aussagen prozessual bedingt, also erst dann richtig zu interpretieren, wenn der juristische Kontext in Betracht gezogen wird. Auch die stärkere Einbeziehung des materiellen Strafrechts und der Interpretation strafrechtlicher Normen durch Gerichte und Rechtswissenschaft wird vielfach erforderlich sein. Da der Umgang mit Devianz sich in der Neuzeit immer mehr zu einer Aufgabe des Staates entwickelt, spielen der Staat, seine Normen und sein Personal eine erheblich wichtigere Rolle als in der Sozialgeschichte im übrigen, und zwar um so mehr, je näher die Historische Kriminalitätsforschung der Gegenwart rückt. Darüber hinaus beeinflussen nicht zuletzt Vorstellungen über Kriminalität und Bestrafung das staatliche Handeln, aber auch das Verhalten der Bevölkerung (und umgekehrt).

Diese Überlegungen führen zu der Erkenntnis, daß die Historische Kriminalitätsforschung trotz ihrer zahlreichen neuen Ergebnisse bisher von Fragestellungen, Quellen und Methoden her wichtige Themenbereiche noch nicht behandelt und zentrale Aspekte des Forschungsgebietes noch nicht erfaßt hat. Der Befund läßt sich in die Forderung ummünzen, in der Historischen Kriminalitätsforschung der Neuzeit stärker als bisher u. a. den Staat, sein Personal, das materielle und prozessuale Strafrecht und andere Normen des Rechts- und Verwaltungshandelns sowie die politische Theorie zu berücksichtigen. Doch auch die Einbeziehung der Rechtsgeschichte wird dem interdisziplinären Charakter der zu untersuchenden Entwicklungen noch nicht gerecht; Philosophie-, Psychologie- und Medizingeschichte können ebenfalls maßgeblich zur Erforschung der Kriminalität in der Geschichte beitragen.

Das wird besonders dann deutlich, wenn man Kriminalität als *Segment* abweichenden Verhaltens versteht und den Blick auf die Geschichte des Umgangs des Staates und der Gesellschaft mit weiteren Arten der Devianz richtet, etwa – wie in einem der Beiträge dieses Bandes (*Chmielewski*) – mit psychisch Kranken. Gerade solche Themen zeigen die Notwendigkeit und Fruchtbarkeit interdisziplinären Arbeitens.

II.

Die Beiträge des vorliegenden Sammelbandes zielen dementsprechend in mehrfacher Hinsicht auf eine Verbreiterung der Perspektive der Historischen Kriminalitäts- und Devianzforschung, indem sie dezidiert interdisziplinär vorgehen. Daraus entstehen Konsequenzen hinsichtlich Fragestellungen, Quellen und Methoden; sie lassen sich unter drei Gesichtspunkten zusammenfassen, die gleichzeitig das Verbindende der Beiträge darstellen und einige allgemeine Ergebnisse umschreiben (1.-3.). Darüber hinaus sind weitere Erkenntnisse hervorzuheben (4.).

1. In sämtlichen Beiträgen, wenn auch in je unterschiedlicher Weise, tritt die bestimmende Rolle des Staates und dessen Personals deutlich hervor. Richter, Verwaltungsbeamte – u. a. das Gefängnispersonal –, aber auch Ärzte im Staatsdienst bestimmten den Umgang mit Kriminalität und abweichendem Verhalten und die Handlungsspielräume der Betroffenen zwar nicht ausschließlich, aber gerade im 19. Jahrhundert doch in maßgeblicher Weise. Vor allem der Geschichte des Strafvollzugs (*Henze, Nutz, Overath*) und der Unterbringung psychisch Kranker (*Chmielewski*) kommt diese Erweiterung der Perspektive zugute.

2. Den Beiträgen liegt zudem eine gemeinsame methodische Basis zugrunde, nämlich die Erkenntnis, daß den jeweiligen Fragestellungen auf drei Ebenen nachgegangen werden kann, nämlich der realhistorischen Ebene – besser: derjenigen der Lebenswelt –, der Ebene des Staates und seiner Normen und derjenigen einer wie auch immer gearteten (juristischen, politischen, ökonomischen u. a., meist fachwissenschaftlichen) Theorie, und daß diese Ebenen nicht voneinander isoliert sind, sondern sich gegenseitig in je unterschiedlicher Weise beein-

flussen. Freilich versteht es sich, daß – je nach Fragestellung – nicht in jedem Beitrag sämtliche Ebenen in gleicher Weise ausführlich begangen werden; hervorzuheben ist jedoch die Überzeugung, daß insbesondere der theoretische Diskurs und die staatlichen Akteure und Normen in die Erforschung von Delinquenz und Devianz einzubeziehen sind.

3. Aus den beiden bisher erwähnten Aspekten ergeben sich Konsequenzen für die zu berücksichtigenden Quellen. Dementsprechend werten die Beiträge des Bandes neben den üblichen archivalischen Quellen konsequent auch rechtshistorisches Material aus, u. a. Gesetze, untergesetzliche Normen, rechtswissenschaftliche Literatur. Darüber hinaus geraten zeitgenössische Quellenbereiche in den Blick, die bisher zu Unrecht vernachlässigt wurden (sofern sie überhaupt bekannt waren): »Criminalpsychologie«, »Seelenheilkunde«, »gerichtliche Arzneywissenschaft« und »Gefängniskunde« (*Chmielewski, Greve, Henze, Nutz*). Die Erforschung von deren Autoren, Inhalten, Funktionen und Auswirkungen steht noch am Anfang, auf um so größeres Interesse dürften die hier vorgelegten Ergebnisse stoßen.

4. Teils im Zusammenhang mit den drei genannten übergreifenden Gesichtspunkten, teils aufgrund der je spezifischen Fragestellung gelangen die einzelnen Beiträge zu einer Vielzahl von weiteren Ergebnissen. Die meisten davon müssen der Lektüre der Aufsätze überlassen bleiben; doch sollen einige hier angesprochen werden.

a) Insbesondere hinsichtlich der Devianz und Delinquenz bestimmter Bevölkerungsgruppen stellt sich mit besonderem Nachdruck die Frage nach der Übereinstimmung zeitgenössischer Vorstellungen darüber mit der Wirklichkeit, ferner diejenige nach den Ursachen sowohl der Wahrnehmung als auch des Verhaltens. Der Beitrag *Eibachs* untersucht diese Fragen am Beispiel der jüdischen Gemeinde in Frankfurt a. M., einer der bedeutendsten im Alten Reich. Es wird deutlich, daß das Spektrum gerade der jüdischen Kriminalität im 18. Jahrhundert strukturbedingt, also nichts spezifisch Jüdisches war, sondern ein Problem der Affinität der den Juden offenstehenden Wirtschaftsbereiche – neben Kredit- und Wechselgeschäften vor allem die Pfandleihe und der Trödelhandel – zu bestimmten Delikten, insbesondere der Hehlerei. Der im zeitgenössischen Diskurs verbreitete Betrugsvorwurf erfüllte dementsprechend bestimmte Funktionen: Er diente einerseits der Abwehr von Bestrebungen, insbesondere die wirtschaftliche Gleichberechtigung der Juden durchzusetzen, und damit von potentieller (und in bestimmten Geschäftsbereichen auch aktueller) Konkurrenz; andererseits diente »Betrug« als Chiffre für die Denunzierung des (u. a. durch frei aushandelbare Preise) sich marktrational verhaltenden Trödelhandels als Gefahr für das »christliche«, zünftisch-merkantilistisch gelenkte Wirtschaftssystem.

b) Als eines der wichtigsten Charakteristika des 19. Jahrhunderts erscheint der maßgebliche Einfluß des Staates auf den Umgang mit Kriminalität und abweichendem Verhalten. Der Einfluß zeigt sich vor allem in gesetzlichen und untergesetzlichen Normen (*Henze, Overath*) und im Agieren und Reagieren des staatlichen Personals (*Chmieleswki, Greve, Henze, Overath*). Er betrifft das Irrenwesen (*Chmielewski*) ebenso wie den Strafprozeß (*Greve, Overath*) und den Strafvollzug (*Henze, Nutz, Overath*), und er kann unter verschiedenen Blickwinkeln untersucht werden, so etwa unter demjenigen der Reformen (*Henze, Nutz, Overath*) – insbesondere der Entwicklung zur Rechtsstaatlichkeit –, des Verhältnisses von staatlich gesetzter Norm und deren Umsetzung (*Henze, Overath*) oder demjenigen des Reagierens der Betroffenen (*Henze, Overath*). Die Ergebnisse werfen auch die Frage auf, ob nicht der Begriff der Verrechtlichung – will man ihn auf das 19. Jahrhundert überhaupt anwenden – jeweils erheblicher Präzisierungsanstrengungen bedarf, um bestimmte Entwicklungen ohne naheliegende Mißverständnisse analysieren, einordnen und erklären zu können.

c) Im Zusammenhang mit der Rolle des Staates erweisen sich Fragen, die dessen Personal betreffen, als besonders fruchtbar (*Chmielewski, Greve, Henze, Overath*): Nicht zuletzt Herkunft, Ausbildung, Handlungsspielräume und -zwänge, Wahrnehmung und Vorstellungen der Staatsdiener bestimmten den Umgang mit Devianz und Delinquenz. Darüber hinaus kristallisieren sich Professionalisierungsvorgänge sowie Abgrenzungs- und Kompetenzstreitigkeiten zwischen einzelnen Berufen und Berufsgruppen als maßgebliche Faktoren für bestimmte Entwicklungen heraus (*Chmielewski, Greve, Overath*).

d) Einige der Beiträge lenken den Blick auf die erhebliche Aussagekraft theoretischer Quellen für die Geschichte der Kriminalität und des abweichenden Verhaltens (vor allem *Greve, Nutz*), so etwa auf die Bedeutung der »Criminalpsychologie«

für Strafrecht und Strafprozeß (*Greve*), der »Seelenheilkunde« für das Irrenwesen (*Chmielewski*) und der »Gefängniskunde« für den Strafvollzug (*Henze, Nutz*). Die Erforschung dieser verzweigten Literaturgebiete ebenso wie anderer Bereiche des zeitgenössischen Wissens steht freilich erst am Anfang.

e) Am Beispiel der Gefängniskunde zeigt sich zudem, daß die Entwicklung in Deutschland eingebettet ist in den europäischen Diskurs; u. a. amerikanische, englische und französische Theorien und Neuerungen im Gefängniswesen, vor allem in Pennsylvania und England, beeinflußten das reformerische Denken und Handeln in Deutschland in erheblichem Maße (*Nutz*). Von der Erforschung internationaler Kommunikationsnetze, die nicht nur, aber auch die materielle und prozessuale Strafgesetzgebung sowie den Strafvollzug betreffen[4], und von einer noch kaum in Angriff genommenen vergleichenden Historischen Kriminalitätsforschung – dies gilt in gleicher Weise für die Geschichte der Devianz – lassen sich daher überraschende und weiterführende Entdeckungen und Erkenntnisse erwarten.

III.

Der vorliegende Band enthält ausschließlich Arbeiten von Stipendiaten und Kollegiaten des Graduiertenkollegs »Mittelalterliche und neuzeitliche Staatlichkeit (10.–19. Jahrhundert)« der Justus-Liebig-Universität Gießen, dessen Leitungsgremium die Herausgeber angehören. Drei Beiträge (*Chmielewski, Henze, Overath*) bieten zudem Ergebnisse von Teilprojekten des von der Volkswagen-Stiftung geförderten Forschungsvorhabens »Politischer Diskurs und staatliche Praxis« der Herausgeber. Ein Symposion, das vom 19. bis 21. April 1998 im Schloß Thurnau (Oberfranken), der Tagungsstätte der Universität Bayreuth, stattfand, diente der ersten Präsentation und der Diskussion der hier veröffentlichten und weiterer, an anderem Ort publizierter Beiträge des Projektes. Der Aufsatz von *Eibach* wurde eigens für den Sammelband verfaßt.

Aus dem Gesagten ergeben sich die Hauptadressaten des Dankes: Ohne die Förderung des Graduiertenkollegs durch die Deutsche Forschungsgemeinschaft und des Projektes »Politischer Diskurs und staatlich Praxis« durch die Volkswagen-Stiftung wären die Beiträge nicht verfaßt worden und hätte das Symposion nicht stattfinden können. Thorsten Lieb danken die Herausgeber für die redaktionelle Betreuung der Beiträge.

Anmerkungen

1 Vgl. zuletzt: Gerd Schwerhoff, Devianz in der alteuropäischen Gesellschaft. Umrisse einer historischen Kriminalitätsforschung, in: Zeitschrift für Historische Forschung 19 (1992), S. 385–414; Helmut Thome, Gesellschaftliche Modernisierung und Kriminalität. Zum Stand der sozialhistorischen Kriminalitätsforschung, in: Zeitschrift für Soziologie 21 (1992), S. 212–228; Hermann Romer, Historische Kriminologie. Zum Forschungsstand in der deutschsprachigen Literatur der letzten zwanzig Jahre, in: Zeitschrift für Neuere Rechtsgeschichte 14 (1992), S. 227–242; Günther Jerouschek und Hinrich Rüping, Literaturbericht Strafrechtsgeschichte, in: Zeitschrift für die gesamte Strafrechtswissenschaft 106 (1994), S. 164–183 und 108 (1996), S. 168–188; Martin Killias, Fragen an die Rechtsgeschichte aus der Sicht der Rechtssoziologie und der Kriminologie, in: Zeitschrift für Neuere Rechtsgeschichte 16 (1994), S. 101–121; Alf Lüdtke und Herbert Reinke, Crime, Police and the »Good Order«: Germany, in: Clive Emsley und Louis A. Knafla (Hg.), Crime History and Histories of Crime, Westport 1996, S. 109–137; Martin Schüßler, Quantifizierung, Impressionismus und Rechtstheorie, in: Zeitschrift für Rechtsgeschichte. Germanist. Abt. 113 (1996), S. 247–278; Joachim Eibach, Kriminalitätsgeschichte zwischen Sozialgeschichte und Historischer Kulturforschung, in: Historische Zeitschrift 263 (1996), S. 681–715. – Auf Belege zu methodischen und inhaltlichen Fragen der Historischen Kriminalitäts- und Devianzforschung wird in der Einführung im übrigen verzichtet; weitere Nachweise finden sich in den einzelnen Beiträgen.

2 Vgl. Diethelm Klippel, Juristische Zeitgeschichte. Die Bedeutung der Rechtsgeschichte für die Zivilrechtswissenschaft, Gießen 1985, S. 5 ff. (dort weitere Nachweise).

3 Die freilich kontrovers diskutiert wird, vgl. Klippel, Juristische Zeitgeschichte, S. 12 ff., 33 ff.

4 In Deutschland baute vor allem Karl Josef Anton Mittermaier ein ausgedehntes nationales und internationales Kommunikationsnetz auf; dazu und zu den darauf bezogenen Forschungsprojekten Barbara Dölemeyer, Wissenschaftliche Kommunikation im 19. Jahrhundert. Karl Josef Anton Mittermaiers juristisch-politische Korrespondenz, in: Jus Commune 24 (1997), S. 285–298.

Joachim Eibach

Stigma Betrug

Delinquenz und Ökonomie im jüdischen Ghetto

Weder für die Ständegesellschaft der Frühen Neuzeit noch für die bürgerliche Moderne dürfte es besonders charakteristisch sein, daß ethnisch, religiös oder schichtspezifisch konstruierten Gruppen ein bestimmtes Delinquenzverhalten nachgesagt wird. Auffällig ist indessen die inhaltliche Konsistenz der Zuschreibungen im Diskurs über Juden. Juden waren im Alten Reich zwar vielerorts präsent, zwischen den Lebenswelten von Christen und Juden standen aber unübersehbar hohe Barrieren. Qua Religionszugehörigkeit bildeten Juden eine Randgruppe, deren Gemeinden bis zur Emanzipation im 19. Jahrhundert in Ghettos oder ghettoähnlich von ihrer Umwelt abgesondert lebten. Juden waren an Kleidung, Sprache und alltäglichen Gewohnheiten leicht erkennbar. Die Tendenz zur Ghettoisierung war dabei in den dicht bevölkerten Städten – sofern Juden hier überhaupt Wohnrecht erhielten – stärker ausgeprägt als auf dem Dorf. In der alten Stadt gewann die jüdische Lebenswelt mit zahlenmäßiger Stärke und räumlicher Konzentration an Intensität; je größer die Gemeinde, desto »vollständiger« waren ihre Funktionen im Vergleich zu den häufig sehr kleinen jüdischen Gruppen auf dem Lande ausgebildet.

Seit dem Mittelalter befand sich eine der bedeutendsten jüdischen Gemeinden im Reich – wenn nicht die bedeutendste – in Frankfurt am Main.[1] Die Frankfurter Judengasse beherbergte Mitte des 18. Jahrhunderts rund 2.800 Menschen, fungierte als jüdisches Handelszentrum und angesehene Schule für Talmudstudien. Von der Herrschaft über die Stadt ausgeschlossen, konnten sich die Juden innerhalb ihrer Gasse in eng definierten Grenzen selbst verwalten. Bedeutsam war vor allem das Recht auf Gottesdienst innerhalb der Stadtmauern, das der lutherische Rat Frankfurts den Reformierten bis 1783 vorenthielt. Die Kompetenz der jüdischen »Baumeister« und Rabbiner in der Ziviljustiz beschränkte sich auf »geringe Händel« unter Juden, in Strafsachen ebenfalls auf »Frevler« im Bereich der niederen Gerichtsbarkeit.[2] Straftaten, auf die schärfere Sanktionen als Geldstrafen und Ortsverweis standen, sollten von Ämtern des christlichen Frankfurt entschieden werden. Die Macht blieb also ungleich verteilt, und dazu gehörte auch die Macht der Definition von Delinquenz.

Juden wurden von Christen im Frankfurt des 18. und frühen 19. Jahrhunderts – aber auch im reichsweiten Diskurs von Gelehrten – immer wieder als »Betrüger« bezeichnet. »Die listigen Betrügereyen der Juden sind mannigfältig und nicht alle zu zehlen«, bemerkte 1714 der Konrektor des Frankfurter Gymnasiums Johann Jacob Schudt in seinen »Jüdischen Merckwürdigkeiten«, einem kulturgeschichtlichen Kaleidoskop des Judentums.[3] Jüdische Geschäftspraktiken beim Geldverleih, Pfand- und Trödelhandel standen gemäß dieser Wahrnehmung in einem diametralen Gegensatz zum »ehrlichen« Handel. Eine Frankfurter Verordnung von 1780 »gegen den Juden-Wucher« konstatierte, daß durch undurchsichtige Darlehenspraktiken der Juden »mancherley Unterschleif getrieben, und arme Leute, denen auf diese Weise Waare statt Geld in die Hände gespielet wird, schändlich betrogen werden«.[4] Wie so oft in der Frühen Neuzeit stellte die Verordnung eine Wiederholung früherer Erlasse dar, die offensichtlich nicht nach dem Willen der Verordnungsgeber durchgesetzt worden waren. Der Frankfurter Rat beklagte, daß die bisherigen Anordnungen »theils einigermassen in Nichtgebrauch gekommen, theils aber durch mancherley betrügliche Kunstgriffe, als verstellten Waarenverkauf usw. entkräftet und vereitelt worden« waren.[5] Wucher im allgemeinen Sinn eines Gewinns aus Verleihgeschäften, besonders aus Geldverleih, wurde im 18. Jahrhundert nicht notwendigerweise negativ verstanden.[6] »Juden-Wucher« dagegen war ein klar negativ konnotierter Begriff. Er beinhaltete überhöhte Zinsen, die Bürger und Bauern in den Ruin trieben, sowie Abmachungen, die den Schuldnern falsche Bedingungen vorspielten und obrigkeitliche Erlasse mißachteten. Obwohl Wucher durch Juden auch nach damaligem Verständnis keine Straftat war, wurde damit im außergerichtlichen Diskurs Betrug impliziert. In diesem Sinne hob der Autor des Artikels »Jüdischer Wucher« 1749 in Zedlers Universallexikon die Anordnungen der Messestädte Leipzig und Braunschweig hervor, die den Juden einschärfen würden, »sich aller betrüglichen und verbotenen, auch verdächtigen und wucherlichen Handlung bey schwerer Straffe« zu enthalten.[7] Es entspricht der Bedeutung der Frankfurter Judengasse im Reich, wenn die Frankfurter Zinsregulierung von acht Prozent gegen Pfand und zehn Prozent ohne Pfandleistung in demselben Artikel als maßgebliche Bestimmung wiedergegeben wird.[8]

Die Verschuldung Frankfurter Bürger war seit dem Spätmittelalter ein wiederkehrendes Motiv für Vorwürfe in Richtung Judengasse gewesen. Die latenten Antipathien kamen nach der Wahl und Krönung von Matthias 1612 im sogenannten Fettmilch-Aufstand zum Ausbruch. Anläßlich des bevorstehenden Wahlakts wurde die versammelte Bürgerschaft der Stadt an ihre Privilegien erinnert, was diese zu selbstbewußten Forderungen gegenüber dem Rat nutzte. In den folgenden Supplikationen der Bürger an den Rat, die Kurfürsten und schließlich den Kaiser stellte die Zinserhebung der Juden und die darauf zurückgeführte Schuldenlast vieler Bürger eines der wichtigsten Gravamina dar. Konkret genannt wurde ein überhöhter Zinsfuß von zehn bis zwölf Prozent, den es zu vermindern gelte. Damit einher ging die Bitte um Reduzierung der zu großen Zahl der Juden, die der Bürgerschaft zur Last falle. Bezeichnend ist die Bemerkung in einer Eingabe an den Kaiser, die Zinsen seien »ungöttlicher Wucher und Betrug«.[9] Jüdischer Wucher und Betrug galten als ein und dasselbe. Dabei leistete die Tatsache, daß die Zinserhebung durch Christen offiziell verboten war, der populären Stimmung Vorschub. Das religiöse Motiv für antijüdische Ressentiments traf sich mit wirtschaftlichem Interesse.

In den vielen Streitigkeiten zwischen Bürger- und Judenschaft lag die Entscheidungsgewalt in erster Instanz beim Frankfurter Rat. Obwohl die obrigkeitliche Reglementierung den Schutzjuden kaum Entwicklungsmöglichkeiten ließ und deren Einkünfte steuerlich rigoros abschöpfte, richtete sich der Protest der politisch weitgehend einflußlosen Bürgerschaft gegen die Juden ebenso wie gegen den korrupten Rat. Hintergrund bildeten zum einen die belegte Mißwirtschaft des Rats, zum anderen die Geschäftsbeziehungen jüdischer Geldhändler zu privilegierten Gruppen der Reichsstadt. Derartige Kontakte waren unstrittig vorhanden, als solche keineswegs illegal, aber für viele illegitim. Eben nicht nur verarmte Bürger, sondern auch Patrizier nahmen die Juden als Kreditgeber in Anspruch. Da über ausstehende Schulden der Bürger von dem patrizisch bestimmten Schöffenrat entschieden wurde, fand der Verdacht einer Zusammenarbeit von Patriziern und Juden auch mit Blick auf das Justizwesen Verbreitung. Fast alle Gravamina der Bürgerschaft in puncto Justiz bezogen sich auf die Ziviljustiz, wobei ein Standardvorwurf Bevorteilung von Juden lautete. Zudem seien die Richter ebenso wie die Stadtknechte bestechlich. Auch in diesem Zusammenhang erfolgte offen der Betrugsvorwurf an die Adresse der Juden: »Die mit Judenschulden behafteten Christen lasse man lange im Gefängnis liegen, trotzdem man den Betrug und die Übervorteilung seitens der Juden spüre.«[10] Auch Gerüchte, die auf eine Begünstigung der Juden durch städtische Ämter außerhalb der Justiz hinausliefen, fanden schnell Verbreitung. So führten die Verfasser der Eingabe an den Kaiser von 1612 an, Bürger hätten gesehen, wie »Juden aus der Rechnei dieser Stadt stets Geld mit großen Summen, auch Bütten voll, getragen«.[11] Symbolträchtiger noch war das Gravamen, die Juden hätten Zutritt zum höchsten Amtsträger der Reichsstadt: »Der favor gegen die Juden und Bluthunde ist also groß, daß der Herr Schultheiß bei vergangenem Wahl- und Krönungstag solchen verfluchten Leuten [...] in seinem Hause vergünstiget, Fenster einzunehmen, die kaiserl. Tafel und was dabei vorgelaufen, zu besichtigen.«[12] Die Bürger ihrerseits wurden von der Gegenseite mit Beleidigungen attackiert, wobei der Diebstahlvorwurf eine scharfe Waffe darstellte. Die Parteigänger des Rats sollen Anhänger des Bürgerwiderstands, wie diese lamentierten, als »ehrlose Leute«, als »Meineidige, Diebe und Schelmen!« beschimpft haben.[13]

Der januskköpfige Protest gegen Stadtregiment und Juden eskalierte schließlich 1614. Binnen weniger Monate führte er erst zur Festsetzung und Flucht des alten Patrizierrats, dann zum Pogrom: der gezielt geplanten Plünderung und Vertreibung der Juden durch Handwerksgesellen unter Beteiligung des aufrührerischen Lebkuchenbäckers Vinzenz Fettmilch. Die schlimmste antisemitische Ausschreitung im Frankfurt der Frühen Neuzeit nahm ihren Ausgang von Bürgerprotesten, die auf Partizipation ausgerichtet waren und heute als legitim gelten müssen.[14] Die doppelte Stoßrichtung der Bewegung von 1612–16 gegen zwei höchst ungleiche Gegner erklärt sich – auf den Punkt gebracht – aus einer verschwörungstheoretischen Vermutung: die angebliche Komplizenschaft von Patriziern und Juden. Die Stimmung gegen beide Gruppen speiste sich vor allem aus wirtschaftlicher Not, aber auch aus politischer Apathie. Sie artikulierte sich in dem Vorwurf der kriminellen Bereicherung auf Kosten »ehrbarer« Bürger: hier Korruption der alten Geschlechter im zweifachen Sinne von Verderbtheit und Bestechlichkeit, dort Betrug als Stigma einer religiösen Minderheit. Nur dem Eingriff von außen, der Intervention des Kaisers, war es zuzuschreiben, daß die alte Ratsoligarchie restauriert und die Wortführer der Proteste hingerichtet wurden. Auch die Juden konnten in ihre Häuser zurückkehren. Ihre Situation änderte sich in der Folgezeit kaum.

Obwohl sich auch im 18. Jahrhundert in der Herrschafts- und Sozialverfassung Frankfurts wenig tat und die Klage über eine Bevorteilung der Juden durch den Rat während des Frankfurter Verfassungskonflikts erneut eine wichtige Rolle spielte, entstand keine akute Krisensituation mehr wie 1614.[15] Zu Übergriffen auf jüdisches Eigentum kam es allerdings erneut 1711 und besonders 1721, als christliche Frankfurter die Brandkatastrophen in der Judengasse zu Plünderungen nutzten. In zahlreichen Prozessen verfolgte das Peinliche Verhöramt 1721 die Täter strafrechtlich.[16] Nachdem 1738 ein ortsfremder Jude den Bürgermeister von Heidelberg in Frankfurt mit unklarem Motiv erstochen hatte, publizierte der Frankfurter Buchhändler Jakob Rudolf eine Schmähschrift, die zu einem direkten Vorgehen gegen die Juden ermunterte. Der Rat ließ das Pamphlet jedoch konfiszieren und sorgte mit öffentlichen Verkündigungen für eine Beruhigung der Lage.[17] Derartige Ereignisse deuten auf ein Fortbestehen der tradierten Judenfeindschaft im Jahrhundert der Aufklärung hin, wenn auch die Gefahr von Pogromen generell abnahm.

Eine Quellengruppe, die im Hinblick auf die Außenwirkung der Judengasse im 18. Jahrhundert sehr ergiebig ist, bilden Reiseberichte. Zahlreiche Reisejournale zeigen, daß die Judengasse auf gebildete Reisende im 18. Jahrhundert starke Anziehungskraft ausübte. Der ethnologische Blick bildungshungriger Weltbürger fand im Frankfurter Ghetto das gesuchte Fremde: ein Exotikum im eigenen Kulturkreis. Entscheidend ist hier nicht der Wahrheitsgehalt der Berichte im einzelnen, sondern das

Bild, das von den Juden konstruiert wurde. Das Stigma »betrügerischer Jude« bezog sich hier vor allem auf den Hausier- und Trödelhandel. Der russische Schriftsteller Nikolai Michailowitsch Karamsin, der um 1790 Deutschland, die Schweiz und Frankreich bereiste, schildert eine alltägliche Situation aus dem christlichen Frankfurt. Als ein jüdischer Händler mit Ware in sein Quartier gekommen sei, habe ein Bekannter ihm geraten: »Kaufen Sie ja nichts bey den Juden, das sind allzumahl Betrüger.« Der Hausierer habe daraufhin bitter erwidert: »Wir sind nicht ehrloser als die Christen.«[18] Karamsin gehörte zu den wenigen Autoren, die den Leser nicht nur durch die Judengasse führten, sondern auch hinter deren Fassade schauten. Seine Haltung gegenüber den Juden war dabei nicht von Ablehnung, sondern – angesichts prekärer Zustände in der völlig übervölkerten Gasse – von Mitleid geprägt. Karamsins weitere Ausführungen legen nahe, daß die heikle Außenwahrnehmung Niederschlag in entsprechender Selbstwahrnehmung der Juden fand. In ihrer Synagoge habe er nicht einen fröhlichen, dankbaren Menschen gesehen, vielmehr: »Ich sah nur Verbrecher vor mir, die mit Zittern ihr Todesurteil erwarten, und es kaum wagen, ihren Richter um Barmherzigkeit anzuflehen.«[19] In diese Richtung weist auch die Reaktion der Frankfurter Juden auf die ihre Häuser in Schutt und Asche legenden Feuersbrünste von 1711 und 1721. Beide Male wurde das Unglück als göttliches Strafurteil für einen bösen Lebenswandel, als Aufforderung zur Buße aufgefaßt. Bezeichnend ist der Ausruf »O weh uns, daß wir gesündigt haben« in einem Klagelied nach dem ersten Brand.[20]

Aus der Feder des dänischen Schriftstellers Jens Baggesen stammt eine ausführliche Darstellung der Zustände in der Judengasse im Jahr 1789. Die Praxis des Straßenhandels im Ghetto scheint Baggesen besonders beeindruckt zu haben. Er führt aus: »Bei jedem Schritt wurden wir von schreienden, alles feilbietenden, alles aufnötigenden Schacherern umschwärmt; ihre Anzahl wuchs unaufhörlich, schließlich fielen sie uns wie ein Schwarm hungriger Raben an. Zehn wollten uns Uhrketten aufdrängen, zehn andere Schuhschnallen, zehn andere betreßte Westen und zehn andere alte Hosen – alle wollten sie uns betrügen und uns mit einer Schnellzüngigkeit sondergleichen davon überzeugen, wie gut wir daran täten, uns von ihnen betrügen zu lassen.«[21] Baggesen läßt sich ebensowenig wie Karamsin unter die Judenhasser einreihen. Im Gegenteil, wie kaum ein anderer Reisebericht ist derjenige des dänischen Literaten, der aus armen Verhältnissen stammte, von sozialem Mitgefühl geprägt. Nachdem er das Tagwerk eines jüdischen Hausierers in den Gassen und Häusern des christlichen Frankfurt geschildert hat, kommt er zu dem Schluß, daß er selbst bei entsprechender materieller Not und demütigender Behandlung »an der Stelle dieses Juden auch betrügen würde«.[22]

Stimmen, die in dieser Weise Partei für die Juden ergriffen, blieben insgesamt selten. Weit weniger einfühlsam als Karamsin und Baggesen äußert sich der Autor des Artikels »Juden« 1735 in Zedlers Universallexikon. Im Zeitalter der Aufklärung bekennt der Anonymus: »Sie sind unsere geschworne Feinde. Und wie offt haben sie nicht Christen-Kinder geschlachtet, gecreutziget, im Mörser zerstossen. Sie sind die ärgsten Diebe, und Betrug ist ihr eigentliches Wahrzeichen.«[23] Das religiöse Motiv des Judenhasses erscheint hier erneut in einem Atemzug mit dem Kriminalitätsvorwurf. Nicht von ungefähr, denn im Rechtsdenken der Frühen Neuzeit galt das Axiom, daß kriminelles Verhalten gegen göttliches Gesetz verstieß. Wenn Diebstahl und Betrug zudem als Stigma einer Gruppe Menschen ausgemacht wurde, dann kam der Delinquenz eine ontologische Qualität zu. Juden dienten als bevorzugte Beispiele für diesen Grundsatz: Nicht Umstände hatten sie zu Betrügern gemacht, sondern sie waren geborene Betrüger. Sowohl der Vorwurf des Ritualmords als auch die Klage über unlautere Handelspraktiken der Juden waren dabei nicht neu.[24] Der »Betrug«, womit hier vorsätzliche, boshafte Täuschung gemeint ist, schien eben kennzeichnend für das Wirtschaftshandeln der Juden. In die gleiche Richtung weist der Vorwurf, Juden würden falsch »schwören«, also sogar noch im Eid quasi betrügen. Die »göttliche Verwerffung« der Juden erkennt Zedlers unbekannter Autor schließlich an der mosaischen Religion, an einer Erscheinung, die »Eckel und Grauen« errege, und an der Tatsache, daß sie nirgendwo über eine eigene Staatlichkeit verfügten. Der Satz, »sie mussen ihren Hals unter das Joch fremder Obrigkeit beugen, und ihre Schultern neigen zu aller Bürde, die ihnen harte Herren auferlegen wollen«,[25] läßt sich in diesem Zusammenhang ebenso als Deskription zur Lage der Juden wie als Appell verstehen: Die Juden hatten es aufgrund ihres offenkundigen Abfalls von Gott nicht anders verdient, als durch harte Maßnahmen reglementiert zu werden.

Inwieweit spiegelt sich die Wahrnehmung der Juden im Spektrum gerichtlich registrierter Delinquenz?[26] Eine Analyse der Frankfurter Eigentumsdelinquenz auf der Basis von Gerichtsakten zeigt, daß weder von Dieben noch von Einbrechern jüdischen Glaubens eine nennenswerte Gefahr für die christliche Einwohnerschaft ausging. Die Anschuldigung im Artikel bei Zedler findet hier also keine Entsprechung. Dieser Befund ist um so bemerkenswerter, als christliche Frankfurter aufgrund der verbreiteten Einschätzung der Juden mit Anzeigen nicht gezögert haben werden. Zahlreicher mußten Juden wegen Betrugsdelikten vor der Justiz erscheinen, auch hier allerdings ohne die Mehrheit unter den Delinquenten zu bilden. In 18 von 59 Betrugsfällen (31 %) aus dreizehn Auswahljahren im Zeitraum zwischen 1740 und 1806 wurden Juden beschuldigt, etwa je zur Hälfte ortsfremde und Frankfurter Schutzjuden. Vor dem Hintergrund ihrer in fast allen anderen Delinquenzbereichen niedrigeren Präsenz ist der Anteil von Juden bei Betrugssachen allerdings auffällig. Dies gilt besonders für den Messebetrug. Bereits in der sogenannten kaiserlichen Stättigkeit der Frankfurter Juden von 1616, die als grundlegendes Gesetz bis 1808 Bestand hatte, wurde fremden wie einheimischen Juden untersagt, während der Messezeit »verdorbene lose Buben« zu den Kaufleuten zu schicken, um dort Waren zu leihen.[27] Nach dem Leihen der Ware sollen diese »Buben« sie weit unter Wert in der Judengasse verkauft haben, um dann die Stadt so schnell wie möglich zu verlassen. Die eingesehenen Fälle weisen zwar konkret kein solches Beispiel auf. Entsprechende Handelspraktiken, die ohne sofortige Bezahlung auf Treu und Glauben der Handelspartner rekurrierten, wurden aber auf der Messe von Juden ausgenutzt. Allein, es gab auch viele christliche Delinquenten, die den Usus des Handelsgeschäfts auf der Messe betrügerisch ausnutzten. Von einem konsistenten, spezifisch jüdischen Habitus kann hier keine Rede sein. Nur eine ausgewertete Anklage wegen Betrug bezog sich auf die Domäne der Juden, das Pfandleihgeschäft: Der Juwelier Jacob Ferdinand Eißelin klagte 1743, die Familie des jüdischen Bankiers Pfeffer habe ohne sein Wissen Juwelen versetzt, die er lediglich als Pfand für Geld gab.[28]

Die quantitative Analyse der Frankfurter »Criminalia« läßt nur ein einziges Delikt als vorwiegend »jüdisches Vergehen« hervortreten: die Hehlerei. Eine Auszählung der Gerichtsakten ergibt folgendes Resultat: In 16 von 20 registrierten Hehlereifällen aus 13 Jahren mußten sich Juden wegen Aufkauf von Diebesgut im Römer verantworten, darunter in 13 Fällen Frankfurter Schutzjuden oder deren Söhne. Die übrigen Fälle verteilen sich auf christliche Bürger und Dorfnachbarn. In der Peinlichen Gerichtsordnung Karls V., der in Frankfurt bis ins 19. Jahrhundert hinein gültigen Carolina, wurde die Hehlerei mehrmals erwähnt, wenn auch nicht als eigenständiges Delikt. Bei Verkauf oder Vertrieb von Diebesgut sollte der bloße Verdacht ausreichen, um die Tortur anzuwenden. Verdächtige mußten beweisen, daß sie die Ware »mit eynem guten glauben an sich bracht« hatten.[29] Der Sache nach wurde der Aufkauf von Diebesgut auch mehrmals in der Frankfurter Stättigkeit angesprochen. Das Gesetz untersagte den Juden, Ware aus der Hand von Gesinde zu kaufen oder zu leihen. Der entsprechende Artikel erwähnte explizit Hausrat, Kleider und Silbergeschirr, also Güter, die nachweislich oft aus den Wohnungen der Bürger gestohlen wurden.[30] Verdächtiger Handel während der Nacht wurde den Juden ebenso verboten wie das Kaufen und Leihen »auf Naß oder blutig Gewandt, oder aber andere onzweiffentlich dergleichen gestohlene wahren«.[31] Zudem sollte die Eigentümerschaft des Verkäufers der Ware zweifelsfrei geklärt sein, was freilich beim Trödelhandel illusorisch war.

Die Judengasse fungierte für Diebe, die das in der Stadt Gestohlene schnell wieder veräußern wollten, als Anlaufstelle. Dies wußten auch die Bestohlenen und die Justiz. Einige Opfer von Betrug und Diebstahl fahndeten auf eigene Faust im Ghetto nach ihrem Verlust, mitunter erfolgreich. Nachdem im Quartier der Kurpfälzer Gesandtschaft 1742 Silber und Porzellan gestohlen worden war, schickte der Gesandte seine Bediensteten in die Judengasse. Bei mehreren Händlern in der Gasse fand sich tatsächlich Diebesgut aus der Gesandtschaft wieder. Als einige Handwerker, die im Gesandtschaftsquartier gearbeitet hatten, einem jüdischen Händler vorgeführt wurden, erkannte dieser den 19jährigen Schlossergesellen Johann Henninger als Verkäufer der Ware.[32] Die Bürgermeister konnten bei einem entsprechenden Verdacht einen sogenannten Schulbann ausrufen lassen. Das vermißte Gut wurde dann in der Synagoge von dem »Schulklopper«, dem Gemeinde- und Gerichtsdiener der Judengasse, als gestohlen verkündet. Dieser jüdische Amtsträger hatte seinen Namen von der Aufgabe, durch Klopfen an die

Haustüren die Gläubigen zum Gottesdienst in die Synagoge – die »Schule« – zu rufen. Wenn Diebstähle oder verlorene Pfänder gemeldet wurden, sollte er alle Juden schwören lassen, den Gegenstand bei etwaigem Auffinden abzugeben, angesichts der mehrere tausend Köpfe zählenden Population des Ghettos ein sehr aufwendiges Unterfangen. Wahrscheinlich beschränkte sich das Verfahren im 18. Jahrhundert auf die Ausrufung des Diebstahls in der Synagoge und die damit verbundene Pflicht, »bona fide« gekaufte Diebesware beim Schulklopper abzuliefern.[33] Wenn ein Mitwisser oder Käufer der »heißen Ware« selbst die Obrigkeit informierte, flog das Vergehen sofort auf. So brachte der Schutzjude Flörsheim den von einem Bettlerjungen gestohlenen Uniformrock auf das Verhöramt und belastete auf diese Weise seinen Glaubensbruder Schwarzschild, der das Objekt gekauft hatte.[34] Dieses Beispiel neben anderen zeigt, daß Schutzjuden – im Gegensatz zum gängigen Stereotyp in Erlassen und Berichten – auch mit der christlichen Obrigkeit kooperierten, sogar zum Nachteil von Nachbarn im Ghetto.[35]

Nach der Entwendung brachte das Abstoßen der Beute noch einmal einen riskanten Moment für den Dieb. Ein Risiko bedeutete es auch, mit der Beute die Torwache zu passieren. Es lag also nahe, das Gestohlene möglichst schnell gegen Geld zu tauschen. Der Zwang, die Beute abzustoßen, ließ Diebe in der Regel einen Preis weit unter Wert fordern, wodurch der Handel für den Käufer der Ware zu einem guten Geschäft wurde. Zwar gab es auch im christlichen Frankfurt Trödelhändler wie den 70jährigen Bürger und Altkleiderkrämer Philipp Kramer, der wegen Ankauf von gestohlener Wäsche zu einer Woche Gefängnis verurteilt wurde.[36] Aber nach Auskunft der Criminalia bevorzugten Diebe die Judengasse als Anlaufstelle. Kaum ein Dossier deutet auf die Existenz von Netzwerken professioneller Hehler hin. Nur einmal erwähnt die Registratur Hehler aus dem Frankfurter Umland, die besonders zu Zeiten der Messe Frankfurt aufsuchten.[37] Im übrigen handelte es sich vorwiegend um Frankfurter Schutzjuden, meistens Männer, die ihrem gewöhnlichen Geschäft, also Pfandleihe und Altwarenhandel, nachgingen. Sie erstanden sehr unspektakulär Gebrauchtwaren und verkauften sie dann wieder auf dem Hinterhof oder im Hausierhandel. Eine Räuberbande, die in der Judengasse einen Umschlagplatz für ihre Beute suchte, wird nirgendwo erwähnt. Die meisten Transaktionen betrafen ohnehin Alltagsgegenstände wie Kleidung, in einigen Fällen Schmuck, also Dinge, die auch sonst von Geldbedürftigen zu den jüdischen Pfandleihern gebracht wurden.

Beim Aufkauf von Sachen aus zweiter Hand gab es keine klaren Kriterien, wie ein möglicher Diebstahl von Käufern zu erkennen sei. Neben dem generellen Vorbehalt der Obrigkeit gegenüber Dienstboten machten sich solche Verkäufer verdächtig, deren Status nicht dem offerierten Gut entsprach oder die Ware weit unter Wert anboten. Ein Schlossergeselle, der Silber zum Verkauf anbot, fiel eben auf und blieb dem Käufer im Gedächtnis. Die gängige Argumentation beschuldigter Hehler vor Gericht, sie hätten die Ware »offentlich und ehrlich«, von einem »ehrlichen Juden« o. ä. erstanden, war durchaus plausibel.[38] Der Verkauf von gebrauchter Ware auf der Gasse erfolgte in einer Grauzone zwischen Vergehen, geduldetem Usus und Legalität. Die Urteilspraxis des Verhöramts entsprach der unsicheren Beweislage, indem es viele angeklagte Hehler ohne Strafe freiließ, sofern sie bereit waren, einen Reinigungseid zu schwören. Bei Juden bedeutete dies den Eid auf die Thora in der Synagoge.[39]

Im Kontrast zum populären Vorwurf der »unehrlichen« Bereicherung steht die Tatsache der Armut vieler Bewohner der Judengasse bzw. der Juden im allgemeinen. Um 1750 war ein Viertel der Frankfurter Juden nicht in der Lage, die geforderten Steuern zu zahlen, oder sogar auf Fürsorge angewiesen. Isidor Kracauer sieht den Grund in Nachwirkungen der Brände von 1711/1721.[40] Eine Generation nach den Katastrophen scheint diese Vermutung zweifelhaft. Über die Vermögensverteilung in der Judengasse ist so gut wie nichts Zuverlässiges bekannt. Klar scheint, daß es neben vielen Armen auch – nicht unähnlich den Verhältnissen in der christlichen Stadt – wenige Wohlhabende gab. Zur Legende wurde der Aufstieg der Bankiersfamilie Rothschild von einem Trödelhandel im Hinterhof des Frankfurter Ghettos zu einem länderübergreifenden Finanzimperium ab dem letzten Drittel des 18. Jahrhunderts.[41] Abgesehen von der jüdischen Tradition, die wenig Wert auf äußere Präsentation legte, ließen die überaus beengten Verhältnisse jedoch wenig Raum, um Reichtum auszuleben. Wegen der restriktiven Politik des Rats und der zunehmenden Übervölkerung des Ghettos waren alle Bewohner gleichermaßen von Lichtmangel, prekären hygienischen Verhältnissen und eingeschränkter Bewegungsfreiheit betroffen. Dennoch ging es den Frankfurter

Schutzjuden immer noch vergleichsweise gut. Vor allem war ihre Situation durch die Stättigkeit rechtlich einigermaßen gesichert. Verarmte Land- und mobile Betteljuden zogen dagegen von Territorium zu Territorium und besonders in die Städte, um dort ihren kleinen Hausierhandel zu betreiben. Dabei mußten sie ständig den Zugriff der Büttel fürchten. Der Frankfurter Rat erneuerte 1757 ein Edikt gegen Juden aus dem Umland, die entgegen aller früheren Verbote morgens in die Stadt kämen, als Schutzjuden verkleidet Hausierhandel trieben, mitunter Diebesware aufkauften und selbst Diebstähle begingen.[42] Einige Criminalia in Sachen Hehlerei bestätigen den Inhalt dieser Verordnung, wenngleich es sich um Einzelfälle handelte.[43] Der Rat legitimierte sein Vorgehen bemerkenswerterweise mit dem Nahrungsschutz nicht nur der Bürger, sondern auch damit, daß seinen »Schutzangehörigen Juden die Nahrung und das Brod vor dem Mund entzogen werde«.[44]

Auf Kreisebene koordinierten die Territorien ihr Vorgehen gegen sogenannte Betteljuden. Fahrende Leute jüdischer Religion aus Polen oder Böhmen sollten an den Grenzen des Oberrheinischen Kreises von vornherein abgewiesen werden. Eine in Frankfurt erlassene Kreisverordnung enthielt 1788 eine Regelung, die bis in den Vormärz typisch für den Umgang mit Vagierenden gleich welcher Religion blieb. Betteljuden, die im Oberrheinischen Kreis gebürtig waren, sollten innerhalb von vier Wochen an ihren Heimatort zurückkehren und dort bleiben. Damit wurde die Versorgung der Armen den Heimatgemeinden aufgebürdet. Die rechtliche Situation vagierender Juden war dabei allerdings deutlich schlechter als diejenige christlicher Bettler, da ihnen weder Quartier gewährt, noch Almosen gereicht werden durfte. Vielmehr war ihre Anwesenheit auch von Glaubensbrüdern sofort der Obrigkeit zu melden, »damit sie zu Verhaft gezogen werden«.[45] Ziel dieser Politik war die möglichst komplette Ghettoisierung verarmter, eigentumsloser Juden, die gegen Ende des 18. Jahrhunderts fast 90 % der Judenschaft insgesamt stellten.[46] Das Frankfurter Edikt von 1757 und auch die Criminalia zeigen zwar, daß die Praxis der Verwaltung weit weniger totalitär war. Fremde Juden konnten die Torwachen offensichtlich passieren, auch wenn sie nicht gerade wohlhabend aussahen. Im Falle eines Vergehens wurden sie wie andere Delinquenten nur bis an die nahe Grenze der Frankfurter Gemarkung ausgewiesen und nicht darüber hinaus an die Kreisgrenze. Doch privilegierte das dauerhafte Aufenthalts- und begrenzte Handelsrecht in einer wohlhabenden Stadt die städtischen Schutzjuden gegenüber den verarmten Landjuden. Derartige rechtliche und soziale Unterschiede zwischen Juden fanden in der stereotypen »Theorie der Eingeborenen« keine Resonanz.

Die Befunde sind kein Spezifikum Frankfurts oder des 18. Jahrhunderts. Bereits im Spätmittelalter versetzten auswärtige Kaufleute nach Ende der Messe übriggebliebene Ware in der Judengasse, um Transportkosten zu sparen und Geld zu erhalten. Darunter fand sich auch immer wieder Diebesgut. Sowohl in Großstädten des 16. Jahrhunderts wie Köln und Rom als auch in einer kleineren Reichsstadt wie Memmingen fungierten zwar nicht nur, aber doch auffallend häufig Juden als Hehler.[47] Das Stereotyp der Zeitgenossen scheint sich also anhand von Gerichtsakten zu bestätigen: Juden waren Betrüger! Sie handelten mit Waren aus zweiter Hand, die nicht den zünftischen Qualitätskriterien entsprachen, mehr noch mit Diebesgut. Sie wurden oft wegen Betrugs angeklagt. Und nicht zuletzt verlangten sie Wucherzinsen für ihr Geld. Als Erklärung reicht hier die Annahme einer selektiven Strafverfolgung nicht aus. Mit Sicherheit wurde zwar in der Judengasse intensiver als anderswo nach Diebesgut gefahndet. Das Phänomen ist jedoch tiefer verwurzelt. Die Wurzeln reichen weit zurück in die Tiefenstruktur christlich-abendländischer Geschichte. So ist eine auf kirchlichem Dogma basierende Produktion von sowohl Devianz als auch Delinquenz zu konstatieren.

Ihren Ausgang nahm die später zur Tradition werdende Judenfeindschaft in der Antike. Das Neue Testament bot für eine Verurteilung der Juden bekanntlich entsprechende Anknüpfungspunkte.[48] Beschlüsse auf frühen Synoden und Konzilien zielten bereits auf eine Segregation von Christen und Juden. Kanonisches Recht wurde dann zur Vorlage für weltliches Recht. Als besonders folgenreich erwies sich das kanonische Zinsverbot, das Christen die Zinserhebung auf Geldhandel untersagte, während Juden dieses verwerfliche Geschäft überlassen wurde. Dazu wurden Juden nach und nach aus den zentralen Bereichen des wirtschaftlichen Handelns verdrängt, nämlich aus der Landwirtschaft und vor allem aus Großhandel und Handwerk. Es blieben also in erster Linie das Kredit- und Wechselgeschäft sowie die Pfandleihe, aus der sich der Trödelhandel entwickelte. Die Judenverfolgungen im Kontext des »Schwarzen Todes« gelten als eine Art Wegscheide der Geschichte der Judenfeindschaft im Alten Reich. Den Pogromen fiel 1349 auch die Frankfurter Gemeinde vollständig zum Opfer.[49] Die allgemeine Tendenz zu Ausgrenzung und Ghettoisierung nahm in der Folgezeit weiter zu. Gilden und Zünfte, die sich als christliche Bruderschaften verstanden, schlossen Nicht-Christen systematisch aus. Die Frankfurter Juden mußten in den 1460er Jahren ihr Wohnquartier in unmittelbarer Nachbarschaft zum Dom verlassen. Statt dessen wies ihnen der Rat ein Gebiet vor der alten Stadtmauer zu. Man legte den Grundstein zum Ghetto, das 350 Jahre lang die Lebenswelt der Frankfurter Juden bilden sollte.[50] Ein kulturelles Wahrnehmungsmuster – die Vorstellung vom Juden als quasi natürlichem Feind des Christen – hatte eine besondere Randgruppe generiert. Charakteristische Wirksamkeit erhielt die soziokulturelle Ausgrenzung der Juden dabei durch die Idee der gottgegebenen Verschiedenheit der Menschen. Ausgehend von dieser Grundüberzeugung der Ständegesellschaft ließ sich die strikte rechtliche Unterscheidung von Juden und Christen dauerhaft in die Praxis umsetzen. Die Trennung der »Nahrung« – also des Lebenserwerbs – von Frankfurter Bürgern und Schutzjuden geriet zwar zum ständigen Streitpunkt, hielt sich aber als Rechtsprinzip bis Anfang des 19. Jahrhunderts. Noch 1802 reisten Abgesandte der Frankfurter Judenschaft zum Regensburger Reichstag, um dort die Abschaffung der Beschränkungen und das ungehinderte Wohnrecht im gesamten Stadtgebiet zu erreichen. Erst 1811/12, nach dem Ende der alten Reichsstadt, kam es dann unter der Ägide des Großherzogs Karl Theodor von Dalberg zum ersehnten Wandel. Gegen den Willen der alten Bürger, und nicht ohne eine Summe von 440.000 fl aufgebracht zu haben, erhielten die Frankfurter Juden das Billet d'entrée zur Bürgergesellschaft.[51] Damit war das Ende des Ghettos besiegelt. Im Zeitalter der Aufklärung war die Situation der Juden zwar zunehmend reflektiert und wie in Frankfurt von einigen Reiseliteraten mit Sympathie ins Bild gerückt worden. Aber es bedurfte erst des politischen Umbruchs der Reformära, um die Weichen auf Emanzipation zu stellen.

Zuvor durchzog der Dauerkonflikt zwischen den »Nahrungsschutz« reklamierenden Bürgern und den auf Gleichberechtigung im Handel drängenden Schutzjuden als Grundakkord die Frankfurter Verfassungswirklichkeit des 18. Jahrhunderts. Die Stättigkeit von 1616 hatte fast alle alten Restriktionen der jüdischen Wirtschaft beibehalten und en detail aufgelistet. Der Zugang zum Handwerk im allgemeinen und zu den meisten Handlungsbranchen blieb weiterhin verwehrt. Eine wichtige Ausnahme stellte die Erlaubnis zum Handel mit neuer Kleidung dar, wodurch der kurzfristige Bedarf durchreisender Fremder, vor allem durchziehender Soldaten, gedeckt werden sollte.[52] Eine Berufsliste der Judengasse von 1703 zeigt, daß 288 Schutzjuden Händler waren, wogegen nur 13 ihr Brot in einem Gewerbe, und zwar ausschließlich in einem solchen mit Verbindung zum jüdischen Ritus wie etwa der Metzgerei, verdienten.[53] Wie zu erwarten, verfolgte kein Bewohner der Judengasse einen landwirtschaftlichen Beruf. Die häufigsten Metiers der jüdischen Händler waren Textilwaren (74), Geldverleih (62), Lebensmittel (44) und Kleiderhandel (29 Angaben). Die Zahl der Trödler schwankte um 1700 nach Auskunft von Visitationen zwischen 18 und 40 Personen. Real dürfte sie höher gelegen haben, denn ein bestimmter Geschäftszweig war gegenüber der Obrigkeit weniger verdächtig als die unbestimmte Angabe eines Handels »mit allerhand«.[54] Für die Interpretation des relativ hohen Anteils der Juden bei Hehlerei und Betrug hat dieses Berufsprofil eine wichtige Folge. Da der Handel auch unter christlichen Frankfurtern eine weit höhere Affinität zum Betrug hatte als etwa das Handwerk, muß das Spektrum der jüdischen Delinquenz als strukturell begründet verstanden werden. Die Berufe, auf die sich das Tätigkeitsfeld der Schutzjuden qua Zwang reduzierte, implizierten die Nähe zu Betrug und Hehlerei. Vor diesem Hintergrund nimmt sich nun die Zahl von acht Fällen in 13 Jahren, in denen Frankfurter Schutzjuden wegen Betrug angeklagt und Akten produziert wurden, durchaus bescheiden aus. Auch die Hehlerei der Juden läßt sich trotz der erzwungenen Konzentration auf Trödel und Pfandleihe im Licht der Strafgerichtsakten nicht gerade als Massendelikt bezeichnen.

Der fortgesetzte Vorwurf, »Wucherzinsen« zu erheben, ist insofern bemerkenswert, als die Darlehen der Juden im 17. und 18. Jahrhundert längst nicht mehr konkurrenzlos waren. Bereits im Spätmittelalter waren Kreditgeschäfte während der Messen auch unter Christen üblich.[55] Der Messeplatz Frankfurt entwickelte sich zu einem anerkannten Standort für Geldgeschäfte. Christliche Kaufleute fanden bei Vermeidung des anrüchigen Begriffs »Wucher« frühzeitig Vertragsformen, um den Finanzbedarf der Händler unter Einrechnung von Zinszahlungen kurz- oder auch langfristig zu decken. Schon im Spätmittelalter fungierte die Stadt auch als Finanzzentrum im Reich – eine Kontinuität bis in das Europa an der Wende vom 20. zum 21. Jahrhundert. Zu den Schuldnern der Geldgeber, die sich im 18. Jahrhundert immer mehr von Händlern zu reinen Bankiers entwickelten, gehörten auch Fürsten und Städte. Besonders die eingewanderten niederländischen Familien kamen in Frankfurt durch Geldgeschäfte zu Wohlstand. Doch auch Adlige, Staatsdiener und nicht zuletzt Geistliche profitierten von Zinsgeschäften. Während der Messezeiten wurden hohe Kredite von internationalen Financiers vereinbart. Die Öffnungstage der Börse auf dem Römerberg lagen zunächst in der zweiten Messewoche, der sogenannten Zahlwoche, ehe sich das große Bank- und Börsengeschäft im 18. Jahrhundert immer mehr von der Messe löste.[56] Der jüdische Pfand- und Kredithandel konzentrierte sich traditionell auf den lokalen und regionalen Raum: auf Frankfurter Bürger sowie Adel und Städte aus dem Umland.[57] Auch das alltägliche, wenig gewinnbringende Geschäft mit Kleindarlehen überließen die Bankiers des 18. Jahrhunderts weitgehend den Händlern im Ghetto. Zu den neuartigen bargeldlosen Finanzinstrumenten sollten nach Meinung eines anonymen Finanzexperten zwar auch Juden regulär Zugang haben, allerdings wiederum mit der bezeichnenden Einschränkung, »wenn es nur dabey aufrichtig, ohne Gefährde und ohne Betrug hergehet«.[58]

Die Gleichsetzung von Jude und Betrug scheint eine bestimmte Funktion zu erfüllen. Im Alltagsdiskurs, in Artikeln und Supplikationen stand der Begriff in Kontrast zum Handel der privilegierten Bürger, der sich als »ehrlich« definierte. Das Stereotyp diente damit als Vehikel zur Wahrung von Ansprüchen, zur Verteidigung von Zunftprinzip und Regulierung gegenüber einer marktorientierten Form des Wirtschaftens durch eine Minderheit. Immer wieder versuchten die Schutzjuden, den ihnen zugewiesenen, eng umrissenen Raum auf unerlaubte Weise zu erweitern: durch Eröffnung verdeckter Kramläden, Anmietung von Gewölben außerhalb ihrer Gasse, Handel mit Produkten entsprechend Nachfrage und offensive Verkaufspraktiken im Hausierhandel.[59] Ihren Anspruch auf Gleichberechtigung im Handel begründeten die Juden bereits im

17. Jahrhundert sehr modern mit dem Preisvorteil für das kaufende Publikum.[60] Aus der Sicht von Zunftbürgern und Kaufleuten bedeutete dies alles nichts anderes als Konkurrenz. Charakteristisch ist die Kontroverse um den Handel der Juden mit den neuen Genußmitteln Tee, Kaffee und Zucker Mitte des 18. Jahrhunderts. Während die Stättigkeit den Verkauf einer Reihe von Produkten explizit untersagt hatte, wurde Handel mit Genußmitteln nicht erwähnt, da sie zu Beginn des 17. Jahrhunderts noch nicht in Umlauf waren. Der Streit über die Sache zog sich mehrere Jahrzehnte hin und wurde schließlich vor dem Reichshofrat in Wien ausgetragen. Der Frankfurter Rat plädierte dabei im Sinne der bürgerlichen Kollegien für ein Verbot des Handels der Juden. Denn – so die nun kaum mehr überraschende Argumentation – die Juden hätten eine »niedrige Gesinnung«, ein »lediglich auf Betrug eingestelltes Wesen, das stets auf Abstossung der lüderlichsten Waren gerichtet sei«.[61] Ihr Handel gefährde deswegen das Publikum. 1777 entschied der Reichshofrat jedoch, daß der Frankfurter Rat in der Sache nicht gegen den Handel der Juden intervenieren dürfe. Ähnlich verlief ein Streit um die Berechtigung zum Handel mit Branntwein, der ebenfalls im wesentlichen zugunsten der Schutzjuden entschieden wurde. »Betrug« ist hier eine Chiffre für die Furcht vor dem Prinzip der Handelsfreiheit im Gegensatz zum Handelsprivileg, das die wirtschaftlichen Interessen der Bürgerschaft schützte.

Konkurrenz erwuchs den christlichen Händlern und Krämern auch durch den Verkauf der Pfänder. Viele Schuldner lösten ihre Pfänder bei den jüdischen Geldleihern nicht wieder ein, so daß im Ghetto ganze Warenlager für den Trödelhandel entstanden. Quellen über den Inhalt der Truhen und Kästen dürften interessante Einblicke in die Geschichte der materiellen Alltagskultur ergeben.[62] Entscheidend ist hier, daß die Preise der gebrauchten Güter weit unter denjenigen der neuen Produkte bürgerlicher und damit christlicher Händler lagen. Schneider, Goldschmiede, Kleider-, Tuch- und Gewürzhändler versuchten deswegen, ein Verbot des jüdischen Hausierhandels durchzusetzen. Um diesen zu kontrollieren, ließ der Rat Waren der Hausierer konfiszieren und die Warenlager der Judengasse während der Messe von Soldatenpatrouillen durchsuchen. Zeitweise war der Hausierhandel im Interesse der Bürger ganz verboten, was wiederum den Protest der Messekaufleute hervorrief, die ihre Waren durch die Söhne der Schutzjuden in den Gassen verkaufen ließen.[63] 1739 ließ der Rat »zum Behuff und Erleichterung hiesiger Löblicher Burgerschafft, und übriger Einwohner« ein Pfandhaus einrichten. Die neue Einrichtung sollte nicht zuletzt dem Pfandleihgeschäft der Juden das Wasser abgraben. Per Erlaß wurde bestimmt, daß auf »entwendete und gestohlene Sachen« kein Geld zu geben war und Bestohlene eine Beschreibung des Verlustes auf dem Pfandhaus abgeben sollten.[64] Implizit wurde damit konzediert, daß die Hehlerei nichts an sich Jüdisches, sondern ein Problem der Pfandleihpraxis sei. Einige Fälle aus den Hungerjahren 1771/72 zeigen, daß nicht nur Bürger und Beisassen, sondern auch Juden das städtische Pfandhaus in Anspruch nahmen.[65]

Die Klagen über betrügerische Handelspraktiken der Juden lassen sich – gegen den Strich gelesen – als Belege für wirtschaftliche Vitalität und lebensweltlichen Austausch in der Stadt verstehen. Das Frankfurter Ghetto, dessen Eingangstore abends geschlossen wurden und das der dort gebürtige Ludwig Börne 1808 als einen »langen finstren Kerker« bezeichnete, »worin das hochgepriesene Licht des achtzehnten Jahrhunderts noch nicht hat dringen können«,[66] war in ökonomischer Hinsicht keineswegs ein abgeschlossener Bezirk. Als Geldleiher erfüllten die Juden eine überaus wichtige Funktion für die Stadt, und zwar für alle Schichten. Die im Vorfeld des Fettmilch-Aufstands monierten Zinsen lagen dabei nicht soviel über den in der Stättigkeit festgeschriebenen Sätzen. Wenn der reichsstädtische Schultheiß anläßlich von Krönungsfeierlichkeiten Schutzjuden einlud, trugen diese Avancen der wirtschaftlichen Bedeutung der Judengasse Rechnung. Konkurrenzlos waren die Kredite aus der Judengasse im 18. Jahrhundert keineswegs. Im Verlauf des Säkulums eröffneten mehr christliche als jüdische Bankhäuser in der Messestadt.[67] Die Zinssätze von Geldleihern ließen sich generell nur schwer reglementieren und waren aus der Perspektive einer »moral economy« (E. P. Thompson) immer verdächtig. Die Anmietung von Kellern und Gewölben wie auch der Hausierhandel in der Bürgerstadt ließen sich offenbar ebenfalls kaum wirksam unterbinden, wahrscheinlich nicht zuletzt deshalb, weil auch Bürger und Messekaufleute davon pekuniär profitierten.

Der prächtige Messe- und Fernhandel ist oft beschrieben worden. Übersehen wird der kleine Hausier- und Trödelhandel, durch den sich Arme jeglicher Provenienz mit dem Nötigsten ausstatten konnten.[68] Außer Frage steht, daß der Hausierhandel unentbehrlich für die Versorgung der stadtfernen, ländlichen Bevölkerung war. In der Stadt konkurrierte er mit dem ortsansässigen Handel und war den Kaufleuten deswegen ein Dorn im Auge. Ein Schlaglicht auf die ökonomische Anziehungskraft des Frankfurter Ghettos wirft ein Erlaß von 1750. Darin klagt der Frankfurter Rat, daß »sowohl hiesige Burgere als Beysassen, insbesondere die Handwercks-Pursche auf die Sonn- und Fest-Tägen zum öfteren mit alten Kleidern und andern Sachen, mit Päck und Bündel u. wie auf denen Werck-Tägen gantz ohngescheuet in der Juden-Gaß ein- und auslauffen, und darinnen mit denen Juden mit Kauffen und Verkauffen, auch Tauschen und Versetzen, mancherley verdächtigen und unerlaubten Handel treiben«.[69] Nicht nur die ebenfalls als solche verdächtigen Dienstboten und Gesellen, sondern auch ehrbare Bürger und Beisassen suchten demnach das Geschäft im Ghetto. Weit berühmter als die Frankfurter Judengasse waren im 18. Jahrhundert die Trödelmärkte europäischer Metropolen wie Wien, Paris und Amsterdam.[70] Der Trödelhandel im allgemeinen ist bislang nicht erforscht. Überhaupt harrt die ökonomische Praxis der Juden, abgesehen von der äußerst kleinen Gruppe der Hoffaktoren, noch ihrer Darstellung.[71] Pfandleihe und Trödel waren jedoch, soviel lassen zeitgenössische Berichte schließen, für weite Bevölkerungskreise von großer Bedeutung. Im Gegensatz zur modernen Konsumgesellschaft erzwang die Knappheitsökonomie der Frühen Neuzeit eine Orientierung am Gebrauchswert der Güter. Der Kauf von Produkten aus zweiter Hand und das Abstoßen überflüssiger Altware bildeten komplementäre Strategien im Ringen um das täglich Brot. Die Ökonomie des Ghettos erwies sich in dieser Hinsicht als ausgesprochen marktrational. Gerade deswegen wurde sie zur Gefahr stilisiert. Angriffsfläche bot besonders das »Unzünftische« der jüdischen Ökonomie: Die Artikel der Trödler mußten nicht vorab definierten Qualitätskriterien entsprechen; der Preis von Hausrat und Kleidung etc. wurde nicht verbindlich geregelt; statt dessen feilschten Käufer und Verkäufer auf Hinterhöfen über den Marktwert. Im Diskurs geriet all dies zum »Betrug«.

Frappierend ist die Beharrungskraft des Stereotyps über die Jahrhunderte hinweg. Christliche und jüdische Frankfurter lebten auf engstem Raum zwar nicht mit-, aber doch nebeneinander. Es bestanden zahlreiche Kontakte, und die Ökonomie der Juden erfüllte für die Ökonomie der gesamten Stadt und darüber hinaus eine wichtige Funktion. Die rechtliche Trennung von Juden und Christen im Verbund mit einer in der christlich-abendländischen Geschichte tief verwurzelten Ablehnung des Judentums ließ sich jedoch im Zeitalter der Aufklärung nicht überwinden. Die Delinquenz vor Ort und das Reden darüber waren ein Schatten der hohen Mauer zwischen Judengasse und Christenstadt.

Anmerkungen

1 Allgemein zur Geschichte der Juden in Deutschland zuletzt: Deutsch-jüdische Geschichte in der Neuzeit, hg. im Auftrag des Leo Baeck Instituts von Michael A. Meyer, Bd. 1: Mordechai Breuer/Michael Graetz, Tradition und Aufklärung 1600–1780, Bd. 2: Michael Brenner u. a., Emanzipation und Akkulturation 1780–1871, München 1996; zur Situation um 1800 auch Shulamit Volkov, Die Juden in Deutschland 1780–1918, München 1994; grundlegend zur Geschichte der Frankfurter Juden und Vorbild für Studien zu jüdischen Gemeinden an anderen Orten Isidor Kracauer, Geschichte der Juden in Frankfurt am Main (1150–1824), 2 Bde., Frankfurt a. M. 1925 und 1927 (Nachdruck 1976); vgl. zum Frankfurter Ghetto auch neuerdings die Skizze bei Richard van Dülmen, Das Frankfurter Ghetto. Zur Lebensweise und Kultur der Juden in der Frühen Neuzeit, in: Ders., Gesellschaft der Frühen Neuzeit: Kulturelles Handeln und sozialer Prozeß. Beiträge zur historischen Kulturforschung, Wien 1993, S. 279–305; zur Entwicklung der Zahl der Juden in Frankfurt Josef Unna, Statistik der Frankfurter Juden bis zum Jahr 1866. Ein Versuch historischer Bevölkerungsstatistik, in: Zeitschrift für Demographie und Statistik der Juden 2 (1925), S. 15.

2 Der Juden zu Franckfurth Stättigkheit undt Ordnung, in: Johann Conradin Beyerbach (Hg.), Sammlung der Verordnung der Reichsstadt Frankfurt, 11 Teile, Frankfurt a. M. 1798–1818, Art. 98, S. 1286 (erstes Zitat), Art. 100, S. 1288 (zweites Zitat).

3 Johann Jacob Schudt, Jüdische Merckwürdigkeiten, Teil 2, Frankfurt a. M. 1714, S. 211.

4 Verordnung vom 1.2.1780, in: Beyerbach, S. 212 ff., Zitat S. 215.

5 Ebd., S. 212.

6 Art. Wucher, in: Johann Heinrich Zedler, Grosses vollständiges Universal-Lexikon, Bd. 59, 1749, Sp. 691 ff.

7 Art. Wucher, (Juden-) Jüdischer Wucher oder Wucher der Juden, in: Zedler, ebd., Sp. 732 ff., Zitat Sp. 735.

8 Ebd., Sp. 733; Stättigkeit, Art. 58, in: Beyerbach, S. 1270 f.

9 Supplikation der Bürgerschaft an den Kaiser, 21.6.1612, in: Friedrich Bothe, Frankfurts wirtschaftlich-soziale Entwicklung vor dem Dreißigjäh-

rigen Kriege und der Fettmilchaufstand (1612–1616), Frankfurt a. M. 1920, S. 332; die übrigen Supplikationen sind wiedergegeben ebd., S. 325 ff.; vgl. allgemein zur Situation vor dem Fettmilch-Aufstand Friedrich Bothe, Geschichte der Stadt Frankfurt am Main, Frankfurt a. M. 1913, S. 385 ff., 403 f.; zuletzt zu den einzelnen Stadien des Aufstands Rainer Koch, 1612–1616. Der Fettmilchaufstand. Sozialer Sprengstoff in der Bürgerschaft, in: Archiv für Frankfurts Geschichte und Kunst 63 (1997), S. 59–80; näher zu Inhalt und Hintergrund der Beschwerden über die Juden Jutta Rolfes, Die Juden in der Reichsstadt Frankfurt am Main zur Zeit der Fettmilch-Aufstandes 1612–1616, in: Archiv für Frankfurts Geschichte und Kunst 63 (1997), S. 223–237.

10 Gravamina in puncto justitiae der Bürgerschaft gegen den Rat, 13.10.1612, in: Bothe, Fettmilchaufstand, S. 411 ff., Zitat S. 416.

11 Supplikation der Bürgerschaft an den Kaiser, 21.6.1612, ebd., S. 333.

12 Additiones zu den Gravaminibus des Justizwesens, ebd., S. 419.

13 Gemeiner Zünfte und Bürgerschaft dem Herrn Städtischen Gesandten exhibierte Gravamina, 8.8.1612, ebd., S. 365.

14 Das Ereignis findet auch in der überregionalen Forschung entsprechende Resonanz: R. Po-Chia-Hsia, Die Juden im Alten Reich. Forschungsaufgaben zur Geschichte der Juden im Späten Mittelalter und in der Frühen Neuzeit, in: Georg Schmidt (Hg.), Stände und Gesellschaft im Alten Reich, Stuttgart 1989, S. 221.

15 Paul Hohenemser, Der Frankfurter Verfassungsstreit 1705–1732 und die kaiserlichen Kommisionen, Frankfurt 1920; Gerald L. Soliday, A Community in Conflict. Frankfurt Society in the 17th and Early 18th Centuries, Hanover 1974.

16 Institut für Stadtgeschichte, Bestand Criminalia (Crim.) 3116–34 (1721); 1711 »vergaßen«, wie sich Kracauer (Bd. 2, 1927, S. 121) süffisant ausdrückt, viele Löschhelfer, »die geretteten Gegenstände ihrem rechtmäßigen Eigentümer zurückzugeben«; zu den offenen Plünderungen von 1721 ebd., S. 143; das zwiespältige Verhalten der Helfer kommentiert auch das jüdische Klagelied auf den Brand von 1711: Schudt, Teil 3, 1714, S. 66.

17 Fall Mayer Moses aus Grumbach: Crim. 4756–66 (1738); Kracauer, Bd. 2, 1927, S. 160 f.

18 Bettina Mähler/Hans Sarkowicz, Die Frankfurter Judengasse im Spiegel der zeitgenössischer Berichte, in: Michael Best (Hg.), Der Frankfurter Börneplatz. Zur Archäologie eines politischen Konflikts, Frankfurt a. M. 1988, S. 194; vgl. zu Schilderungen der Judengasse durch Reisende mit Betonung eines antijüdischen Akzents der Aufklärung Richard van Dülmen, Kultur und Alltag in der Frühen Neuzeit, Bd. 2: Dorf und Stadt 16–18. Jahrhundert, München 1992, S. 71.

19 Mähler/Sarkowicz, S. 193.

20 Abgedruckt und übersetzt bei Schudt, Teil 3, 1714, S. 65; vgl. auch Kracauer, Bd. 2, 1927, S. 123 und 144.

21 Mähler/Sarkowicz, S. 185. Auch Goethe erwähnt in seinen Jugenderinnerungen aus Frankfurt, daß derjenige, der das Ghetto betrat, sich der »Zudringlichkeiten so vieler, etwas zu schachern unermüdet fordernder oder anbietender Menschen« zu erwehren hatte (Werke, Hamburger Ausgabe, 1982, Bd. 9, S. 150).

22 Mähler/Sarkowicz, S. 186.

23 Art. Juden, in: Zedlers Universal-Lexikon, Bd. 14, 1735, Sp. 1499.

24 Vgl. übergreifend zur Geschichte des Judentums allgemein außer der bereits genannten Literatur Friedrich Battenberg, Das europäische Zeitalter der Juden. Zur Entwicklung einer Minderheit in der nichtjüdischen Umwelt Europas, 2 Bde., Darmstadt 1990; Helmut Berding, Moderner Antisemitismus in Deutschland, Frankfurt a. M. 1988; Haim Hillel Ben-Sasson (Hg.), Geschichte des jüdischen Volkes. Von den Anfängen bis zur Gegenwart, München [3]1995; Dirk Blasius/Dan Diner (Hg.), Zerbrochene Geschichte. Leben und Selbstverständnis der Juden in Deutschland, Frankfurt a. M. 1991.

25 Alle Zitate Art. Juden, in: Zedlers Universal-Lexikon, Bd. 14, 1735, Sp. 1499 f.

26 Die folgenden Ausführungen beziehen sich auf die »Criminalia« des Frankfurter Instituts für Stadtgeschichte (Stadtarchiv). Auf die Charakteristika dieses fast vollständig überlieferten Bestands gehe ich ein in: Joachim Eibach, Mehr als Mord und Totschlag. »Verbrechen« und städtische Lebenswelt in den Frankfurter Criminalia, in: Archivbrief des Instituts für Stadtgeschichte 1 (1997), S. 3–15.

27 Art. 96, in: Beyerbach, S. 1285.

28 Crim. 5518 (1743).

29 Die Peinliche Gerichtsordnung Kaiser Karls V. von 1532 (Carolina), hg. von Gustav Radbruch und Arthur Kaufmann, Stuttgart [6]1991, Art. 40 und 43 (Zitat).

30 Art. 57, in: Beyerbach, S. 1270.

31 Art. 68 und 69 (Zitat), in: Beyerbach, S. 1275.

32 Crim. 5343 (1742).

33 So wird das Verfahren in Crim. 5475 (1742) beschrieben; zur Praxis des Schulbanns: Stättigkeit, Art. 81, in: Beyerbach, S. 1281; Kracauer, Bd. 2, 1927, S. 281; Bothe, Geschichte, S. 405.

34 Crim. 5402 (1742).

35 Weitere Fälle, in denen Juden Juden anzeigten: Crim. 8568 (1771), Crim. 10783 (1802), Crim. 10909 (1803).

36 Crim. 8740 (1774).

37 Crim. 8557 (1771).

38 Crim. 5355 (1742), Bl. 7 (erstes Zitat), Crim. 5243 (1741), Bl. 5 (zweites Zitat).

39 Crim. 8638 (1772), Crim. 10714 (1801), Crim. 11029 (1804).

40 Kracauer, Bd. 2, 1927, S. 145.

41 Frederic Morton, Die Rothschilds. Ein Portrait der Dynastie, Wien 1992; vgl. zum folgenden Battenberg, Bd. 2, S. 6 ff.; van Dülmen, Frankfurter Ghetto, S. 292 und 304.

42 Verordnung vom 14.7.1757, in: Beyerbach, S. 662 ff.; ähnlich die Verordnung vom 14.5.1761, ebd., S. 660 f.

43 Crim. 5325 (1741), Crim. 8557 (1771), Crim. 10956 (1803).

44 Beyerbach, S. 663.

45 Längerer Auszug der Verordnung bei Battenberg, Bd. 2, S. 10.

46 Zahlenangabe bei Berding, S. 38.

47 Zum spätmittelalterlichen Frankfurt Michael Rothmann, Die Frankfurter Messen im Mittelalter, Stuttgart 1998, S. 350; zum Beispiel Köln: Gerd Schwerhoff, Köln im Kreuzverhör. Kriminalität, Herrschaft und Gesellschaft in einer frühneuzeitlichen Stadt, Bonn 1991, S. 355; zum Beispiel Rom: Peter Blastenbrei, Kriminalität in Rom 1560–1585, Tübingen 1995, S. 245; zum Beispiel Memmingen: Ulinka Rublack, Magd, Metz oder Mörderin. Frauen vor frühneuzeitlichen Gerichten, Frankfurt a. M. 1998, S. 168.

48 Zur Vorgeschichte des modernen Antisemitismus Berding, hier vor allem S. 11 ff.

49 Vgl. allgemein Po-Chia-Hsia, S. 214; Breuer/Graetz, S. 49 ff.; zur sogenannten zweiten Judenschlacht in Frankfurt Kracauer, Bd. 1, 1925, S. 37 ff.; zuletzt Johannes Heil, Vorgeschichte und Hintergründe des Frankfurter Pogroms von 1349, in: Hessisches Jb. für Landesgeschichte 41 (1991), S. 105–52.

50 Kracauer, Bd. 1, S. 199 ff.

51 Kracauer, Bd. 2, 1927, S. 343 und 413 ff.; zusammenfassend Wolfgang Klötzer, Frankfurt am Main von der Französischen Revolution bis zur preußischen Okkupation 1789–1866, in: Frankfurt am Main. Die Geschichte der Stadt, hg. von der Frankfurter Historischen Kommission, Sigmaringen 1991, S. 311; vgl. zur Folgezeit Andrea Hopp, Jüdisches Bürgertum in Frankfurt am Main im 19. Jahrhundert, Stuttgart 1997; die Argumentation von jüdischer Seite berücksichtigt Bernd Oberdorfer, Sind nur Christen gute Bürger? Ein Streit um die Einbürgerung der Juden am Ende des 18. Jahrhunderts: Verheißungsvoller Ansatz für ein friedliches Zusammenleben oder erster Schritt zu den Nürnberger Gesetzen? In: Kerygma und Dogma. Zeitschrift für theologische Forschung und kirchliche Lehre 44 (1998), S. 290–310.

52 Stättigkeit, Art. 74, in: Beyerbach, S. 1279; vgl. Bothe, Geschichte, S. 454.

53 Unna, S. 22 f.

54 Kracauer, Bd. 2, 1927, S. 109 (Zitat) und 113.

55 Rothmann, S. 197 f. und 329 ff.; vgl. auch Alexander Dietz, Frankfurter Handelsgeschichte, Nachdruck Glashütten 1970, Bd. 3, S. 208 f., 238 ff., 249 ff.; eine antijüdische Tendenz von Dietz wird spürbar ebd., S. 207; vgl. allgemein zum Kredit- und Bankwesen im 18. Jahrhundert Ilja Mieck, Wirtschaft und Gesellschaft Europas von 1650 bis 1850, in: Handbuch der europäischen Wirtschafts- und Sozialgeschichte, Bd. 4, 1993, S. 171 ff.; Karl Heinrich Kaufhold, Deutschland 1650–1850, in: Handbuch der europäischen Wirtschafts- und Sozialgeschichte, Bd. 4, 1993, S. 571 ff.

56 Nils Brübach, Die Reichsmessen von Frankfurt am Main, Leipzig und Braunschweig (14.–18. Jahrhundert), Stuttgart 1994, S. 179 und 293; Ralf Roth, Stadt und Bürgertum in Frankfurt am Main. Ein besonderer Weg von der ständischen zur modernen Bürgergesellschaft 1760–1914, München 1996, S. 54.

57 Rothmann, S. 348 f.

58 Art. Wechsel-Briefe der Juden, in: Zedlers Universal-Lexikon, Bd. 53, 1747, Sp. 1400.

59 Verordnung vom 3.5.1670, in: Beyerbach, S. 654 ff.; Verordnung vom

21.1.1697, ebd., S. 657 ff.; Verordnung vom 16.10.1738, ebd., S. 659 ff.; vgl. allgemein dazu Heinz Duchhardt, Frankfurt am Main im 18. Jahrhundert, in: Frankfurt am Main. Die Geschichte der Stadt, hg. von der Frankfurter Historischen Kommission, Sigmaringen 1991, S. 271 f.; van Dülmen, Frankfurter Ghetto, S. 294.

60 Bothe, Geschichte, S. 455.

61 Zitiert nach Kracauer, Bd. 2, 1927, S. 296; zum folgenden ebd., S. 295 ff.

62 Kracauer (Bd. 1, 1925, S. 98 ff.) erwähnt diesbezüglich Gerichtsbücher aus dem Spätmittelalter, die en detail Hausrat, Kleidung, Schmuck, Waffen, Reiterzeug, Handwerksgerät und lebende Tiere aufführen; vgl. zum folgenden Bothe, Geschichte, S. 405 f., 455 und 471 f.

63 Kracauer, Bd. 2, 1927, S. 172 ff.

64 Verordnung vom 20.1.1739, in: Beyerbach, S. 218 ff., erstes Zitat S. 218, zweites Zitat S. 221.

65 Crim. 8539 (1771), Crim. 8666 (1772).

66 Mähler/Sarkowicz, S. 200.

67 Laut Heinrich Voelcker, Handel, Gewerbe und Verkehr in Frankfurt am Main, in: Ders. (Hg.), Die Stadt Goethes, Frankfurt a. M. 1932, S. 126 f. eröffneten zwischen 1714 und 1800 insgesamt 20 christliche und 13 jüdische Banken; zum Aufschwung des Frankfurter Bankgeschäfts allgemein Roth, S. 54 f.

68 So auch bei Dietz; zur Bedeutung des Hausierhandels knapp Kaufhold, S. 573 f.; die neuere und neueste Literatur konzentriert sich ebenfalls auf den Messe- oder Großhandel: Brübach, Rothmann; zum wohlhabenden Handelsbürgertum Roth, S. 53 ff.

69 Verordnung vom 20.1.1750, in: Beyerbach, S. 544.

70 Art. Trödel, in: Zedlers Universal-Lexikon, Bd. 45, 1745, Sp. 1037 f.

71 Vgl. dazu mit Hinweisen auf die ältere Literatur van Dülmen, Frankfurter Ghetto, S. 292; zur Bedeutung der jüdischen Wirtschaft im allgemeinen Battenberg, Bd. 2, S. 4.

Thomas Nutz

Gefängnisreformdiskurs und Kriminalpolitik in Preußen bis 1806

Obwohl bereits Otto Hintze 1896 in einem Aufsatz mit dem Titel »Preußische Reformbestrebungen vor 1806« erstmals auf die Reformansätze hinwies, die seit der Thronbesteigung Friedrich Wilhelms III. im Gange waren, und die Stein-Hardenbergschen Reformen als eine Fortsetzung dieser »Reformen vor der Reform« begriff, steht in der historischen Forschung das Interesse an dieser Epoche des Übergangs nach wie vor im Schatten der Friderizianischen Zeit und der Reformen nach 1806.[1] Beschäftigte man sich überhaupt mit den Reformversuchen in Preußen um 1800, so fanden zumeist nur die Reformansätze Beachtung, die zu Hintzes Kanon der »Vorreformen« gehörten, welcher neben Ansätzen einer Reform der militärischen Rekrutierung vor allem die Befreiung der Bauern auf den Domänen umfaßte. Daß Hintze die Reformen auf dem Gebiet der Strafrechtspflege nicht in den Kanon der Vorreformen aufnahm, obwohl Adolf Stölzel schon 1888 auf deren Bedeutsamkeit hingewiesen hatte,[2] sollte sich für die Rezeption der Versuche einer Reform der preußischen Strafjustiz zwischen 1794 und 1806 als fatal erweisen: Die historische Forschung nahm bis heute kaum Notiz davon. Das gilt ebenso für die rechtshistorische Forschung – steht dieser Zeitraum doch im Schatten des Allgemeinen Landrechts.[3]

Ein möglicher Grund für die Nichtbeachtung der preußischen Strafjustizreformbestrebungen könnte in ihrem azyklischen Auftreten liegen: Schließlich wurden sie im Gegensatz zu den anderen Reformbereichen unmittelbar nach 1806 nicht mehr aufgegriffen, sondern erst wieder im Vormärz. Die Reformen auf dem Gebiet der Strafrechtspflege paßten daher wenig in das lange Zeit vorherrschende Bild, das die Forschung vom preußischen Staat um 1800 zeichnete: ein durch Kräfte der Beharrung und des Stillstands dominierter Staat, unfähig, auf den Modernisierungsdruck durch entsprechende Reformen zu reagieren. Neuere Arbeiten zum englischen und preußischen Staat des 18. Jahrhunderts haben indessen die Notwendigkeit deutlich gemacht, von liebgewonnenen historiographischen Konventionen Abschied zu nehmen, mit denen man einzelne Phasen allzu holzschnittartig unter einen einzigen Leitbegriff zu subsumieren pflegte.[4] Eine derartige neue Sichtweise wird inzwischen auch für die zwanziger, dreißiger und vierziger Jahre des 19. Jahrhunderts gefordert.[5] Es scheint daher an der Zeit zu sein, die Reformen auf dem Gebiet der Strafrechtspflege in Preußen im Zusammenhang mit denjenigen zu sehen, die sich auf den Bereich der Militärverfassung, Bildung, Gesellschaftsordnung und Verwaltung erstreckten und eingebettet sind in einen vielschichtigen, sich von der Mitte des 18. bis zur Mitte des 19. Jahrhunderts kontinuierlich erstreckenden Transformationsprozeß von Staat und Gesellschaft.

Im folgenden soll daher in dieser Linie versucht werden, einen kursorischen Überblick über die Stationen der Reformversuche auf dem Gebiet der Strafrechtspflege in Preußen bis 1806 zu geben. Im Vordergrund steht der Aspekt der Reform der Haftanstalten. Zu fragen ist nach dem Beginn des Strafrechtsreformdiskurses und eines Spezialdiskurses zur Gefängnisreform, und es ist die Rolle zu klären, welche sowohl der englische Philanthrop John Howard und seine Nachfolger im deutschen Sprachraum als auch die Rezeption des pennsylvanischen Strafvollzugsexperimentes spielen.

I. Strafrechtliche Aufklärung

Mit Cesare Beccarias Werk »Dei delitti e delle pene« wurde 1764 in ganz Europa ein strafrechtlicher und kriminalpolitischer Diskurs initiiert, der bis in die 1790er Jahre ein solches Ausmaß annahm, daß ihn der französische Strafrechtstheoretiker und Publizist Jacques-Pierre Brissot de Warville als »gouffre inépuisable«[6] bezeichnen konnte: Kriminalpolitik war insbesondere im »schreibseligen Deutschland« zu einem »Modeartikel« geworden.[7] Die an die deutsche Übersetzung des Beccaria anschließenden, in rascher Folge in Deutschland erscheinenden Schriften[8] bildeten jedoch nur Vorläufer eines breiten Interesses an strafrechtlichen Fragen. Einen ersten Höhepunkt erreichte dieser strafrechtliche Diskurs 1777 mit dem von Voltaire mitinitiierten Preisausschreiben der Berner Ökonomischen Gesellschaft über »den vollständigsten und ausführlichsten Plan einer guten Kriminalgesetzgebung«.[9] Den Preis erhielten unter 44 Einsendungen aus ganz Europa die sächsischen Juristen Hans Ernst von Globig und Johann Georg Huster mit ihrer »Abhandlung von der Criminal-Gesetzgebung«.[10] Daneben erschien in den 1780er Jahren eine Vielzahl von Schriften, die in unmittel- oder mittelbarem Zusammenhang mit der Berner Preisaufgabe entstanden waren.[11]

Alle diese Schriften formulierten paradigmatische Neuerungen, die sich wie folgt beschreiben lassen: Oberster Zweck staatlichen Strafens war nicht mehr die Vergeltung, sondern die Verhütung zukunftiger Übel.[12] Dies hofften die Straftheoretiker der 1780er Jahre über eine je unterschiedliche Gewichtung der Zwecke der Abschreckung, der Sicherung der Gesellschaft und der Besserung des Verbrechers zu erreichen. Zumeist stand dabei der Zweck der Abschreckung im Vordergrund.[13] Drei Strafprinzipien setzten sich im wesentlichen durch: Strafen müssen so milde wie möglich,[14] durch das Gesetz bestimmt[15] und proportional zum Verbrechen[16] sein. Bereits Beccaria hatte ja das Programm dieser Forderungen formuliert: »Damit die Strafe nicht die Gewalttat eines oder vieler gegen einen einzelnen Bürger sei, muß sie durchaus öffentlich, rasch, notwendig, die geringstmögliche unter den gegebenen Umständen, den Verbrechen angemessen und vom Gesetze vorgeschrieben sein.«[17]

Im Zentrum des Interesses stand die am Proportionalitätsprinzip ausgerichtete Neugewichtung des Verhältnisses von Strafe und Verbrechen. Die Strafen sollten mit der »Natur des Verbrechens« korrespondieren, d. h. die Strafe sollte ein Gegengewicht zu der zum Verbrechen treibenden Begierde bilden. Die Reformer haben ein ganzes Arsenal solcher Strafen ersonnen. Ernst Ferdinand Klein empfahl z. B.: »War der Ehrgeiz die Triebfeder: so sey Schande die Strafe. [...] War Weichlichkeit oder Faulheit die Quelle: so zwinge man den Verbrecher zur Arbeit«.[18] Der Einsatz einer einzigen Strafe für alle Verbrechen jedenfalls blieb undenkbar, so daß die Strafe der mit Einsperrung verbundenen Strafarbeit, die als Vorform der Freiheitsstrafe dann zu Beginn des 19. Jahrhunderts zur alleinigen Strafe wurde, bei den Reformern immer nur als eine unter vielen erscheint. Die Freiheitsstrafe, die »niemals direkt von den Vertretern der Aufklärung gefordert worden war«,[19] wurde von vielen Strafrechtstheoretikern der 1780er Jahre sogar ausdrücklich kritisiert,[20] weil sie nicht öffentlich sei,[21] weil sie den Häftlingen Gelegenheit biete, sich »einander zu Complotten gegen die öffentliche Sicherheit« und »zu gewaltsamen Ausbrüchen«[22] zu verbinden, weil sie die Gesundheit der Häftlinge ruiniere.[23] Klein beispielsweise lehnte die längere Gefängnisstrafe überhaupt ab und legte den Schwerpunkt seines Strafensystems auf die körperliche Züchtigung. Sarkastisch zog er der Untersuchungshaft die Folter vor: »Aber ich gebe unserm empfindsamen Zeit-Alter zu bedenken, ob es weniger grausam sey, den Bürger in tiefen Löchern und einer ungesunden Luft für den langsam herannahenden Tod sparsam zu füttern, [...] als ihm einige sehr schmerzhafte Minuten zu verursachen, wenn er damit seine Freiheit, seine Gesundheit, den Wohlstand seiner Familie und vielleicht sein Leben erkaufen kann?«[24]

II. John Howard als Diskursinitiator

Die kritische Haltung der Strafrechtsreformer gegenüber der Freiheitsstrafe deckt sich mit der fundamentalen Kritik an den zeitgenössischen Praktiken der mit Einsperrung verbundenen Strafen, die in einem sich neu formierenden Diskurs geäußert wurde: ein Diskurs, der von einer von humanitären Impulsen beseelten, auf dem haussierenden Zeitschriftenmarkt kommunizierenden Bildungselite getragen wurde, der vor allem die krank machenden Folgen der Zwangsanstalten des Ancien régime wie Zuchthäuser, Arbeitshäuser und Untersuchungsgefängnisse ans Licht brachte und erste Vorschläge machte, wie diese Wirkungen zu vermeiden seien.

Auslöser dieses Diskurses war das 1777 erschienene Buch »The State of the Prisons in England and Wales« des englischen Philanthropen John Howard.[25] Mit unermüdlichem Eifer war Howard seit 1774 durch ganz Europa gereist, um Gefängnisse,

Hospitäler und Quarantänehäuser zu inspizieren. Akribisch hatte er im Zeichen der Humanität, vor allem im Bereich der Hygiene, Mißstände aufgedeckt und an die Öffentlichkeit gezerrt. Als Mitglied einer moderaten calvinistischen »Sekte«, den »Independents«, und mit einigen Londoner Quäkern eng befreundet, wie beispielsweise dem Mediziner John Fothergill, waren die Stätten menschlichen Leidens für ihn die Arena eines Bewährungskampfes mit dem Bösen vor Gott. Im Bewußtsein seiner eigenen Sündhaftigkeit fühlte er sich mit den eingekerkerten und leidenden Sündern brüderlich verbunden. Auch Kriminelle waren für ihn verlorene Seelen vor Gott, die es zu retten galt.[26]

In dieser bedingungslosen Selbstaufopferung für Aufklärung und Humanität verkörperte er – als ein Musterbild an Unermüdlichkeit, Bescheidenheit und Großzügigkeit – für die europäischen Zeitgenossen den Idealtyp eines »wahren Menschenfreundes«.[27] Die gebildete Elite Europas war neben den finanziellen Opfern, die er brachte,[28] vor allem von dem »mühseligen, fast ekelhaften und gefährlichen« Charakter seiner »Grand Tour« beeindruckt.[29] In Vertrauen auf Gott und eine vegetarische Diät schreckte er nicht vor der Gefahr einer Ansteckung mit dem berüchtigten »Kerkerfieber« zurück, wie der Herausgeber der Berlinischen Monatsschrift, Johann Erich Biester, der ihn am 31. Juli 1789 in Berlin auf der Durchreise kennenlernte, begeistert berichtete: »Er wagt sich in die anstekkungsvollesten Häuser, und hat schon einem mit der Pest Behafteten den Puls befühlt; aber seine Diät und Vorsorge für freie Luft erhält ihn, ohne Arzneien, gesund.«[30] Und kein anderer als Edmund Burke rühmte ihn in einer 1780 gehaltenen Rede mit folgenden Worten: »Er hat ganz Europa durchreiset – nicht um kostbare Paläste zu sehen, oder die Ruinen des Alterthums; nicht um neuere Kunst zu bewundern, oder Schaumünzen und Handschriften zu sammeln – sondern um in die Tiefen der Kerker herabzusteigen, sich in das Gift der Spitäler zu stürzen; die Wohnungen des Jammers und des Verderbens zu besuchen; den Umfang des Elends, der Unterdrückung und Verachtung auszumessen; der Vergessenen zu gedenken, der Versäumten sich anzunehmen, die Verlassenen zu besuchen, und die Leiden aller Menschen in allen Ländern gegeneinander abzuwägen. Sein Plan war original; eben so geistvoll und kühn, als menschenfreundlich. Es war eine Entdekkungsreise, eine Reise der Menschenfreundlichkeit.«[31]

Seine Schriften, in denen er seine Reiseerfahrungen verarbeitete, die besuchten Anstalten beschrieb und generelle Verbesserungsvorschläge machte, stießen auf beachtliche Resonanz. Der »State of the Prisons« wurde in England bis 1792 viermal aufgelegt. Seine Beschreibung der europäischen Krankenhäuser erfuhr zu seinen Lebzeiten zwei Auflagen.[32] Auf die Erstauflagen dieser beiden Bücher folgten schnell deutsche und französische Übersetzungen.[33] Er wurde zu einer europäischen Berühmtheit: Gedichte wurden auf ihn verfaßt und die Errichtung eines Monumentes vorgeschlagen.[34] So schrieb Biester: »Selten ist wohl der Namen eines ohne öffentliche Geschäfte lebenden Privatmannes so allgemein berühmt und so allgemein gesegnet gewesen, als der Namen dieses edlen Engländers, den sein Vaterland, und mit Recht, den Wohlthäter des Menschengeschlechts nennt, und den ganz Europa ehrt, weil seine wohlthätigen Bemühungen sich, gleich seiner uneingeschränkten Menschenliebe, über alle Länder verbreiten«.[35] Als John Howard 1790 auf einer Reise nach Rußland in Cherson auf der Krim vermutlich an der Pest starb, der Krankheit, deren Bekämpfung er sich in seinen letzten Lebensjahren vornehmlich gewidmet hatte, ließ ihn sein Opfertod schließlich zur Kultfigur und zum Märtyrer werden – die erste Biographie durch seinen Freund, den englischen Chirurgen John Aikin, erschien bereits 1792, im selben Jahr noch die deutsche Übersetzung.[36]

Howard übernahm sowohl sein Wahrnehmungsraster hinsichtlich der konstatierten Mißstände als auch seine Vorschläge zur Beseitigung des Kerkerfiebers und der moralischen Depravation in den Gefängnissen aus dem Krankenhausreformdiskurs, der sich in den 1780er Jahren bereits konsolidiert hatte. Um 1790 gab es zur Organisation von Krankenhäusern schon Standardwerke, Bibliographien europäischen Zuschnitts und einen nationenübergreifenden Kanon von Fachwissen, der sich in einem einheitlichen Bautyp manifestierte.[37] Darüber hinaus konnte sich Howard auf eine Reihe von Autoritäten stützen. Henry Fielding hatte die Gefängnisse ja schon als »seminaries of vice and sewers of nastiness and disease« bezeichnet.[38] In Fragen des Gefängnisfiebers berief er sich auf medizinische Autoritäten auf dem Gebiet der Anstaltshygiene wie James Lind und John Pringle.[39] Die Prinzipien der Gefängnisverwaltung übernahm er von den im ausgehenden 16. Jahrhundert gegründeten niederländischen Musteranstalten in Amsterdam und

Rotterdam und von dem 1771 eröffneten »Maison de force« in Gent, die er auf seinen Europareisen kennengelernt hatte.[40] Die Methoden einer »bessernden« Behandlung – Klassifikation, zeitweilige Einsamkeit und religiöse Instruktionen – entlehnte er im wesentlichen von dem philantropischen Unternehmer Jonas Hanway, der 1758 ein »magdalen house« gegründet hatte, wo Prostituierte in Einzelzimmern zu Arbeit, Diät und religiöser Besinnung angehalten wurden. Hanway hatte dann 1776 diese Praktiken der »reformation«, insbesondere die Einsamkeit, auch für Gefängnisse propagiert.[41]

Während Howards philanthropisches Ethos und seine Reformvorschläge ganz zeitgemäß und allgemein verbreitet waren, war der wissenschaftliche Anspruch seiner Inspektionsreiseberichte neu. Es handelt sich bei seinem »State of the Prisons« um eine der ersten sozialwissenschaftlichen empirischen Untersuchungen.[42] Sein Anspruch war ausschließlich die »narration of facts«: »Enough of the declamatory kind has been written by others«.[43] Howard, seit 1756 ein Fellow der Royal Society, führte ständig eine Palette von Instrumenten mit sich. Er maß, wog, zählte und beschrieb alles mit größter Präzision nach einem festen Schema. Systematisch besuchte er die einzelnen Gefängnisse eines Landes, notierte die Ausmaße des Gebäudes, der Zellen, Art und Zusammensetzung der Nahrung, prüfte mit seiner Nase die Güte der Luft, zählte die Zahl der Insassen und vermerkte zahlreiche andere Details. Nicht von ungefähr sahen die Sozialstatistiker der Royal Statistical Society der 1870er Jahre ihn als einen ihrer Vorläufer an.[44]

Welche Rolle spielte nun Howard in der Formierung eines spezifischen Diskurses über Gefängnisse? In Howard verbanden sich die verstreuten Ausgangspunkte des Sprechens über die Internierungspraktiken des Ancien régime zu einer charakteristischen Einheit, die bis ins ausgehende 19. Jahrhundert erhalten blieb. Howard gab durch ein spezifisches Ethos, empirisch-statistische Methoden und deskriptive Schreibverfahren dem Sprechen über Gefängnisse eine einheitliche Form. Er stiftete eine Identität, die in Folge seiner Berühmtheit für Zeitgenossen hohe Attraktivität besaß, nämlich die des selbsternannten, dem »Wohl der Menschheit« und der »Linderung der Leiden Unglücklicher« dienenden, philanthropischen Experten. Er kompilierte aus verschiedenen Diskursen ein spezifisches Wissen über die beste Organisation von Gefängnissen und die

»Besserung« von Delinquenten, das den Status eines kanonischen Fachwissens zugewiesen bekam. Durch seine Rolle als Einheitsstifter diente er für seine schreibenden Nachfolger als zentraler Bezugs- und Anknüpfungspunkt. Die Rezeption erhob Howard zur Gründungsfigur eines sich seiner selbst bewußten, international orientierten und national agierenden Diskurses über die Reform der Gefängnisse.

III. Die Howard-Rezeption und der Beginn eines gefängniskundlichen Diskurses im deutschen Sprachraum

Der »Gründungsakt« des Gefängnisreformdiskurses war keineswegs von Howard intendiert, sondern ein Phänomen der Rezeption. Seine Nachfolger waren es, die in der kollektiven Erinnerung an ihn ihrem Tun eine diskursbildende und -stabilisierende Einheit gaben. Durch die Aufmerksamkeit, welche Howards Reisen und Bücher unter den gebildeten Eliten Europas auf sich zogen, war das Schreiben über Gefängnisse attraktiv geworden. Zuvor von eher marginaler Bedeutung, ließ sich nun, zumal Anfang der 1790er Jahre Howards diskursive Funktionsstelle durch dessen Tod frei geworden war, mit dem Schreiben über Gefängnisse in der identifikatorischen Anknüpfung an Howard Prestige erringen.

Howard hatte zwar durch die Vielzahl der bereisten Staaten und die Zahl der zurückgelegten Kilometer seine Zeitgenossen beeindruckt, doch waren seine Beobachtungen hinsichtlich einzelner Staaten weitgehend kursorisch geblieben. Er hatte am Beispiel Englands ein methodisches Vorbild geschaffen, dessen Transfer auf andere Staaten allerdings seinen Nachfolgern überlassen. So schrieb der deutsche Howard-Übersetzer: »Howard bereisete aber nur einen Theil unsers Vaterlandes, und das noch dazu, wie es scheint, etwas flüchtig. [...] Bis jetzt that, meines Wissens, in diesem Stück noch kein Deutscher das für sein Vaterland, was der Engländer für das seinige that«.[45] In dieses Desiderat stießen zu Beginn der 1790er Jahre, nach Howards Tod, schnell eine Reihe von selbsternannten, sich als Howard-Nachfolger inszenierenden Autoren vor. Für den deutschen Sprachraum unternahm dieses Unterfangen der Hallische Zuchthausgeistliche Heinrich Balthasar Wagnitz.[46] Als Frontispiz des 1791 erschienenen ersten Bandes seiner »Historischen Nachrichten über die merkwürdigsten Zuchthäuser in Deutschland« wählte Wagnitz ein Bildnis Howards und widmete das Buch »dem Geiste Howards und denen, die er umschwebt«. Mit den Worten, die er seinem Buch voranstellte, signalisierte er sein philanthropisches Pathos, aus dem auch er seine Legitimation schöpfte: »Heil den Menschenfreunden, die sich auch des Bruders, des Menschen im Kerker erbarmen! Wieviele tausend Unglückliche mögen noch jetzt in Deutschland in dumpfen Höhlen, auf faulem Stroh, von Ungeziefer halb zerfressen, schmachten und ihr Daseyn verfluchen. Und wären sie die größten Verbrecher, so bleiben sie Menschen, ein Werk des erbarmenden Schöpfers«.[47] Seine Selbstinszenierung hatte Erfolg: noch 1901 erinnerte man sich an ihn als »deutschen Howard«.[48]

Auch methodisch folgte er weitgehend dem Howardschen Ideal. Er spezialisierte sich jedoch nur auf die »Zuchthäuser« – Gefängnisse oder Krankenhäuser ließ er außer Acht. Nach Territorien gegliedert lieferte er eine Beschreibung der Anstalten sowohl in ihrem aktuellen Zustand als auch in ihrer geschichtlichen Entwicklung. Allerdings konnte er sich, kein Gentleman mit tausend Pfund Jahreseinkommen wie Howard, sondern ein unabkömmlicher Zuchthausgeistlicher, nur in Ausnahmefällen (z. B. an seiner Arbeitsstätte in Halle) auf seine eigene Erfahrung stützen; vielmehr mußte er sich auf Mitteilungen von Korrespondenten berufen, an die er Fragebögen verschickt hatte. Ob Wagnitz' Versicherung, nur solche Nachrichten aufzunehmen, »von deren Authenticität und Glaubwürdigkeit ich so ziemlich überzeugt seyn kann«, den Mangel fehlender Autopsie für Zeitgenossen an der Wende zum 19. Jahrhundert wettmachen konnte, bleibt fraglich. Auf empirische Beobachtung gestützte Authentizität konnte erst Justus Gruner 1802 geltend machen, der die Untersuchungsgefängnisse Westfalens bereist hatte.[49]

Wagnitz' Anstaltsbeschreibungen liegt ein festes Frageschema zugrunde, das sich aus der von ihm verwendeten Informationsbeschaffungstechnik des Fragebogens herleitet und im wesentlichen von den Howardschen Kategorien geprägt ist: Architektur und Lage der Anstalt, Bekleidung, Ernährung, Arbeit, Reinlichkeit, Personal, Disziplinarstrafen, Aufnahmeritual, Schlafgelegenheiten, Luft, Gottesdienst, Hausordnung, moralische Besserung, Finanzierung, Zahl der Insassen, Art der Verbrechen, Mortalität, Gesundheitszustand. Durch Wagnitz' Systematisierung des Wissens von der Organisation der Gefängnisse verfestigte sich ein Wahrnehmungsraster, das von nun an für jeden maßgeblich war, der in der Tradition Howards Gefängnisse besuchen und beschreiben wollte. Es konstituierte sich ein spezifischer »Blick« derjenigen, die Zugehörigkeit zum sich formierenden Diskurs proklamierten.

Neben dieser Systematisierung unternahm Wagnitz eine Fundierung des vorhandenen Wissens. Bislang hatte der zeitgenössische Strafrechtsreformdiskurs keine Spuren in den entsprechenden Texten über Gefängnisse und Zuchthäuser hinterlassen, die ja in einem ganz anderen Kontext entstanden waren. Dies änderte sich mit Beginn der 1790er Jahre. Wagnitz bediente sich neben der seit Howard etablierten philanthropisch-humanitären auch einer strafrechtstheoretischen Legitimationsstrategie. Er griff die Diskussion der aufklärerischen Strafrechtstheorie der 1770er und 1780er Jahre über Legitimität und Zweck staatlichen Strafens im allgemeinen und der verschiedenen Strafarten im besonderen auf und unternahm ein Raisonnement über Zweck und Nutzen der Zuchthausstrafe. Auf diesem Fundament stellte er die Diagnose über das bestehende Anstaltssystem und entwarf die Prinzipien des Ideals einer Strafanstalt. Er wolle, so heißt es im Vorwort, »sowol über Zwecke der Zuchthausstrafe aus richtig anerkannten Principien raisonniren, als auch zeigen, wie man diese Zwecke bisher verkannt hat, welche Mängel unsere Zuchthäuser characterisiren, wie ihnen am besten abgeholfen, und welche innere und äußere Form diesen Anstalten gegeben werden müsse«.[50]

Wagnitz führte damit Justizkritik und Anstaltskritik der 1780er Jahre zusammen: Anders als die meisten Strafrechtstheoretiker seiner Zeit war er von den prinzipiellen Vorteilen der Zuchthausstrafe als Kriminalstrafe überzeugt – allerdings nicht in ihrer zeitgenössischen praktischen Ausprägung, sondern in einer radikal reformierten Form. Wagnitz ging es im Prinzip um die Konzeption einer neuen, den Forderungen aufklärerischer Strafrechtskritik genügenden Strafart.[51] Der Diskurs, der zuvor nur bestehende Anstaltstypen einer Kritik unterzog, erfuhr eine Erweiterung seines kritischen Spektrums, das nun das ganze Strafsystem des Ancien régime miteinschloß. Gleichzeitig nahm der Diskurs die Zukunft ins Blickfeld: Er wurde zum Ort der Vision von einer neuen, besseren Welt staatlichen Strafens, in deren Zentrum eine neu konzipierte Spezialanstalt zur Besserung und Bestrafung der Delinquenten stand.

IV. Das pennsylvanische Experiment

Nach dem Tode Howards und mit dem Erscheinen von Wagnitz' »Historischen Nachrichten« verebbte der Strom der Schriften, die sich mit den Defekten der Zuchthäuser und Gefängnisse und deren Behebung beschäftigten. Erst in den letzten Jahren des 18. Jahrhunderts lebte er wieder auf. Jetzt allerdings spielten menschenfreundliche Impulse kaum eine Rolle mehr, sondern der Diskurs nahm einen ausgesprochen technisch-rationalen Charakter an. Es ging nicht mehr um die Linderung der Leiden Unglücklicher, sondern um die Erfindung eines wirksamen Instruments zur Verbrechensbekämpfung und zur Erhaltung der inneren Sicherheit.

Diese zweite Welle von gefängnistheoretischen Schriften begann mit Reiseberichten aus Nordamerika. In dem Maße, wie die Enttäuschung über die blutige Entgleisung der Französischen Revolution, besonders seit der Hinrichtung Ludwigs XVI. im Januar 1793, unter der gebildeten Elite zunahm, gewann auch das »Modell Amerika«[52] seit Mitte der 1790er Jahre begeisterte Anhänger. Die amerikanische Republik wurde geradezu als »Vorbild einer von lebenden Zeitgenossen geschaffenen freiheitlich-gerechten politischen Ordnung« verklärt.[53] Mit der Kritik am politischen Modell der Französischen Revolution verlor auch die Guillotine als Symbol der Terreur, ja überhaupt die öffentliche Hinrichtung in Preußen an Popularität.[54] Statt dessen übertrug sich die Amerika-Begeisterung auch auf das Modell der Strafhaft, das Pennsylvania hervorgebracht hatte. Bevorzugtes Reiseziel war die Strafanstalt Walnut Street in Philadelphia, die schnell in Europa und besonders in Preußen zum verklärten Vorbild avancierte.[55]

Reiseberichte machten schließlich Walnut Street in Europa und besonders in Preußen bekannt. 1796 veröffentlichte François-Alexandre-Frédéric de La Rochefoucauld-Liancourt seine

Schrift »Des prisons de Philadelphie, par un Européen«, die auch in einer anonymen deutschen Übersetzung 1797 in Leipzig erschien.[56] 1799 fügte Justus von Gruner[57] seinem »Versuch über Strafen, in vorzüglicher Hinsicht auf Todes- und Gefängnisstrafen« die Übersetzung einer Beschreibung Walnut Streets von Caleb Lownes bei.[58] Neben diesen Spezialbeschreibungen präsentierten auch allgemeine Reisebeschreibungen Walnut Street als eine der Hauptattraktionen Philadelphias und lieferten Topographien dieser Anstalt.[59]

Was beeindruckte die Zeitgenossen an dem Experiment Philadelphias? Bislang hatten die einschlägigen Texte Mißstände aufgelistet und Verbesserungsvorschläge vorgelegt; es hatte sich ein Kanon von Fachwissen über die Organisation von Strafanstalten herauskristallisiert. Eine praktische Erprobung dieses neuen Wissens war bislang jedoch nicht versucht worden. Das hatte man erst in Philadelphia mit Walnut Street in Angriff genommen. Hier fanden die Zeitgenossen das Laboratorium, in denen die neuen Ideen erprobt wurden. Man kann so ihre Faszination verstehen. Gruner enthielt sich gar einer Auflistung des organisatorischen Fachwissens und lieferte statt dessen, ähnlich wie William Bradford, in einem Appendix eine aktuelle Beschreibung dieser Musteranstalt: »Ein Gefängniss, wie es der Philosoph und der Menschenfreund wünscht, und das Wohl des Staats heischt, dessen gute zweckmässige Einrichtung unabhängig von den augenblicklichen Aufsehern, durch Gesetze begründet und auf immer befestigt wäre, ist für Europa – so viel ich davon kenne – bis jetzt ein Wunsch geblieben, dessen Erfüllung nur wenige Staaten näher gekommen sind. Pennsylvanien hat uns dieses schöne Produkt einer weisen Gesetzgebung aufgestellt, das als das beste Muster solcher Anstalten bekannter zu werden verdient, als es bis jetzt geworden zu seyn scheint. Statt daher schon oft gemachte Vorschläge zur Verbesserung der Gefängnisse und Zuchthäuser zu wiederholen, folgt hier die Erzählung jener Anstalt, welche alles enthält, was in dieser Hinsicht gefordert werden könnte.«[60]

Das praktische Strafvollzugsexperiment Pennsylvanias löste um 1800 eine qualitative Veränderung des Diskurses aus. Denn nun konnten die selbsternannten Spezialisten das praktische Funktionieren ihrer Forderungen mit dem Hinweis auf Walnut Street belegen. Darüber hinaus hatte nicht eine Handvoll Privatleute das Experiment durchgeführt, sondern ein Staat, der den Reformdruck des ausgehenden 18. Jahrhunderts in für Zeitgenossen vorbildlicher Weise umgesetzt und die Strukturen des Ancien régime abgeschüttelt hatte. Das gab ihren Argumenten entscheidend mehr Durchsetzungskraft als noch zu Beginn der 1790er Jahre, als man sich allein auf eine philanthropische Legitimation berufen konnte.

Das vom Geist der Quäker geprägte Modell von Philadelphia und die Betonung des Strafzwecks der Besserung bildeten damit das aktuellste Strafvollzugsmodell um die Jahrhundertwende. An dieses Modell knüpfte der preußische Staat in seinen Refomversuchen des Kriminalwesens an, denen er sich seit Mitte der 1790er Jahre zunehmend widmete.

V. Kriminalpolitische Reformbestrebungen der preußischen Behörden

Am 1. Juni 1794 trat in Preußen die große Rechtskodifikation des preußischen aufgeklärten Absolutismus, das »Allgemeine Landrecht für die preußischen Staaten«,[61] nach fast 50jähriger Vorbereitungszeit im Zuge der polnischen Annexion in Kraft. Das ALR, das »Gesetzbuch Friedrichs des Großen«,[62] das bereits 1784–1788 als »Entwurf eines allgemeinen Gesetzbuchs für die Preußischen Staaten« in sechs Abteilungen gedruckt worden war,[63] atmet hinsichtlich seiner Verhaftung in der ständischen Sozialverfassung unzweifelhaft friderizianischen Geist, ja schrieb die feudale Ständeordnung sogar gesetzlich fest, obwohl sich bereits immer stärker deren Auflösungserscheinungen bemerkbar machten.[64] Hinsichtlich seines strafrechtlichen Teils ist es durch und durch vom Strafrechtsreformdiskurs der 1780er Jahre geprägt.[65] In einem Punkte jedoch unterschied es sich von diesem Diskurs entscheidend: Die Festungs- und Zuchthausstrafe, Vorformen der Freiheitsstrafe, werden in ihm im Gegensatz zu der latent kritischen Haltung, die die Reformschriften der 1780er Jahre diesen Strafen entgegenbrachten, unmißverständlich zur Hauptstrafe erhoben.[66] Das ALR folgte damit nicht nur der friderizianischen Strafrechtspraxis,[67] welche die Zuchthaus- und Festungsstrafe im staatlichen Strafarsenal bereits fest etabliert hatte, sondern gab dieser erst eine gesetzliche Grundlage. Damit war die Aufgabe einer Reform der Strafanstalten für die Zukunft in den Raum gestellt; eine Aufgabe, die parallel zu der Neukonzeption der Freiheitsstrafe lief.

In der Frage der inneren Sicherheit zeigten sich in Preußen bereits in den letzten Jahren des 18. Jahrhunderts erste Signale einer Krise.[68] Sichtbar war dies vor allem in den »Heerscharen von Bettlern«, die »durch ihre insolenten Forderungen und Drohungen überall Furcht und Schrecken« verbreiteten, wie ein zeitgenössischer Preußenreisender berichtete.[69] Man sah sich mit einem massiven Anstieg der Eigentumskriminalität konfrontiert, dem die preußische Strafrechtspflege in keiner Weise mehr gewachsen war. Der Chef des Justizdepartements, Albrecht Heinrich von Arnim, sah diesen vor allem durch die Unzahl verbrecherischer Elemente hervorgerufen, welche die europäischen Revolutionskriege in das friedliche Preußen geschwemmt hatten.[70] Das führte schließlich zu einer völligen Überfüllung der Festungen, Zuchthäuser und Untersuchungsgefängnisse und damit zu Zuständen, die selbst die düstersten Schilderungen Howards übertrafen und zu den Forderungen der Strafrechtstheorie in krassestem Mißverhältnis standen.[71] Die Strafrechtspflege verkehrte sich in ihr Gegenteil: Statt Verbrechen zu verhüten, erzeugte sie nur neue Verbrecher.[72]

Verbunden mit der Furcht vor einer Revolution[73] versuchte der preußische Staat seit Mitte der 1790er Jahre, besonders aber seit dem Regierungsantritt Friedrich Wilhelms III. 1797, seine Institutionen der Strafrechtspflege zu reformieren. Diese Bestrebung entsprach den allgemeinen Hoffnungen auf Veränderung, die sich beim Regierungsantritt des neuen Königs kundtaten und sich in Worten wie etwa den folgenden äußerten: »Heil Dir! Du bringst das Licht zurück, Du wirst vollenden, Was Friederich begann.«[74] Friedrich Wilhelm III. wandte unverkennbar »der Reform des Criminalwesens sein persönliches Interesse in hohem Maße zu«.[75] Im Zuge dieser Reformversuche versuchte der preußische Staat seine Instrumente der Strafrechtspflege zu verfeinern: Die Projekte eines neuen Strafrechtes und einer Strafprozeßordnung gingen Hand in Hand mit dem Versuch einer fundamentalen Reform des Strafvollzugs.[76]

Wenige Wochen nach Inkraftsetzung des ALR, bereits am 29. Juli 1794, erließen die preußischen Behörden, sensibilisiert und gewarnt durch die Ereignisse in Frankreich, als Reaktion auf den Breslauer Gesellenaufstand und die schlesischen Bauernunruhen von 1793 eine Verordnung,[77] die außerordentliche Strafen wie das Spießrutenlaufen zuließ,[78] das bisher vornehmlich eine militärische Strafe gewesen war. Im Zusammenhang damit steht auch die Circular-Verordnung zur Präzisierung des ALR vom 30. Dezember 1798, die die Möglichkeit, verschärfende »außerordentliche Strafen« zur »Verhütung der Tumulte« zu verhängen, noch erweiterte.[79]

An zentraler Stelle der Bemühungen des preußischen Staates um eine Ergänzung des Strafrechts des ALR standen die preußischen Diebstahlsverordnungen vom 26. Februar 1799.[80] Als Grund ihres Erlasses wurde die »seit einiger Zeit zunehmende Anzahl der Diebstähle und das immer häufiger werdende Entweichen der Verbrecher« (aus den Strafanstalten) angegeben.[81] Im Vergleich zum ALR wurden dabei die Strafen für die Eigentumskriminalität vor allem durch den Einsatz der körperlichen Züchtigung geschärft. Bei leichteren Diebstählen sollte diese die im ALR vorgesehene kurze Gefängnisstrafe und die Zuchthausstrafe bis zu drei Jahren ersetzen,[82] in schwereren Fällen den »Willkomm und Abschied«[83] der Zuchthaus- oder Festungsstrafe im ALR. Die im ALR für schwere Diebstähle vorgesehene vier- bis zehnjährige Zuchthaus- oder Festungsstrafe wurde durch eine sogenannte Einsperrung »auf ein oder mehrere verhältnismäßig zu bestimmende Jahre in eine strenge Besserungsanstalt« ersetzt, aus welcher der Delinquent »nicht eher entlassen« werden sollte, »bis er nachgewiesen hat, dass, und wie er sich künftig auf eine ehrliche Art zu ernähren im Stande sei«.[84]

Die Diebstahlsverordnungen von 1799 stellten ganz den Besserungszweck der Strafe in den Vordergrund. Die Verordnungen führten dabei die »unbestimmte Verurteilung zur Strafe«[85] ein, die damit weiter als das ALR ging, das nur eine zeitlich unbestimmte, »nach ausgestandener Strafe« eintretende korrektionelle Nachhaft kannte,[86] die ganz Kleins Theorie der »Doppelspurigkeit« von Strafe und Sicherheitsmittel folgte.[87] Die Verordnung brach damit mit der Trennung von Strafe und Besserung, wie sie sich vereinzelt im ALR findet, und ließ Strafe und Besserung zusammenfallen. Die Delinquenten sollten in der »Besserungsanstalt« gleichzeitig gestraft und gebessert werden.[88]

Die »Besserungsanstalt«, von der die beiden Verordnungen von 1799 sprachen, existierte zu diesem Zeitpunkt noch nicht.

Die Verordnungen sind damit das Signal für eine Neukonzeption und Gesamtreform des preußischen Freiheitsstrafvollzugs. Bereits 1796 und ein Jahr später wurden drei Verordnungen erlassen, welche die Besserung durch Strafe betonten sowie um eine Strafentlassenenfürsorge bemüht waren.[89] Denn als den neuralgischen Punkt des preußischen Strafvollzugs sah man das Problem des Rückfalls; mit dem Ruch des Unehrenhaften belastet, gelang es selbst einem gutwilligen Strafentlassenen kaum, sein Brot auf ehrliche Weise zu verdienen. Aufgrund einer Kabinettsorder vom 25. Juni 1799 wurde eine Bestandsaufnahme des preußischen Gefängniswesens durchgeführt, deren negative Ergebnisse die von Wagnitz festgestellten noch übertrafen. Der Großkanzler Heinrich Julius von Goldbeck wurde durch eine Kabinettsorder vom 28. Februar 1801 zur Durchführung einer Gefängnisreform aufgefordert. »Das beste Strafgesetz«, hieß es dort, »wird indessen den Zweck immer nur sehr unvollkommen erreichen, wenn nicht durch zweckmäßige Anstalten für die Besserung solcher Verbrecher, die dazu noch Hoffnung geben, und deren Separation von den incorrigiblen Bösewichtern, auch dafür gesorgt wird, daß die aus den Gefängnissen zu entlassenden Verbrecher Gelegenheit und Mittel erhalten, sich ihren Unterhalt auf eine redliche Weise zu erwerben«.[90]

Anfang Mai desselben Jahres überreichte Goldbeck seine sogenannten »Grundsätze, nach welchen die in der Allerhöchsten Cabinets-Ordre vom 28. Februar 1801 befohlene Einrichtung der in sämtlichen Preußischen Staaten anzulegenden Besserungs-Anstalten zu bewerkstelligen« seien.[91] Neben der Kurmärkischen Kriegs- und Domänenkammer wurde auch eine Reihe von Personen zur Begutachtung der Möglichkeiten einer Anlegung solcher »Besserungsanstalten« aufgefordert, die alle mehr oder weniger stark vom Modell des pennsylvanischen Strafvollzugsystems geprägt waren.[92] Gerade die preußische Justizbürokratie (zumindest die Kreise um Großkanzler Goldbeck) und Friedrich Wilhelm III. knüpften in ihren offiziellen Reformentwürfen an das philadelphische Modell an. Auch in Preußen sollte sich die Länge der Straf- und Besserungsdauer nach dem Verhalten des Häftlings in der Anstalt richten. Die Rezeption traf in Preußen auch auf wenig Widerstand, waren doch die wesentlichsten Elemente des Modells von Walnut Street bereits von Wagnitz seit Ende der 1780er Jahre vertreten worden.

Diese Reformentwürfe fanden jedoch einen vehementen Kritiker in dem preußischen Geheimen Etats- und Justizminister Albrecht Heinrich von Arnim. Sein besonderes Anliegen war eine umfassende Gesamtreform der Institutionen der Strafrechtspflege aus einem Guß. Die Diebstahlsverordnungen vom 26. Februar 1799 waren für ihn nichts als »Palliative«.[93] Arnim konnte sich jedoch nicht gegen den Großkanzler durchsetzen. Goldbeck gelang es, Arnim seit Ende 1800 immer mehr von der aktiven Mitwirkung am sogenannten »Criminaldepartement«, dem auch die Verwaltung der Strafanstalten oblag, zu verdrängen und die vom König geforderte Reform der Strafanstalten an sich zu ziehen. Wegen Kränklichkeit und der »steten Bevorzugung Goldbecks« quittierte Arnim schließlich den Dienst. Am 15. Juli 1802 wurde das »Criminaldepartement« dem Großkanzler gänzlich übertragen.[94]

Arnims verhinderte Bemühungen um das preußische Gefängniswesen fanden dann ihr Ventil in einem achthundertseitigen, erstmals im Jahre 1801 erschienenen Memorandum zur Reform des preußischen Gefängniswesens mit dem Titel »Bruchstücke über Verbrechen und Strafen oder Gedanken über die in den Preussischen Staaten bemerkte Vermehrung der Verbrecher gegen die Sicherheit des Eigenthums; nebst Vorschlägen, wie derselben durch zweckmässige Einrichtung der Gefangenanstalten zu steuern seyn dürfte«. Arnim ließ das Buch zum »Gebrauch der höhern Behörden« auf eigene Kosten drucken und verschenkte es »an seine Freunde und die, von welchen er glaubte, dass die in dem Buch enthaltenen Untersuchungen für sie Interesse haben würden«.[95]

Wie die offiziellen preußischen Reformentwürfe ging auch Arnim vom Anstieg der Kriminalität und der Überfüllung der Haftanstalten aus. Die Gründe dafür schienen ihm »mangelhafte Criminalgesetze«, eine »zu lange verzögerte Vollstreckung der Strafen« und vor allem eine »zweckwidrige Einrichtung« der Strafanstalten zu sein.[96] Den Topos von den Gefängnissen als »Verführungspepinieren«[97] aufgreifend plädierte er für eine umfassende, gezielte und auf das »Ganze« der preußischen »Criminalverfassung« gerichtete Reform »nach einem allgemeinen Plan«.[98]

Daneben entwarf er einen Plan für eine »durchgängige, gründliche und radicale Verbesserung« des preußischen Gefängniswesens. Er ging hierzu äußerst systematisch und mit bislang nicht gekannter Planungskompetenz in vier Schritten vor. Vom Allgemeinen zum Speziellen schreitend bestimmte er zuerst (im ersten Abschnitt) den Zweck der »verschiedenen Classen von Gefangenanstalten«, um dann in einem zweiten Schritt die allgemeinen »aus richtigen Grundsätzen hergeleiteten Haupterfordernisse zweckmässig eingerichteter Gefangenanstalten«[99] darzulegen. Einen konkreten Maßnahmenkatalog zur Gesamtreform des preußischen Gefängniswesens in 26 Punkten (im vierten Abschnitt) entwickelte er schließlich auf der Grundlage einer von den preußischen Behörden durchgeführten empirischen Untersuchung, inwiefern die preußische Vollzugspraxis den im zweiten Abschnitt entwickelten allgemeinen Grundsätzen der Organisation des Gefängniswesens entsprach (dritter Abschnitt).

Arnims methodische Vorgehensweise orientiert sich zunächst an dem von Howard geprägten und von Wagnitz und Gruner fortentwickelten Genre der gefängniskundlichen Anstaltsbeschreibung. Auf den ersten Blick scheint Arnim mit seiner Beschreibung der preußischen Strafanstalten etwas ähnliches zu tun – einer seiner Rezensenten vermerkte auch positiv, daß er eine »Entschleyerung der traurigen Welt, welche die Bewohner der Gefangen- und Strafanstalten bilden, und eine Schilderung aller der Gebrechen, die auf derselben in der halben Verborgenheit ruhen, aus zuverlässigen Nachrichten« durchgeführt habe.[100] Arnim geht jedoch über das bloße Aufdecken von schreienden Mißständen hinaus: Er erstellt mit Hilfe von zu diesem Zwecke eingeforderten amtlichen Berichten eine Diagnose, die ihm dann als Grundlage zur Entwicklung konkreter praktischer Reformmaßnahmen für Preußen dient. Mit dem konkreten Maßnahmenkatalog – ein ausgearbeiteter Generalplan in 26 Punkten – verläßt Arnim schließlich alle vorgeprägten Muster. Denn Arnims Reformvorschläge zielen vor allem auf die Optimierung der Verwaltung.

Durch systematische Ordnung und spezifische Anwendung des Fachwissens auf Preußen kreierte er einen neuen Typus des Diskursteilnehmers: den des rational-technischen Planers. Seine Legitimationsgrundlage und sein Ethos sind neu: Er schrieb nicht als »Menschenfreund«, sondern als Angehöriger der preußischen Justizbürokratie mit amtlichem, ja königlichem Auftrag. Seiner Stellung als hoher Beamter entsprechend begriff er die ansteigende Kriminalität und die Reform des preußischen Gefängniswesens vor allem als Verwaltungsproblem. Er ging nicht wie Howard oder Wagnitz vom Individuum aus, dessen Leiden es zu lindern oder das es zu bessern gilt, sondern vom Staat und dessen Erfordernissen der inneren Sicherheit. Sein Ziel war es, ein zentral verwaltbares, einheitliches, ganz Preußen überspannendes Netz von Anstalten des Freiheitsstrafvollzugs zu schaffen. Er verkörpert damit in einer Person die Verknüpfung von Bürokratie und gefängniskundlichem Fachwissen, von der im Laufe des 19. Jahrhundert die Disziplin der Gefängniskunde zunehmend geprägt ist.

Ob und in welcher Weise Arnims Buch von Beamten benutzt wurde, die mit den Reformentwürfen betraut waren, wissen wir nicht. Die staatlichen Planungen einer Reform der Strafrechtspflege fanden aber schließlich im sogenannten »General-Plan zur allgemeinen Einführung einer bessern Criminal-Gerichts-Verfassung und zur Verbesserung der Gefängniß- und Straf-Anstalten« vom 16. September 1804 ihren Höhepunkt. Der Plan regelte die bauliche Einrichtung, die Behandlung der Sträflinge und die Verwaltung der in Zukunft zu bauenden Strafanstalten. Bislang wurde von der Forschung übersehen, daß erste Schritte zur praktischen Umsetzung des Generalplans von 1804 unternommen wurden. Friedrich Wilhelm III. bewilligte im Januar 1805 160.000 Taler zum Umbau des Spandauer Zuchthauses, das dadurch in eine königliche Straf- und Besserungsanstalt umgewandelt werden sollte. Der Entwurf, den der Geheime Oberbaurat David Gilly lieferte,[101] war eine konsequente Umsetzung des Generalplans und eine Adaption des aktuellen internationalen Fachwissens. Neben zahlreichen Isolierungszellen, die als Disziplinarstrafmittel eingesetzt wurden, wurde der Forderung nach nächtlicher Isolierung der Sträflinge durch Einzelschlafzellen für alle Insassen Rechnung getragen, und die Fassadengestaltung bediente sich der Ikonographie der »Revolutionsarchitektur« im Sinne einer »architecture parlante«.[102] Der preußische Staat fand mit dieser Musteranstalt als einziger deutscher Staat den Anschluß an Staaten wie Großbritannien und Pennsylvania.

Parallel zu diesen Bemühungen des preußischen Staates um eine Gesamtreform des Gefängniswesens lief auch das Reformprojekt eines »Allgemeinen Criminalrechts für die Preußischen Staaten«. Friedrich Wilhelm III. faßte bereits in einer Kabinettsorder vom 1. Februar 1799 erstmals eine Gesamtreform des materiellen Strafrechts des 20. Titels des II. Teils des ALR ins Auge, welche dann auch durch eine Kabinettsorder vom 8. Oktober 1801 genehmigt wurde. Diese Revision des materiellen Strafrechts des ALR sollte mit einer neuen »Criminal-Ordnung« zu einem eigenständigen Kriminalgesetzbuch verbunden werden. Konnte zwar die »Criminal-Ordnung« als der erste Teil dieses »Allgemeinen Criminalrechts« am 11. Dezember 1805 publiziert werden, so gelang dies bei dem zweiten, strafrechtlichen Teil aber nicht mehr – er hinterließ nur Spuren in den Akten. Mit dem Niedergang des Staates starb das Projekt des »Allgemeinen Criminalrechts« ebenso wie der Generalplan von 1804 »zur Verbesserung der Gefängniß- und Straf-Anstalten«.[103] Beide Bestrebungen konnten erst mit dem Preußischen StGB von 1851 und mit dem Zellengefängnis zu Moabit von 1849 verwirklicht werden.[104] Während jedoch das Allgemeine Criminalrecht noch ganz in den Bahnen des ALR blieb, konnte mit den Gefängnisreformentwürfen des Generalplanes von 1804 und denjenigen Arnims das geistige Fundament für die Gefängnisreformen des 19. Jahrhunderts gelegt werden.

Anmerkungen

1 Otto Hintze, Preußische Reformbestrebungen vor 1806 [1896], in: Ders., Regierung und Verwaltung. Gesammelte Abhandlungen zur Staats-, Rechts- und Sozialgeschichte, hg. von Gerhard Oestreich, Göttingen ^{2}1967, S. 504–529; Ilja Mieck, Preußen von 1807 bis 1850. Reformen, Restauration und Revolution, in: Otto Büsch (Hg.), Handbuch der Preußischen Geschichte, Bd. 2, Berlin 1992, S. 3–292, 19; dort weitere Literatur; kurzer Überblick über die Vorreformen bei Otto Hintze, Die Hohenzollern und ihr Werk. Fünfhundert Jahre vaterländischer Geschichte, Berlin 1915, S. 426–428.

2 Adolf Stölzel, Brandenburg-Preußens Rechtsverwaltung und Rechtsverfassung, Bd. 2, Berlin 1888, S. 342.

3 Trotz erster Ansätze zur Behebung dieses Mißstandes – so der Sammelband von Hans Hattenhauer/Götz Landwehr (Hg.), Das nachfriderizianische Preußen 1786–1806, Heidelberg 1988 – hat insbesondere der zweihundertjährige Geburtstag des Allgemeinen Landrechts diesen Zeitraum wieder in den Hintergrund gerückt. Die Jubiläumsbände zum ALR: Barbara Dölemeyer/Heinz Mohnhaupt (Hg.), 200 Jahre Allgemeines Landrecht für die Preußischen Staaten. Wirkungsgeschichte und internationaler Kontext, Frankfurt/M. 1995; Friedrich Ebel (Hg.), Gemeinwohl – Freiheit – Vernunft – Rechtsstaat. 200 Jahre Allgemeines Landrecht für die Preußischen

Staaten, Berlin 1995; Detlev Merten (Hg.), Kodifikation gestern und heute. Zum 200. Geburtstag des Allgemeinen Landrechts für die Preußischen Staaten, Berlin 1995; Günter Birtsch/Dietmar Willoweit (Hg.), Reformabsolutismus und ständische Gesellschaft. Zweihundert Jahre Preussisches Allgemeines Landrecht, Berlin 1998.

4 Vgl. John Brewer/Eckhart Hellmuth (Hg.), Rethinking Leviathan. The Eighteenth-Century State in Britain and Germany, Oxford 1999; Eckhart Hellmuth, Der Staat des 18. Jahrhunderts: England und Preußen im Vergleich, in: Aufklärung 9 (1996), S. 5–24; Ders., Why does Corruption Matter? Or: Reforms and Reform Movements in Britain and Germany in the Second Half of the Eighteenth Century, in: Proceedings of the British Academy 100 (1999), S. 5–23.

5 Für einen Perspektivenwechsel der Interpretation der Reform- und Restaurationszeit plädieren die Autoren des Sammelbandes von Hans-Peter Ullmann/Clemens Zimmermann (Hg.), Restaurationssystem und Reformpolitik. Süddeutschland und Preußen im Vergleich, München 1996. Vgl. darin vor allem die Aufsätze von Helmut Berding, Zur historischen Einordnung der Reformen im frühen 19. Jahrhundert, in: Ullmann/Zimmermann, S. 17–24 und Dieter Langewiesche, »Reform« und »Restauration«. Versuch einer Bilanz – Offene Fragen, in: Ullmann/Zimmermann, S. 269–272.

6 Zitiert nach Louis Günther, Die Strafrechtsreform im Aufklärungszeitalter, in: Archiv für Kriminalanthropologie und Kriminalistik 28 (1907), S. 112–193 und 225–291, 130.

7 Eduard Henke, Grundriß einer Geschichte des deutschen peinlichen Rechts, 2 Bde., Sulzbach 1809, Bd. 2, S. 314. Man vergleiche nur Georg Wilhelm Böhmer, Handbuch der Litteratur des Criminalrechts in seinen allgemeinen Beziehungen, mit besonderer Rücksicht auf Criminalpolitik, Göttingen 1816, S. 259–310, der nicht weniger als 59 Schriften verzeichnet. Die wichtigste Forschungsliteratur zur deutschen Strafrechtstheorie der Aufklärung: Hugo Hälschner, Geschichte des Brandenburgisch-Preußischen Strafrechtes, Bonn 1855; Carl Ludwig von Bar, Handbuch des Deutschen Strafrechts, Bd. 1, Berlin 1882; Louis Günther, Die Idee der Wiedervergeltung in der Geschichte und Philosophie des Strafrechts, 2. Abtlg., Altenburg 1891; Ernst Landsberg, Geschichte der deutschen Rechtswissenschaft, 3. Abtlg., 1. Halbbd., München 1898; Günther, Strafrechtsreform; Robert von Hippel, Deutsches Strafrecht, Bd. 1, Berlin 1925; Eberhard Schmidt, Einführung in die Geschichte der deutschen Strafrechtspflege, Göttingen [3]1965; Wolfgang Sellert/Hinrich Rüping, Studien- und Quellenbuch zur Geschichte der deutschen Strafrechtspflege, Bd. 1, Aalen 1989.

8 Eine Bibliographie der deutschen Beccaria-Übersetzungen findet sich in Cesare Beccaria, Über Verbrechen und Strafen. Nach der Ausgabe von 1766 übersetzt und hg. von Wilhelm Alf, Frankfurt/M. 1998, S. 183 f. Die bekanntesten Schriften sind: Johann C. von Quistorp, Grundsätze des deutschen peinlichen Rechts, Rostock 1770; Johann David Michaelis, Mosaisches Recht, 6 Bde., Frankfurt/M. 1770–1775; Justus Claproth, Ohnmasgeblicher Entwurf eines Gesetzbuches, Frankfurt/M. 1774. Zu diesen Gelehrten vgl. Landsberg, S. 405–411 und Noten, S. 266 f.; detailreicher Überblick bei Günther, Wiedervergeltung, Bd. 2, S. 209–227.

9 Zur »Berner Preisfrage« Näheres bei Carl O. Graebe, Über die Reformation der peinlichen Gesetze [...], Münster 1784, S. 28 ff. und Böhmer, S. 283 ff.

10 Erschienen 1783 in Zürich; Näheres dazu bei Landsberg, S. 412.

11 So z. B. Johann C. von Quistorp, Ausführlicher Entwurf zu einem Gesetzbuch in peinlichen und Strafsachen, Rostock 1782; Julius von Soden, Geist der teutschen Criminal-Geseze, 3 Bde., Dessau 1782/83; Ernst Carl Wieland, Geist der peinlichen Gesetze, 2 Tle., Leipzig 1782/83; Heinrich A. Vezin, Das peinliche Halsrecht der Teneriffaner, ein Maehrchen wie es mehrere giebt, mit Anmerkungen, Osnabrück 1783; Graebe, Reformation, 1784; Christian G. Gmelin, Grundsätze der Gesetzgebung über Verbrechen und Strafen, Leipzig 1786; auch die »Fragmente eines peinlichen Gesetzbuchs« des späteren Mitautors am strafrechtlichen Teil des ALR, Ernst Ferdinand Klein, waren als Einsendung geplant, konnten jedoch, wie es im Vorwort heißt, nicht rechtzeitig fertiggestellt werden. Sie wurden aber bereits 1780 veröffentlicht in: Ernst Ferdinand Klein, Vermischte Abhandlungen über Gegenstände der Gesetzgebung und Rechtsgelehrsamkeit, Bd. 1, 2. Stück, Leipzig 1780, S. 23–88.

12 Gerd Kleinheyer, Wandlungen des Delinquentenbildes in den Strafrechtsordnungen des 18. Jahrhunderts, in: Bernd Fabian u. a. (Hg.), Deutschlands kulturelle Entfaltung, München 1980, S. 227–246.

13 Günther, Wiedervergeltung, Bd. 2, S. 234 f.; siehe auch Hälschner, S. 170 f. und Kleinheyer, S. 233.

14 Z. B. Michaelis, Bd. 6, S. 50; Wieland, Bd. 1, S. 398; Vezin, S. 105; Globig/Huster, S. 59; vgl. Günther, Strafrechtsreform, S. 167; vgl. auch Sellert/Rüping, Bd. 1, S. 371.

15 Der Grundsatz »nulla poena sine lege« bei Hippel, Strafrecht, S. 286; Sellert/Rüping, Bd. 1, S. 365 ff., dort auch weitere Literatur.

16 Soden, Bd. 1, S. 61; Wieland, Bd. 1, S. 452; Gmelin, S. 50; vgl. auch Otto Fischl, Der Einfluß der Aufklärungsphilosophie auf die Entwicklung des Strafrechts in Doktrin, Politik und Gesetzgebung, Breslau 1915.

17 Beccaria, S. 177.

18 Klein, Fragmente, S. 58. Besonders die Berner Preisschrift von Globig/Huster huldigte hinsichtlich der Wahl der Strafmittel dem Wiedervergeltungsprinzip, wie Günther, Wiedervergeltung, Bd. 2, S. 253–262 gezeigt hat. Globig/Huster, Abhandlung, S. 56: »Nichts ist wirksamer, als den Verbrecher eben daran zu strafen, wodurch er andern hat schaden wollen.« Das hieß Verbrennung für Brandstiftung, Geldstrafe für Verbrechen aus Gewinnsucht, Abarbeitung des Schadens bei Diebstahl.

19 Georg Forrer, Die Freiheitsstrafe im friderizianischen Preußen, Diss. iur. Zürich 1975, S. 80.

20 Es ist das Verdienst von Michel Foucault, darauf hingewiesen zu haben; vgl. Michel Foucault, Surveiller et punir. Naissance de la prison, Paris 1975, S. 135.

21 Globig/Huster, S. 60.

22 Gallus A. Kleinschrod, Ueber die Strafe der öffentlichen Arbeiten, Würzburg 1789, S. 13.

23 So z. B. Michaelis, Bd. 6, S. 121; Quistorp, S. 73; Soden, Bd. 1, S. 97; Wieland, Bd. 1, S. 434; Globig/Huster, S. 75; Gmelin, S. 52.

24 Klein, Fragmente, S. 62.

25 John Howard, The state of the prisons in England and Wales with preliminary observations and an account of some foreign prisons, London 1777. Im deutschen Sprachraum erschienen folgende Texte: Zufällige Gedanken über Zucht- und Arbeitshäuser, über nützliche Feueranstalten, und über Gesindeordnung; von einem Patrioten, Augsburg 1782; August F. Rulff, Abhandlung über die Preißfrage von der vortheilhaften Einrichtung der Werk- und Zuchthäuser, Göttingen 1783; John Macfarlan, Untersuchungen über die Armut, die Ursachen derselben und die Mittel, ihr abzuhelfen. Aus dem Engl. übersetzt und mit einigen Anm. und Zusätzen begleitet von Christian Garve, Leipzig 1785; Heinrich G. Melching, Zweifel über die Abhandlung des Hrn. Rulffs, die Errichtung und Einrichtung der Werk- und Zuchthäuser betreffend, Hannover 1784; Johann Jacob Cella, Freymüthige Gedanken über Landesverweisungen, Arbeitshäuser und Bettelschübe, Ansbach 1784; Carl Eberhard Wächter, Ueber Zuchthäuser und Zuchthausstrafen, Stuttgart 1786; Carl Gottlob Just, Ueber Zucht- und Arbeitshäuser, in: Journal von und für Deutschland, 1789, 6. Jg., 5. Stück, S. 473–476; Friedrich Eberhard von Rochow, Versuch über Armenanstalten, Berlin 1789.

26 Eine gute Charakterisierung von Howards engerem religiösen Umfeld findet sich bei Michael Ignatieff, A Just Measure of Pain. The Penitentiary in the Industrial Revolution, 1750–1850, London 1978, S. 55–63; vgl auch Jaques-Guy Petit, Obscurité des lumières: les prisons d'Europe, d'après John Howard, in: Criminologie 28/1 (1995), S. 5–22, 14 f.

27 Vgl. Herr Johannes Howard, ein wahrer Menschenfreund, in: Ephemeriden der Menschheit, 1780, Bd. 2, S. 82–87.

28 Vgl. Art. John Howard, in: F. C. G. Hirsching (Hg.), Historisch-literarisches Handbuch berühmter und denkwürdiger Personen, welche in dem 18. Jahrhundert gestorben sind, Leipzig 1797, S. 281–290, 284.

29 Rezension zu John Howard, The state of the prisons [...], in: Zugabe zu den Göttingischen Anzeigen von gelehrten Sachen, 1779, S. 39–44, 39; Physikalisch-ökonomische Bibliothek, 1779, Bd. 10, S. 47.

30 Johann Erich Biester, Howard, in: Berlinische Monatsschrift, 1789, Bd. 14, S. 365–380 und 450–466, 368.

31 Authentische Nachrichten von dem Leben und den menschenfreundlichen Bemühungen des verstorbenen John Howards, in: Hannoverisches Magazin, 1790, 28. Jg., Sp. 1345–1376, 1371 f.

32 Vierte Aufl.: John Howard, The state of the prisons in England and Wales, with preliminary observations, and an account of some foreign prisons and hospitals, London ^{4}1792; die 2. Aufl. erschien 1780, die dritte 1784. John Howard, An Account of the principal Lazarettos in Europe; with various papers relative to the Plague: together with further observations on some foreign prisons and hospitals [...], Warrington 1789; 2. Aufl.: London 1791. Reprint beider Texte: John Howard, Prisons and Lazarettos, 2 Bde., Montclair N.J. 1973.

33 John Howard, Ueber Gefängnisse und Zuchthäuser. Ein Auszug aus dem Englischen des William Howard. Mit Zusätzen, Anm. und Kupfern von Gottl. Ludolf Wilhelm Köster, Leipzig 1780; John Howard, Nachrichten von den vorzüglichsten Krankenhäusern und Pesthäusern in Europa, Leip-

zig 1791; John Howard, État des prisons, des hôpitaux et des maisons de force, 2 Bde., Paris 1788; 2. Aufl. 1791.

34 Vgl. William Hayley, Ode inscribed to John Howard, hg. von Donald H. Reiman (Nachdr. d. Ausg. 1780–1782), New York 1979. Zum Projekt des Howard-Monuments siehe: Gentleman's Magazine 57 (1787), S. 44, 178, 284, 464, 485; Samuel J. Pratt, The triumph of Benevolence, occasioned by the national design of erecting a monument to John Howard, London 1786; Subskripzion auf eine Statüe für Howard, in: Deutsches gemeinnüziges Magazin, 1788, 1. Jg., S. 336.

35 Biester, S. 365.

36 John Aikin, A view of the character and public services of the late John Howard, London 1792; Ders., Leben, Character und Verdienste John Howard's, Esq., des Menschenfreundes. Aus d. Engl. d. John Aikin, Leipzig 1792; die frz. Übersetzung etwas später: John Aikin, Vie de John Howard, célèbre philanthrope anglais [...], übersetzt von H. Boullard, Paris 1796.

37 John Aikin, Thoughts on hospitals, with a letter to the author by Thomas Percival, London 1771; A. Petit, Sur la meilleure manière de construire un hôpital, Paris 1774; Johann Hunczovsky, Medicinisch-chirurgische Beobachtungen, auf seinen Reisen durch England und Frankreich, besonders über Spitäler, Wien 1783; Jacques Tenon, Journal d'observations sur les principaux hôpitaux et sur quelques prisons d'Angleterre [1787], hg. von Jacques Carré, Clermont-Ferrand 1992; Maximilian Stoll, Über die Einrichtung der öffentlichen Krankenhäuser, Wien 1788; Carl Strack, Das allgemeine Krankenhaus in Mainz, entworfen von Carl Strack, Frankfurt/M. 1788. Eine auf Frankreich bezogene Bibliographie wichtiger Projekte findet sich in Michel Foucault u. a. (Hg.), Les Machines à guérir, aux origines de l'hôpital moderne, Bruxelles 1979, S. 189–197.

38 Henry Fielding, An Enquiry into the Causes of the Late Increase of Robbers [...], London 1751, S. 71.

39 Howard, Gefängnisse, S. 37 f.; John Pringle, Observations on the Nature and Cure of Hospital and Jayl Fevers, London 1750; Ders., Observations on the Diseases of the Army, London 1775; James Lind, An Essay on the most Effectual Means of Preserving the Health of Seamen in the Royal Navy, London 1762.

40 Ignatieff, S. 53.

41 Er publizierte zwei Bücher: Jonas Hanway, Solitude and Imprisonment, London 1776; Ders., Distributive Justice and Mercy, London 1781. Vgl. zu Hanway: Randall McGowen, The Well-Ordered Prison: England, 1780–1865, in: Norval Morris/David J. Rothman (Hg.), The Oxford History of the Prison: The Practice of Punishment in Western Society, Oxford 1995, S. 79–110, 86; Robin Evans, The Fabrication of Virtue: English Prison Architecture, 1750–1840, Cambridge 1982, S. 71 f.

42 Petit, Obscurité, S. 5. Vgl. zu den Anfängen der Sozialwissenschaften Gérard Leclerc, L'Observation de l'homme. Une histoire des enquètes sociales, Paris 1979; zur Statistik des ausgehenden 18. Jahrhunderts siehe Ian Hacking, The Taming of Chance, Cambridge 1990, S. 16–54.

43 Howard, Account, S. 2.

44 W. A. Guy, John Howard as Statist, in: Journal of the Royal Statistical Society 36 (1873), S. 3–16.

45 Howard, Gefängnisse, S. 10, Vorrede des Übersetzers. Ebenso die Bemerkung des Übersetzers in Howard, Nachrichten, S. 180: »Mit unsäglichem Fleiße hat er besonders in England kein Zuchthaus, Armenhaus, Spital usw. übergangen, von dem er nicht irgend etwas Wissenswerthes anführte; allein in Ansehung der ausländischen Institute hätte er dann und wann etwas ausführlicher seyn können.«.

46 Heinrich Balthasar Wagnitz, Historische Nachrichten über die merkwürdigsten Zuchthäuser in Deutschland, 2 Bde., Halle 1791/94; vgl. ferner: Tenon; François Doublet, Mémoire sur la nécessité d'établir une réforme dans les prisons [...], Paris 1791; Joseph Frank, Reise nach Paris und London, und einem grossen Theil Englands und Schottlands in Beziehung auf Spitäler, Versorgungshäuser, übrige Armen-Institute, medicin. Lehranstalten und Gefängnisse, 2 Bde., Wien 1804/1805.

47 Wagnitz, Nachrichten, Bd. 1, S. XI.

48 C. Krohne/R. Uber (Hg.), Die Strafanstalten und Gefängnisse in Preußen, Berlin 1901, S. IX. Wagnitz' Veröffentlichungen zum Gefängnis bilden nur einen Teil seiner zahlreichen, meist theologischen Schriften, wie z. B. Ders., Homiletische Abhandlungen und Kritiken, Halle 1783; er gab seit 1788 das Neue Journal für Prediger heraus und ab 1800 zusammen mit A. H. Niemeyer das Hallische Patriotische Wochenblatt; mehrere Auflagen erlebte Ders., Moral in Beyspielen, Halle 1787. 1805 wurde er außerordentlicher Professor der Theologie, 1809 Oberprediger an der Marienkirche zu Halle und 1817 Konsistorialrat; Übersicht seiner Schriften bei Georg C. Hamberger/Johann G. Meusel (Hg.), Das gelehrte Teutschland oder Lexikon der jetzt lebenden teutschen Gelehrten, Lemgo ^{5}1796–1835, Bd. 8, S. 305; Bd. 10, S. 784; Bd. 11, S. 735; Bd. 16, S. 137; Bd. 21, S. 322. Vgl. auch Albert Krebs, Heinrich Balthasar Wagnitz, in: Ders., Freiheitsentzug. Entwicklung von Praxis und Theorie seit der Aufklärung, hg. von Heinz Müller-Dietz, Berlin 1978, S. 81–100.

49 Justus Gruner, Versuch über die recht- und zweckmäßigste Einrichtung öffentlicher Sicherungsinstitute, Frankfurt/M. 1802, S. 8 f.

50 Wagnitz, Nachrichten, Bd. 1, S. VII.

51 Wagnitz, Nachrichten, Bd. 1, S. 22–28.

52 Eberhard Weis, Preußen – Frankreich – Amerika: Revolution und Reformen, in: Otto Büsch/Monika Neugebauer-Wölk (Hg.), Preußen und die revolutionäre Herausforderung seit 1789. Ergebnisse einer Konferenz, Berlin 1991, S. 3–20, 8 f.

53 Wehler, Deutsche Gesellschaftsgeschichte, Bd. 1, München ^{2}1989, S. 350.

54 Vgl. zur Neugewichtung des öffentlichen Strafvollzugs im revolutionären Frankreich Daniel Arasse, Die Guillotine. Die Macht der Maschine und das Schauspiel der Gerechtigkeit, Hamburg 1988. In Preußen kannte man bereits den italienischen Vorläufer der Guillotine, die »Manaya«, dazu C. Meiners, Betrachtungen über die Hinrichtung mit dem Schwerdte, in: Berlinische Monatsschrift, 1784, Bd. 3, S. 408–422, S. 420–422; Richard J. Evans, Rituals of Retribution. Capital Punishment in Germany 1600–1987, Oxford 1996, S. 200.

55 Vgl. zum nordamerikanischen, insbesondere pennsylvanischen Ge-

fängniswesen: Negley K. Teeters, They were in Prison: A History of the Pennsylvania Prison Society, 1787–1937, Philadelphia 1937; Ders., The Cradle of the Penitentiary: The Walnut Street Jail at Philadelphia, 1773–1835, Philadelphia 1955; Thomas L. Dumm, Democracy and Punishment: Disciplinary Origins of the United States, Madison 1987; David J. Rothman, The Discovery of the Asylum. Social Order and Disorder in the New Republic, Boston [2]1990, S. 59 ff.; Adam J. Hirsch, The Rise of the Penitentiary. Prisons and Punishment in Early America, New Haven/London 1992; Norman Johnston, Eastern State Penitentiary: Crucible of Good Intentions, Philadelphia 1994, S. 26 ff.; Michael Meranze, Laboratories of virtue. Punishment, revolution, and authority in Philadephia, 1760–1835, Chapel Hill 1996, S. 179–204.

56 Howards practisches System auf die Gefängnisse in Philadelphia angewandt, zum Besten der Menschheit und als Beyspiel für andere Staaten, Leipzig 1797. Man beachte hierbei besonders im deutschen Titel die willkürliche Verbindung mit John Howard für den deutschen Buchmarkt; gleichzeitig erschien auch Robert James Turnbull, A Visit to the Philadelphia Prison; Being an Accurate and Particular Account of the Wise and Humane Administration Adopted in Every Part of That Building [. . .], Philadelphia 1796.

57 Justus von Gruner (1777–1820) war später preußischer Staatsmann und heftiger Gegner der Napoleonischen Besatzungsherrschaft in Preußen. Er wurde 1809 Polizeipräsident von Berlin. Vgl. auch Justus von Gruner, Skizzirte Bemerkungen und Entwurf zu einer Verbesserung und neuen Organisation des Kriminalwesens in den Königl. Preußischen Staaten, in: Annalen der Gesetzgebung und Rechtsgelehrsamkeit in den Preußischen Staaten, 1803, 21. Jg., S. 273–289.

58 Caleb Lownes, An Account of the Alteration and Present State of the Penal Laws of Pennsylvania, Containing Also an Account of the Gaol and Penitentiary House of Philadelphia and the Interior Management Thereof, Philadelphia 1793; dieses Pamphlet wurde veröffentlicht als ein Appendix zu William Bradford, An Enquiry How Far the Punishment of Death Is Necessary in Pennsylvania with Notes and Illustrations; deutsche Übersetzung: Caleb Lownes, Darstellung der Veränderung und des gegenwärtigen Zustandes der Strafgesetze Pennsylvanien's. Zugleich eine Beschreibung des Gefängnis- und Zuchthauses von Philadelphia und dessen innerer Einrichtung enthaltend, in: Justus von Gruner, Versuch über Strafen, in vorzüglicher Hinsicht auf Todes- und Gefängnisstrafe; nebst einem aus dem Englischen angehängten Strafgesetze und Gefängnisse Pensylvaniens, Göttingen 1799, S. 111–177; ein Auszug davon auch in den Göttingischen Anzeigen von gelehrten Sachen, 1793, S. 1771 ff.

59 Isaac Weld, Reise durch die nordamerikanischen Freistaaten und durch Ober- und Unter-Canada in den Jahren 1795, 1796 und 1797, Berlin 1800; Christoph D. Ebeling, Erdbeschreibung und Geschichte von Amerika, Bd. 4, Berlin 1800, S. 252, 579.

60 Justus von Gruner, Versuch, S. 101 f.

61 Allgemeines Landrecht für die preußischen Staaten von 1794: Textausgabe. Mit einer Einführung von Hans Hattenhauer und einer Bibliographie von Günther Bernert, Neuwied [2]1994.

62 Hermann Conrad, Das Allgemeine Landrecht von 1794 als Grund-

gesetz des friderizianischen Staates, in: Otto Büsch/Wolfgang Neugebauer (Hg.), Moderne preußische Geschichte 1648–1947. Eine Anthologie, Bd. 2, Berlin 1981, S. 598–621, 599.

63 Hippel, S. 275; laut Hälschner, S. 192, betraf die Suspension nicht den strafrechtlichen Teil des ALR; zur Inkraftsetzung neuerdings Thomas Finkenauer, Vom Allgemeinen Gesetzbuch zum Allgemeinen Landrecht – preußische Gesetzgebung in der Krise, in: Zeitschrift für Rechtsgeschichte. Germ. Abt. 113 (1996), S. 40–216.

64 Ingrid Mittenzwei/Erika Herzfeld, Brandenburg-Preußen 1648–1789, Berlin 1987, S. 394; den konservativen Zug des ALR hinsichtlich der Rechtsordnung betont Eckhard Hellmuth, Naturrechtsphilosphie und bürokratischer Werthorizont, Göttingen 1985, S. 284. Kurzer Überblick über die Rezeption des ALR bei Anke Breitenborn, Randgruppen im Allgemeinen Landrecht für die Preußischen Staaten von 1794, Berlin 1994, S. 71–75.

65 Vgl. zum Strafrecht des ALR Wolfgang Schild, 1577 Paragraphen aufgeklärter Strafrechtsvernunft. Zum ALR als philosophischem Strafgesetzbuch, in: Ebel, Gemeinwohl, S. 41–101; Dirk Blasius, Grenzen sozialer Disziplinierung: das Strafrecht des ALR, in: Birtsch/Willoweit, Reformabsolutismus, S. 341–358.

66 Schmidt, Gefängnis-Reformversuche, S. 358; Hälschner, S. 193.

67 Hälschner, S. 215 f.

68 Zur strukturellen wie außenpolitischen Krise in Preußen um 1800 siehe Brendan Simms, The impact of Napoleon: Prussian high politics, foreign policy and the crisis of the executive, 1797–1806, Cambridge 1997; Kurt von Raumer/Manfred Botzenhart (Hg.), Deutschland um 1800: Krise und Neugestaltung. Von 1789 bis 1815, Wiesbaden 1980, S. 180 ff.; Henri Brunschwig, La crise de l'Etat prussien à la fin du XVIIIe siècle et la genèse de la mentalité romantique, Paris 1947; dt.: Ders., Gesellschaft und Romantik in Preußen im 18. Jahrhundert, Berlin 1975.

69 Genius des 19. Jahrhunderts, 1801, Bd. 2, S. 242 f. Zur Vaganten- und Bettlerpopulation Preußens siehe Bertha Kunreuther, Untersuchungen über das Landstreicher- und Bettlertum in Preußen mit besonderer Berücksichtigung der wirtschaftlichen Verhältnisse, Diss. soz. Frankfurt/M. 1918.

70 Albrecht Heinrich von Arnim, Bruchstücke über Verbrechen und Strafen oder Gedanken über die in den Preussischen Staaten bemerkte Vermehrung der Verbrecher gegen die Sicherheit des Eigenthums; nebst Vorschlägen, wie derselben durch zweckmässige Einrichtung der Gefangenanstalten zu steuern seyn dürfte, 2 Theile, Frankfurt 1803, Bd. 1, S. 6; siehe auch: Allgemeine Nachricht an das Publikum über die aus den Königl. Preußischen Staaten nach Sibirien geschickten Bösewichter, nebst kurzer Schilderung ihres Lebens und ihrer Vergehungen, Berlin 1802, S. 4.

71 Vgl. die Schilderungen von Arnim, Bruchstücke, Bd. 2.3, S. 157–245. Die Überfüllung der Gefängnisse ist als die »Problemachse des preußischen Vollzugssystems im Vormärz« anzusehen, so Dirk Blasius, Bürgerliche Gesellschaft und Kriminalität. Zur Sozialgeschichte Preußens im Vormärz, Göttingen 1976, S. 79.

72 Arnim, Bruchstücke, Bd. 1, S. 92.

73 Vgl. Günter Birtsch, Revolutionsfurcht in Preußen 1789 bis 1794, in: Büsch/Neugebauer-Wölk, S. 87–102.

74 Zitiert nach Otto Tschirch, Geschichte der öffentlichen Meinung in Preußen vom Baseler Frieden bis zum Zusammenbruch des Staates (1795–1806), Bd. 1, Weimar 1933, S. 295.

75 Stölzel, Bd. 2, S. 342, 344.

76 Vgl. zum Strafrecht Jürgen Regge, Das Reformprojekt eines »Allgemeinen Criminalrechts für die Preußischen Staaten« (1799–1806), in: Hattenhauer/Landwehr, S. 189–237.

77 Zum Breslauer Gesellenaufstand siehe Arno Herzig, Der Einfluß der Französischen Revolution auf den Unterschichtenprotest in Deutschland während der 1790er Jahre, in: Helmut Berding (Hg.), Soziale Unruhen in Deutschland während der Französischen Revolution, Göttingen 1988, S. 202–217, 205; Arno Herzig/Rainer Sachs, Der Breslauer Gesellenaufstand von 1793. Die Aufzeichnungen des Schneidermeisters Johann Gottlieb Klose, Göttingen 1987. – Die Verordnung in: Novum Corpus Constitutionum Prussico-Brandenburgensium [...], Bd. 1–12, Berlin 1753–1822, Bd. 9, Sp. 2381 ff.

78 Bei der Niederschlagung der schlesischen Aufstände wurde das Spießrutenlaufen als Strafe wirklich verhängt; vgl. Johannes Ziekursch, Hundert Jahre schlesische Agrargeschichte, Breslau 1927, S. 238.

79 Novum Corpus, Bd. 10, Sp. 1833–1851, 1839, 1833.

80 Abdrucke in: Novum Corpus, Bd. 10, Sp. 2235–2260; Auszüge in: Archiv des Criminalrechts, 1799, Bd. 2, 1. Stück, S. 28–59; Annalen der Gesetzgebung und Rechtsgelehrsamkeit in den Preußischen Staaten, 1799, Bd. 18, S. 346–356; weitere zeitgenössische Veröffentlichungen nachgewiesen bei Werner Schmid, Über die preußische Diebstahlverordnung vom 26.2.1799. Ein Forschungsbericht, in: Hattenhauer/Landwehr, S. 131–189, 131; dort auch Abdruck der Verordnungen (S. 176–189).

81 Novum Corpus, Bd. 10, Sp. 2235.

82 Auch Klein war ein eifriger Befürworter der Prügelstrafe, siehe Ernst Ferdinand Klein, Kurze Darstellung meiner Meinung über den Werth und Unwerth der körperlichen Züchtigungen, als Strafmittel, in: Archiv des Criminalrechts, 1799, Bd. 1, 3. Stück, S. 113–118; seine Ansichten unterscheiden sich kaum von denen, wie sie in dem Aufsatz Ueber Schläge als Strafmittel betrachtet, in: Berlinische Monatsschrift, 1790, Bd. 16, S. 417–427 geäußert werden.

83 D. h. die körperliche Züchtigung bei Antritt der Freiheitsstrafe und bei Entlassung; vgl. dazu Eckhardt Meyer-Krentler, Willkomm und Abschied – Herzschlag und Peitschenhieb: Goethe, Mörike, Heine, München 1987.

84 S. dazu die übersichtliche, nach den Eigentumsdelikten des ALR geordnete Gegenüberstellung der Strafen des ALR und der Circularverordnung bei Arnim, Bruchstücke, Bd. 2.4, Anlage Nr. 7, S. 73–95; dort auch die Belege.

85 Schmidt, Gefängnis-Reformversuche, S. 360.

86 §§ 5 und 1160 II 20 ALR.

87 Sicherheitsmittel sollten erst nach Abbüßung der Strafe verhängt werden. Vgl. dazu vor allem Ulrich Hoffmann, Ernst Ferdinand Kleins Lehre vom Verhältnis von Strafen und sichernden Maßnahmen, Würzburg 1938, besonders S. 68–82; auch Helmut Mumme, Ernst Ferdinand Kleins

Auffassung von der Strafe und den sichernden Maßnahmen, Hamburg 1936.

88 Parallel dazu versuchte der preußische Staat auch, sich der »incorrigiblen« Verbrecher durch Verbannung nach Sibirien zu entledigen; siehe dazu Richard J. Evans, Szenen aus der deutschen Unterwelt. Verbrechen und Strafe, 1800–1914, Reinbek 1997, S. 26–140.

89 Vgl. Novum Corpus, Bd. 10, Sp. 163, 403; vor allem die »Instruction, wie es bey der Entlassung der zur Festungs- oder Zuchthausarbeit verurtheilt gewesenen Personen gehalten werden soll?« vom 27.3.1797, Novum Corpus, Bd. 10, Sp. 995–1004.

90 Abdruck der Kabinettsorder bei Arnim, Bruchstücke, Bd. 2.4, Anlage 4, S. 63–67, 65.

91 In der Forschung gelten die »Grundsätze« als bislang ungedruckt und nur in Auszügen von Eberhard Schmidt (Schmidt, Gefängnis-Reformversuche, S. 363 f.) mitgeteilt. Sie wurden jedoch veröffentlicht in: Neues Archiv der Preußischen Gesetzgebung und Rechtsgelehrsamkeit, 1803, Bd. 2, S. 89–107.

92 Schmidt, Gefängnis-Reformversuche, S. 366 ff.

93 Arnim, Bruchstücke, Bd. 1, 121.

94 Stölzel, Rechtsverwaltung, Bd. 2, S. 315 f., 352, 354

95 Hallesche Allgemeine Literatur-Zeitung, 1804, Nr. 131, S. 241.

96 Arnim, Bruchstücke, Bd. 1, S. 7.

97 Ebd., S. 95. Von der »Academie des Lasters« spricht Wagnitz, Nachrichten, Bd. 1, S. 71; vgl. auch: Warum werden so wenig Sträflinge im Zuchthaus gebessert?, Leipzig 1802.

98 Arnim, Bruchstücke, Bd. 1, S. 171.

99 Ebd., Bd. 2.4, S. 277.

100 Jenaische Allgemeine Literatur-Zeitung, 1804, Nr. 101, S. 177–184 und Nr. 102, S. 185–190, S. 185.

101 G. Jahn, Die Bauwerke und Kunstdenkmäler von Berlin. Stadt und Bereich Spandau, Berlin 1971, S. 225 f. Die Pläne finden sich im Landesarchiv Berlin, Kartenabteilung, Allg. Kartensammlung, Pr.Br.Rep. 42 II, 36 (1)-(19); vgl. auch Winfried Nerdinger u. a. (Hg.), Revolutionsarchitektur. Ein Aspekt der europäischen Architektur um 1800, München 1990, S. 100 f.

102 Allgemein zur »architecture parlante« z. B. Anthony Vidler, The Writing of the Walls, Princeton 1987, S. 73–82.

103 Vgl. dazu die detailreiche Entstehungsgeschichte von Regge, Reformprojekt, insbesondere S. 189 f.

104 Vgl. zu dieser Entwicklung Jürgen Regge, Chronologische Übersicht über die Reformgeschichte des Straf- und Strafprozeßrechts in Preußen von 1780–1879, in: Ders. (Hg.), Gesetzrevision (1825–1848), Abt. I, Bd. 1, Vaduz 1981, S. XXV–XLVII.

Ylva Greve

Richter und Sachverständige

Der Kompetenzstreit über die Beurteilung der Unzurechnungsfähigkeit im Strafprozeß des 19. Jahrhunderts

»Fürwahr! Es handelt sich hier nichts weniger, als um einen Wett- und Rangstreit zwischen dem Richter und dem Gerichtsarzt, wer über Zurechnung entscheiden soll«.[1] Mit diesen Worten beschrieb der Mediziner Friedrich Groos im Jahr 1830 einen Konflikt, der Gegenstand dieses Beitrages ist. »Zurechnung« bedeutet hier das Urteil, daß und inwieweit jemand als Urheber einer Handlung anzusehen ist. Zur Bestimmung der subjektiven Seite der Zurechnung ist die Zurechnungsfähigkeit maßgeblich.[2] Die Beurteilung der Zurechnungsfähigkeit eines Straftäters stellt wiederum eine Kernfrage der »Criminalpsychologie« des 19. Jahrhunderts dar. Als Grundvoraussetzung für die Strafbarkeit entschied die Zurechnungsfähigkeit darüber, ob die Strafen des Strafgesetzbuchs gegen einen Täter verhängt werden durften oder nicht, das heißt wann ein Täter für eine von ihm begangene Tat strafrechtlich zur Verantwortung gezogen werden konnte.

Die »Criminalpsychologie« ist ein Vorläufer der heutigen Kriminologie; die ersten »criminalpsychologischen« Schriften entstanden gegen Ende des 18. Jahrhunderts.[3] Die Verfasser »criminalpsychologischer« Werke befaßten sich mit dem Wesen von Verbrechen und stellten Fragen wie: Warum begehen Menschen Verbrechen? Wie muß der Richter auf einen Straftäter einwirken, um den wahren Tathergang und das Ausmaß seiner Schuld zu erfahren? Welchen Zweck hat die Strafe? Unter welchen Voraussetzungen darf ein Mensch wegen einer von ihm begangen strafbaren Handlung bestraft werden?

Bei dieser letzten Frage nach den Voraussetzungen der Strafbarkeit eines Täters gewann die Beurteilung der Zurechnungsfähigkeit immer größere Bedeutung. Nach den Strafgesetzbüchern und Strafrechtslehrbüchern der ersten Hälfte des 19. Jahrhunderts konnte eine strafbare Handlung dem Täter nur dann zugerechnet werden, wenn dieser mit Willensfreiheit gehandelt hatte. Bis zu Beginn des 19. Jahrhunderts war ein Zustand, der die Zurechnungsfähigkeit ausschloß, nur bei offensichtlichen Geisteskrankheiten, meist bezeichnet als »Wahnsinn, Blödsinn oder Raserei«, anerkannt worden. An der Wende des 18. zum 19. Jahrhundert meinten dann aber Mediziner und Philosophen, die sich mit »Criminalpsychologie« beschäftigten, zahlreiche neue Arten von psychischen Störungen entdeckt zu haben. Sie vertraten die Auffassung, daß auch diese zur Unzurechnungsfähigkeit führten. Als Zustände, die die Zurechnungsfähigkeit eines Straftäters ausschließen sollten, wurden jetzt beispielsweise auch sogenannte Manien, versteckter oder partieller Wahnsinn, Melancholie, Heimweh, bestimmte Schlafzustände oder auch Abnormitäten während der Schwangerschaft oder Entwicklungsstörungen in Betracht gezogen.[4]

Im Strafprozeß wurde die Feststellung der Zurechnungsfähigkeit eines Straftäters durch die Flut der neuentdeckten – oft noch sehr umstrittenen oder zweifelhaften – Krankheitsformen sehr erschwert. Hilfe bei der Beantwortung dieser Frage sollte der Richter von einem Sachverständigen erhalten, und zwar von einem sogenannten »gerichtlichen Arzt«. Die »Gerichtliche Arzneiwissenschaft« sollte also dem Richter u. a. durch die Aufklärung über den psychischen Zustand des Angeklagten helfen, eine Entscheidung über dessen Zurechnungsfähigkeit zu treffen. In der Folge entwickelte sich die Sachverständigentätigkeit jedoch in einer Weise, daß die Juristen befürchteten, die Beurteilung der Zurechnungsfähigkeit werde ihnen aus den Händen genommen und ausschließlich den »gerichtlichen Ärzten« überlassen. Aufgrund dieser Befürchtung entbrannte ein heftiger Streit über die Qualifikation und Kompetenz zur Beurteilung der Unzurechnungsfähigkeit.

Zur Analyse dieses Konflikts werden zunächst die Entwicklung und die Aufgaben der »gerichtlichen Arzneiwissenschaft« kurz skizziert (I). Dann soll die Bedeutung der Unzurechnungsfähigkeit in den gerichtsmedizinischen Gutachten dargestellt werden (II). Im dritten Teil wird näher auf die wesentlichen Streitpunkte des Konflikts über die Beurteilung »zweifelhafter Gemütszustände« eingegangen (III). Sodann stellt sich die Frage nach der Bindungswirkung der gerichtsärztlichen Gutachten (IV). Abschließend ist nach den Hintergründen und Entstehungsursachen des Kompetenzstreites zu fragen (V).

I. Entwicklung und Aufgaben der »gerichtlichen Arzneiwissenschaft«

Eine allgemeine Definition der gerichtlichen Arzneiwissenschaft gab 1796 der Arzt Johann Valentin Müller: »Der systematische Inbegriff medicinischer und physischer Kenntisse, so fern beyde auf rechtliche Fälle angewendet werden, giebt den Begriff der gerichtlichen Arzneiwissenschaft«.[5] Konkreter beschrieb der Mediziner Adolph Henke im Jahr 1821 die gerichtliche Arzneiwissenschaft als »die Anwendung von Grundsätzen der Medizin und ihrer verschiedenen Hilfswissenschaften zur Aufklärung und Entscheidung zweifelhafter Rechtsfragen«.[6] Die Definitionen machen deutlich, daß die gerichtliche Arzneiwissenschaft als Hilfswissenschaft für Juristen betrachtet wurde, die den Richter bei der Aufklärung zweifelhafter Strafrechtsfälle unterstützen sollte. Das Aufgabenfeld für die gerichtliche Arzneiwissenschaft war dabei sehr weit gefaßt: Der Kriminalist könne ohne sie »weder die zur Untersuchung von Verwundungen, Tötungen, Beraubung der Geisteskräfte, und anderen ähnlichen Verbrechen nötigen gerichtlichen Handlungen mit glücklichem Erfolg unternehmen«, noch könne »der Urteilssprecher und Verteidiger ohne sie die Urteile und Gutachten der von der untersuchenden Behörde zugezogenen Ärzte und Wundärzte gehörig verstehen und beurteilen«, erklärte der Arzt Hermann Wilhelm Eduard Henke 1815.[7] Der »gerichtliche Arzt« sollte demnach den Strafrichter sowohl über die Ursachen von Verwundungen und Todesfällen aufklären als auch Auskunft über den psychischen Gesundheitszustand von Straftätern geben.

Diese weitreichende Zuständigkeit der »gerichtlichen Arzneiwissenschaft« hatte sich jedoch erst zu Beginn des 19. Jahrhunderts herausgebildet. Zwar reichen ihre Anfänge bis in das 16. Jahrhundert zurück: Bereits in der peinlichen Halsgerichtsordnung Kaiser Karls V. von 1532, der sogenannten »Carolina«, war das Bedürfnis, bei bestimmten Strafverfahren Sachverständige zu Rate zu ziehen, anerkannt worden. Aufgrund der dort enthaltenen Regelungen und ihrer weitreichenden Geltung – trotz einer sogenannten »salvatorischen Klausel« erlangte sie in der Praxis den Rang eines wirklichen Reichsgesetzes – gilt sie als Grundstein der wissenschaftlichen Bearbeitung der gerichtlichen Arzneiwissenschaft.[8] Für die Rolle des Sachverständigen waren in der »Carolina« bei vermuteter Kindestötung Ärzte und Hebammen und bei der Frage, ob eine zugefügte Körperverletzung den Tod eines Menschen zur Folge gehabt hatte, Wundärzte vorgesehen.[9] Zudem bestimmte Art. 179, daß in Fällen, bei denen jemand eine Straftat begangen hatte, der »der Jugent oder anderer geprechlichkeit halben, wissentlich seiner synne nit het«, nach dem Rat von Sachverständigen gehandelt oder gestraft werden solle. Ging es um die Beurteilung des psychischen Zustands eines Straftäters, so war die Hinzuziehung von Ärzten jedoch nicht selbstverständlich. Abgesehen davon, daß der Rat der Ärzte in diesen Fällen nicht vorgesehen war – das folgt aus einem Verweis auf Art. 219 der peinlichen Halsgerichtsordnung, wonach die Entscheidung über die Fälle dieser Art einem Gremium von Juristen oblag, nämlich den Oberhöfen, den landesherrlichen Obrigkeiten oder den Juristenfakultäten –, verfügten die Ärzte auch noch nicht über ausreichende Kenntnisse, um zuverlässige Aussagen über den psychischen Gesundheitszustand eines Angeschuldigten abgeben zu können.[10] Zwar gab es im 17. und 18. Jahrhundert bereits bedeutende Werke zur gerichtlichen Arzneiwissenschaft wie beispielsweise die von Paulus Zachias[11], Hermann Friedrich Teichmayer[12], Michael Alberti[13] und Johann Ernst Hebenstreit.[14] Aber in ihnen war der Beurteilung der menschlichen Psyche nur eine untergeordnete Bedeutung zugedacht, während das Hauptaugenmerk auf Fragen lag, die die Feststellung der Todesursache, insbesondere bei Verdacht auf Kindesmord, Vergiftung oder Körperverletzung mit Todesfolge betrafen. Bis gegen Ende des 18. Jahrhunderts wurde das Ansinnen, daß nicht ausschließlich die Richter für die Feststellung der Zurechnungsfähigkeit in Strafsachen zuständig waren, sondern auch die Ärzte, als revolutionär betrachtet.[15]

In der ersten Hälfte des 19. Jahrhunderts erweiterte sich der Aufgabenbereich der Gerichtsärzte als Sachverständige bei Gericht dahingehend, daß sie jetzt regelmäßig auch zur Beurteilung psychischer Fragen hinzugezogen wurden. Daß die Mediziner jetzt als kompetent angesehen wurden, psychische Zustände zu beurteilen, hängt zum einen mit dem durch die Aufklärung geprägten Vordringen naturwissenschaftlicher Forschungsmethoden zusammen. Zum anderen läßt sich in der ersten Hälfte des 19. Jahrhunderts eine »Psychologisierung« vieler wissenschaftlicher Bereiche beobachten, die auch die Medizin erfaßte, mit der Folge, daß sie sich jetzt stärker der wissenschaftlichen Erforschung der menschlichen Psyche zuwandte. Denn die Behandlung psychischer Fragen wurde bis in das 19. Jahrhundert hinein als Aufgabe der Philosophie angesehen.[16] Aber eine immer stärker an Bedeutung gewinnende materialistische Sichtweise, nach der der »Seele« bestimmte Organe zugeordnet wurden und versucht wurde, allen Geisteskrankheiten eine somatische Ursache zugrunde zu legen, nahm an der Wende des 18. zum 19. Jahrhundert der Philosophie das Privileg der Beschäftigung mit der menschlichen Psyche. Es bildete sich in der philosophischen Psychologie eine Richtung heraus, die sich die Entschlüsselung der Psyche zum Ziel setzte und deren Erkenntnisse in der Medizin aufgegriffen wurden. Zudem verbesserte sich auch die Ausbildungssituation der Ärzte dadurch, daß an fast allen medizinischen Fakultäten der deutschen Universitäten Vorlesungen zur gerichtlichen Arzneiwissenschaft gehört werden konnten.[17]

Die Ärzte, die zu Beginn des 19. Jahrhunderts als Sachverständige zur Beurteilung des psychischen Zustandes von Straftätern hinzugezogen wurden, waren aber keine vollamtlichen Gerichtsärzte, sondern die gerichtsmedizinische Tätigkeit machte nur einen Teil ihrer Aufgaben aus.[18] Daneben übernahmen sie auch kontrollierende und organisierende Funktionen im Gesundheitswesen.[19] Diese Verbindung zeigt sich auch darin, daß man gegen Ende des 18. Jahrhunderts die »gerichtliche Medizin« mit der »Medizinalpolizei« zur sogenannten »Staatsarzneikunde« zusammenfaßte.[20] Die Aufgaben der Gerichtsmedizin und des Gesundheitswesens wurden als zusammengehörig angesehen und miteinander verknüpft.[21]

Die zunehmende Bedeutung, die die Untersuchung der menschlichen Psyche im Rahmen der gerichtlichen Arzneiwissenschaft erlangte, spiegelt sich in den Lehrbüchern der gerichtlichen Arzneiwissenschaft aus der ersten Hälfte des 19. Jahrhunderts wider. So finden sich beispielsweise in Albrecht Mekkels »Lehrbuch der gerichtlichen Medicin« von 1821 oder in den »Abhandlungen aus dem Gebiete der gerichtlichen Medicin« von Adolph Henke aus dem Jahr 1823 umfangreiche Kapitel über die forensische Beurteilung psychischer Krankheitszustände. Im Zuge der medizinischen Auseinandersetzung mit Geisteskrankheiten und deren rechtlicher Behandlung entstanden nun auch Werke, die sich ausschließlich mit »gerichtlicher Psychologie« beschäftigten, wie Albrecht Meckels »Beiträge zur gerichtlichen Psychologie« von 1821, Johann Christian August Heinroths »System der psychisch-gerichtlichen Medizin« von 1825, Johann Baptist Friedreichs berühmtes »Systematisches Handbuch der gerichtlichen Psychologie« von 1835 oder Friedrich Groos' »Ideen zur Begründung eines obersten Prinzips für die psychische Legalmedizin« aus dem Jahr 1829. In diesen Werken blieben Abhandlungen über die Feststellung der Todesursache oder Beurteilung von Wunden völlig ausgeklammert; sie enthielten vielmehr überwiegend die Charakterisierung und Ermittlung von Geisteskrankheiten und Anweisungen zur Erstellung von Untersuchungsberichten – den sogenannten Fundscheinen[22] – und Gutachten.[23] Zudem wurde hier häufig die Frage diskutiert, ob die Ursache von Geisteskrankheiten somatischer oder psychischer Natur sei. Besonders wichtig war den Autoren schließlich die ausführliche Auseinandersetzung mit dem Problem der Zurechnungsfähigkeit von Straftätern bei verschiedenen psychischen Störungen. Ein grundlegender Wandel in der Sichtweise des Strafrechts, infolge dessen zu Beginn des 19. Jahrhunderts nicht mehr die Tat, sondern der Täter, das Individuum im Vordergrund stand, ermöglichte es, daß die neuen medizinischen Erkenntnisse über Unzurechnungsfähigkeit von der Strafrechtswissenschaft aufgegriffen wurden.[24] Beeinflußt von criminalpsychologischen Überlegungen fanden die neu entdeckten Krankheitsformen und die »gerichtliche Arzneiwissenschaft« auch bei Juristen weitreichende Beachtung.

Die »gerichtliche Arzneiwissenschaft« sollte in Fällen, in denen die Zurechnungsfähigkeit möglicherweise geisteskranker Straftäter beurteilt werden mußte, sowohl dem Arzt als auch dem Richter von Nutzen sein.[25] Für die Ärzte schilderte Johann Valentin Müller 1796 die Vorteile: »Der Nutzen der gerichtlichen Arzneiwissenschaft ist ungemein groß: durch die Waffen, welche sie uns an die Hand gibt, werden eine große Anzahl von

Vorurteilen, Irrtümern, und abergläubischen Meinungen bestritten, und wir werden in den Stand gesetzt, auf der einen Seite Leben, Freiheit und Ehre unserer Mitbürger zu retten, auf der anderen Seite Data an die Hand zu geben, wodurch manches in Dunkel gehüllte Verbrechen an das Licht gezogen, und der Lauf der Gerechtigkeit befördert wird«.[26] Den praktischen Nutzen für den Richter begründete Albrecht Meckel 1821 damit, daß er »so imstande ist, die Punkte richtig zu treffen, welche durch den Arzt Licht erhalten können, und sie, als Fragen an ihn, kurz und klar vorzutragen, z. T. sofern er die erhaltene Antwort, das Gutachten, verstehen und als Werkzeug zu gebrauchen wissen soll«.[27]

Aus den letzten beiden Zitaten wird deutlich, wie sehr sich der Zuständigkeitsbereich der Gerichtsärzte zu Beginn des 19. Jahrhunderts ausgeweitet hatte. Gerichtsärzte sollten nun in einem Strafprozeß nicht mehr lediglich Aussagen über die Todesursache treffen, sondern durch ihre Befragung über den psychischen Zustand von Straftätern waren sie an der Entscheidung über einen Kernpunkt der Strafbarkeit, nämlich den der Zurechnungsfähigkeit, unmittelbar beteiligt. Die erweiterte Gutachtertätigkeit erhob den Gerichtsarzt von einer Rand- zu einer Schlüsselfigur in Strafrechtsfällen, in denen die Zurechnungsfähigkeit des Täters zweifelhaft war, und bot ihnen die Möglichkeit, ihre medizinische und unter Umständen auch ihre politische Überzeugung in Strafprozessen zur Geltung zu bringen. Gerichtsärztliche Gutachten wurden damit zu brisanten Instrumenten im Strafprozeß.

II. Die Bedeutung der Unzurechnungsfähigkeit in gerichtsärztlichen Gutachten

Seit Beginn des 19. Jahrhunderts forderte der Richter in einem Strafverfahren regelmäßig bei sogenannten »zweifelhaften Gemütszuständen« ein ärztliches Gutachten an, das heißt dann, wenn Zweifel an der Zurechnungsfähigkeit eines Angeklagten aufkamen. In seiner Enzyklopädie der gesamten Staatsarzneikunde von 1838 definierte Georg Friedrich Most »zweifelhafte Gemütszustände« wie folgt: »Wenn aktenmäßig Tatsachen vorliegen, aus denen wenigstens die Vermutung hervorgeht, es möge der Angeschuldigte nicht aus verbrecherischen Antrieben die Tat gewollt, sondern im krankhaften Zustand des aufgehobenen Vernunft- und Verstandesgebrauchs dieselben hervorgebracht haben«.[28]

Vor dem Anbruch des 19. Jahrhunderts hatten sich die Fälle von anerkannter Unzurechnungsfähigkeit noch auf offensichtliche Geisteskrankheiten, meist bezeichnet als »Wahnsinn, Blödsinn oder Raserei«, beschränkt. Darüber hinaus kamen Fälle, bei denen die Zurechnungsfähigkeit angezweifelt wurde, nur selten vor. In der ersten Hälfte des 19. Jahrhunderts weitete sich durch neue Erkenntnisse der Medizin und der philosophischen Psychologie[29] der Kreis von Fällen möglicher Unzurechnungsfähigkeit enorm aus: Häufig erschien jetzt auch bei Melancholie, partiellem Wahnsinn, Lebensüberdruß, Zorn, Heimweh, Ausnahmezuständen während der Pubertät oder Schwangerschaft, bei zwanghaften Trieben – den sogenannten »Monomanien« – oder bei als »versteckter Wahnsinn« oder »Wut ohne Verkehrtheit« bezeichneten Zuständen[30] die Zurechnungsfähigkeit eines Straftäters als zweifelhaft. Der Gesetzgeber hatte für zweifelhafte Fälle dieser Art keine Regelung vorgesehen. Daher erhofften sich die Richter im Vertrauen auf die neuen Methoden bei der Erforschung der menschlichen Psyche von der Medizin weitere Aufschlüsse und forderten ärztliche Gutachten an.[31]

Die genannten neuen Krankheitsformen und psychischen Störungen tauchten daher nicht nur in der Literatur, sondern auch in den gerichtsärztlichen Gutachten zunehmend auf. Besondere Berühmtheit erlangte der bereits 1788 verhandelte Fall des Bernhard Schimaidzig, der seine Ehefrau mit einer Axt erschlug, weil er sie, als er nachts erwachte, für einen Geist gehalten hatte.[32] Dieser Mann wurde aufgrund eines gerichtsärztlichen Gutachtens für unzurechnungsfähig erklärt, nachdem der befragte Arzt erklärt hatte, daß die Tat in einem Zustand »zwischen Schlaf und Wachen« begangen worden sei. Wegen »Schwermut und Irrtums« wurde im Jahr 1806 eine achtfache Mutter freigesprochen, die ihre zwei jüngsten Kinder vergiftet hatte, weil sie glaubte, während ihrer Schwangerschaft mit dem neunten Kind sterben zu müssen, und ihre Kinder vor späteren Übeln bewahren wollte.[33] Diese Frau war in erster Instanz zu einer dreißigjährigen Zuchthausstrafe verurteilt worden. Erst das Gutachten des Philosophen Johann Christoph Hoffbauer führte in zweiter Instanz zu ihrem völligen Freispruch mit der Auflage, daß die Angehörigen der Frau den Behörden eine weitere Schwangerschaft melden mußten, damit dann Sicherheitsmaßnahmen getroffen werden konnten. Der Fall einer sogenannten »Wut ohne Verkehrtheit« wurde beispielsweise 1829 in dem Strafprozeß gegen einen Bauern behauptet, der infolge angeblicher Gotteseingebungen in einem »Rasereianfall« seine Frau und Töchter erschlagen hatte.[34]

Die eben genannten Gutachten sind keine Einzelfälle. Allein in den »Annalen der Gesetzgebung und Rechtsgelehrsamkeit in den preußischen Staaten« von Ernst Ferdinand Klein werden in einem Zeitraum von zehn Jahren neunzehn Fälle »zweifelhafter Gemütszustände« bei Brandstiftung genannt, wovon sechs auf Heimweh zurückgeführt wurden. Daneben lassen sich hier als Grund mangelnder Zurechnungsfähigkeit in sechzehn Fällen Melancholie, in vierzehn Zorn, in acht Schwermut, in sechs Wahnsinn, in drei Schwangerschaft, in drei Blödsinn und in zwei Epilepsie und Raserei nachweisen. Eduard Hitzig erwähnt in seinen »Annalen der deutschen und ausländischen Criminal-Rechts-Pflege« innerhalb von sechs Jahren sechs Fälle, bei denen die Straftat im Zustande einer sogenannten »Wut ohne Verkehrtheit« oder einem »fixen Wahnsinn« begangen worden sein soll.

Diese Situation veranlaßte den Mediziner Friedrich Groos 1830 zu folgender Aussage: »So wie in früherer Zeit [...] die zweifelhaften Gemütszustände [...] nur nebenbei berücksichtigt worden, und die Entscheidung über Zurechnung, ohne viele Rücksicht auf Zurechnungs-Fähigkeit, einzig vom Richter ausgieng, so ist in neuerer Zeit, wenn auch nicht dem ausdrücklichen Gesetze, doch der Gerichtspraxis nach, [...] der Fall ziemlich umgekehrt: die Ausnahmen, durch die Ärzte und Psychologen hervorgehoben, haben die Regel bald umgestürzt, und die Zweifelhaftigkeit der Gemütszustände in Begehung von Verbrechen so viel als zur Regel selbst erhoben; die Gewißheit, wo wirkliche Zurechnungsfähigkeit ohne Widerspruch statt findet, kaum als Ausnahme gelten lassend!«[35]

Bei der Vielzahl der in gerichtsärztlichen Gutachten angenommenen Geisteskrankheiten und Ausnahmezustände stellt sich die Frage, ob und wie sich die Gutachten mit den gesetzlichen Bestimmungen zur Aufhebung der Zurechnung vereinbaren ließen. Betrachtet man die Berücksichtigung der Unzurechnungsfähigkeit in den Strafgesetzbüchern der Zeit, so läßt sich meist die als allgemeines Prinzip gedachte Formulierung finden, daß Unzurechnungsfähigkeit dann anzunehmen sei, wenn der Täter »unfrei« oder »ohne Vernunft« gehandelt habe. Daneben enthielten einige Strafgesetzbücher Kataloge von anerkannten Geisteskrankheiten, bei denen aber lediglich deren Hauptformen aufgezählt wurden. Als Beispiel für eine prinzipielle Regelung bestimmte das Allgemeine preußische Landrecht von 1794: »Wer frey zu handeln unvermögend ist, bey dem findet kein Verbrechen, also auch keine Strafe statt«.[36] Als Zustände von Geisteskrankheit wurden nur Wahnsinn, Blödsinn und Raserei anerkannt.[37] Erst in den Strafgesetzbüchern, die in der ersten Hälfte des 19. Jahrhunderts in fast allen deutschen Staaten entstanden, lassen sich Versuche erkennen, die neuartigen Fälle von Unzurechnungsfähigkeit strafrechtlich zu erfassen. Das Strafgesetzbuch für das Königreich Bayern von 1813 zählt etwa zum einen katalogartig Fälle von mangelnder Strafbarkeit auf – wie beispielsweise Raserei, Wahnsinn, Blödsinn, Jugend oder Altersschwäche –, zum anderen enthält es die generelle Bestimmung, daß »solche Personen, welche den Gebrauch ihres Verstandes durch Melancholie oder andere schwere Gemütskrankheit verloren«, und solche, die in »irgendeiner Verwirrung der Sinne oder des Verstandes« gehandelt haben, straflos sind.[38] Aus diesen Versuchen wird die Ansicht deutlich, daß es nicht möglich sei, die Zustände von Unzurechnungsfähigkeit abschließend aufzuzählen,[39] so daß grundsätzlich Raum für die Berücksichtigung neu entdeckter Krankheitsformen blieb.

Da erst wenige der neu entdeckten psychischen Krankheiten ausdrücklich als Geisteskrankheiten anerkannt waren, fiel es den Ärzten schwer, sie in ihren Gutachten als Gründe für Unzurechnungsfähigkeit einzubeziehen. Ihrer Ansicht nach hinderte die gesetzliche Regelung sie daran, die neu gefundenen psychischen Krankheiten geltend zu machen. Die »gerichtlichen Ärzte« reagierten auf diese für sie unbefriedigende Situation dadurch, daß sie versuchten, trotz der engen gesetzlichen Regelungen die neu gefundenen Krankheitsformen in ihren Gutachten zu berücksichtigen. Ihre Antwort auf die richterliche Anfrage nach einem Gutachten über den psychischen Zustand eines Straftäters lautete häufig nach einer Aufzählung aller Indizien, die für eine Geisteskrankheit sprachen, daß der Täter sich zur Zeit der Tat in einem »unfreien« Zustand befunden habe. Neben den Fällen, in denen der Angeklagte im ärztlichen Gutachten für »unfrei« erklärt wurde, gelangten die Mediziner jedoch auch oft zu keinem klaren Ergebnis. Die von der Medizin neu umschriebenen Krankheitsformen waren noch sehr umstritten, und vielen Ärzten fehlten die nötigen Kenntnisse über deren Diagnose, so daß sich die Fälle häuften, bei denen die Ärzte sich in ihrer Beurteilung nicht sicher waren und daher in den Gutachten zu dem Schluß kamen, »es könne nicht mit Bestimmtheit ausgeschlossen werden, daß der Täter zur Zeit der Tat unfrei gewesen sei«, oder daß es sich um einen sogenannten »Mittelzustand« handele, bei dem der Untersuchte weder als völlig geisteskrank noch als völlig geistesgesund bezeichnet werden könne.[40]

So verwundert es nicht, daß viele Juristen heftige Kritik an den gerichtsärztlichen Gutachten übten. Sie beklagten, daß ein Arzt, wenn er wolle, jede Straftat mit einer Geisteskrankheit zu entschuldigen wisse, und daß die Ärzte häufig einfach neue Krankheiten erfänden.[41] Die gerichtsärztlichen Gutachten waren ihnen meist viel zu vage; einigen der neuen Krankheitszustände standen sie eher skeptisch gegenüber.[42] An der Spitze ihrer Kritik stand die Befürchtung, daß die Ärzte mit ihren Gutachten in rechtliches Gebiet eindringen und die Beurteilung der Zurechnungsfähigkeit den Richtern entreißen wollten, ferner, daß zu viele Straftäter als unzurechnungsfähig angesehen würden.

Diese Gefahr sah 1829 auch der berühmte Jurist Paul Johann Anselm Feuerbach: »Seit die Ärzte sich in dem Gebiet der Rechtspflege in der Kunst üben, aus gescheuten Leuten gutachtlich Narren zu machen, gibt es selten einen Verbrecher, wäre er auch nach sonnenklarem Recht der Gerechtigkeit verfallen, dessen moralisch juridischen Leiden die Medizin nicht mit einem heilenden Vorrat psychischer Krankheiten beizuspringen wenigstens versuchte«.[43] Ähnlich behauptete der Arzt Johann Christian August Heinroth 1833: »[...] sobald man es geschafft hat, daß ein Arzt dazu gezogen wird, hat man leichtes Spiel, den Täter für geisteskrank erklären zu lassen«.[44]

Die tieferen Gründe für diese Kritik liegen darin, daß durch die enorme Ausweitung der behaupteten psychischen Krankheitszustände die auf der Annahme von Willensfreiheit und grundsätzlich vorhandener Schuldfähigkeit basierende Lehre von der Zurechnung ins Wanken geriet. Es galt, die Zurechnungslehre nicht der – vermuteten – ärztlichen Willkür preiszugeben.[45] Als problematisch wurde zudem die unterschiedliche Sichtweise der Ärzte empfunden, die, wie man meinte, in dem Angeklagten nicht so sehr einen möglichen Straftäter, sondern vielmehr einen Patienten sahen, dem auf medizinischem Wege zu helfen sei. Daraus resultierte die Befürchtung, daß die Angeklagten sowohl der strafrechtlichen Beurteilung als auch den Institutionen des Strafvollzugs entzogen werden sollten, um sie statt dessen in ein medizinisches Bezugs- und Beurteilungssystem zu stellen.[46]

III. Der Streit um die Kompetenz zur Beurteilung »zweifelhafter Gemütszustände«

Die aus den eben genannten Zitaten deutlich werdende Kritik vieler Juristen an der ärztlichen Gutachtertätigkeit und die der Mediziner an der Art der richterlichen Fragestellung und an der ihrer Meinung nach noch unzureichenden Würdigung ihrer Gutachten führte zu einem Kompetenzstreit über die Beurteilung »zweifelhafter Gemütszustände« im Strafprozeß. Der Streit entzündete sich vor allem an drei Punkten: Erstens traten Zweifel an der ausschließlichen Zuständigkeit und Befähigung von Ärzten zur Untersuchung der menschlichen Psyche auf. Aufgrund der neuen psychologischen Erkenntnisse und der dadurch rapide gestiegenen Zahl diskutierter Geisteskrankheiten und psychischer Ausnahmezustände war, so meinte man, hier möglicherweise der Kompetenzbereich der Ärzte, die sich zuvor hauptsächlich mit somatischen Fragen zu befassen hatten, verlassen. Zur Klärung der jetzt auftretenden psychologischen Probleme fühlten sich nicht nur Ärzte, sondern auch Philosophen und Juristen befähigt und berufen (a). Zweitens beklagten zahlreiche Juristen, daß sich Ärzte als Verteidiger von Straftätern aufspielten. Durch unbestimmte und unbegründete Gutachten, so der Vorwurf, suchten sie zu verhindern, daß Straftäter zum Tode verurteilt wurden (b). Drittens schließlich wurden die Grenzen zwischen der medizinischen Beurteilung des Gesundheitszustandes des Täters und der rechtlichen Beurteilung der Zurechnungsfähigkeit des Täters als unklar angesehen. Aufgrund der häufig unklaren Fragestellungen des Richters und der ebenso unklaren Gutachtenauskünfte des Arztes beklagten sowohl Ärzte als auch Juristen eine Einmischung des jeweils anderen Berufes in ihr eigenes Gebiet (c).

a) Bei dem ersten Streitpunkt handelte es sich um die Frage, ob Philosophen, Ärzte oder Juristen am ehesten als befähigt angesehen werden konnten, die menschliche Psyche zu untersuchen und zu beurteilen.[47] War der Arzt, der sich herkömmlich nur mit körperlichen Krankheiten, bei Strafrechtsfällen meist mit der Ermittlung der Todesursache, zu beschäftigen hatte, auch in der Lage, psychische Phänomene zu beurteilen? Immanuel Kant hatte dies 1798 bestritten. Er plädierte vielmehr für die Zuständigkeit der philosophischen Fakultät und beschwor den Streit der Fakultäten mit folgenden Worten herauf:

»Das Irrereden des Wachenden im fieberhaften Zustande ist eine korperliche Krankheit und bedarf medizinischer Vorkehrungen. Nur der Irreredende, bei welchem der Arzt keine solche krankhaften Zufälle wahrnimmt, heißt verrückt [. . .]. Wenn also jemand vorsätzlich ein Unglück angerichtet hat und nun, ob und welche Schuld deswegen auf ihm hafte, die Frage ist, mithin zuvor ausgemacht werden muß, ob er damals verrückt gewesen sei oder nicht, so kann das Gericht ihn nicht an die medizinische, sondern müßte (der Inkompetenz des Gerichtshofes halber) ihn an die philosophische Fakultät verweisen. Denn die Frage: ob der Angeklagte bei seiner Tat im Besitz seines natürlichen Verstandes- und Beurteilungsvermögens gewesen sei, ist gänzlich psychologisch, und obgleich körperliche Verschrobenheit der Seelenorganen vielleicht wohl bisweilen die Ursache einer unnatürlichen Übertretung des Pflichtgesetzes sein möchte, so sind die Ärzte und Physiologen überhaupt noch nicht so weit, um das Maschinenwesen im Menschen so tief einzusehen, daß sie die Anwandlung zu einer solchen Greueltat daraus erklären, oder vorher sehen könnten; und eine gerichtliche Arzneikunde ist – wenn es auf die Frage ankommt: ob der Gemütszustand des Täters Verrückung, oder mit gesundem Verstande genommene Entschließung gewesen sei – Einmischung in fremdes Geschäfte, wovon der Richter nichts versteht, wenigstens es, als zu seinem Forum nicht gehörend, an eine andere Fakultät verweisen muß«.[48]

Kant war also der Ansicht, daß Geisteskrankheiten als rein psychische Phänomene nicht von der Medizin, sondern von der Psychologie zu untersuchen und damit dem Bereich der Philosophie zuzuordnen seien. Das grundlegende Problem bestand demnach darin, das Wesensmerkmal von psychischen Krankheiten zu bestimmen und zu klären, ob ihnen allein geistige oder auch körperliche Ursachen zugrunde liegen.

Kant konnte sich allerdings in diesem Streit nicht durchsetzen. Mediziner wie Ernst Platner oder Johann Daniel Metzger setzten seiner Auffassung entgegen, daß jeder Geisteskrankheit eine körperliche Ursache zugrunde liege und daß deshalb auch ausschließlich der Arzt mit der Untersuchung des Gemütszustandes zu betrauen sei. »Jeder eigentliche Wahnsinn hat seinen Sitz im Körper, ist entweder daraus entstanden, oder der Körper ist mitwirkend, nährend« – so lautete ihre Grundthese.[49] Dabei zogen sie meist die sogenannte »Wechselwirkung zwischen Körper und Seele« als Grund der Zuständigkeit der Ärzte heran.[50] Zur Unterstützung dieses Arguments wurde auch auf Werke der empirischen Psychologie verwiesen.[51] Daneben beriefen sich die Mediziner darauf, daß sie schon nach dem Willen des Gesetzgebers als die geeigneten Sachverständigen anerkannt worden seien.[52] Schließlich wiesen die Ärzte darauf hin, daß jeder gute Arzt zugleich auch ein guter Psychologe sein müsse, so beispielsweise Adolph Henke 1823: »Auch ist es einleuchtend, daß ein Arzt von allgemeiner philosophischer Geistesbildung (und nur ein solcher ist zum Gerichtsarzt geeignet) sich leichter die ihm zur Beurtheilung der Geisteszerrüttungen nöthige Kenntnis der psychologischen Lehrsätze und Regeln erwerben kann, als der Philosoph zu eben diesem Behuf nöthige Kenntnis der medicinischen Doktrinen und die erforderliche Fertigkeit in der Untersuchung sich wird aneignen können, welche letztere der Arzt durch die Ausübung der Heilkunst überhaupt erwirbt«.[53]

Im Zusammenhang mit den spezifisch psychologischen Aufgaben des Arztes wurde der Begriff des »psychischen Arztes« geprägt.[54] So hatte beispielsweise der Professor der psychischen Heilkunde Johann Christian August Heinroth explizit zur Aufgabentrennung von Psychologie und psychisch-gerichtlicher Medizin ausgeführt: »Nicht der Psychologe, sondern nur der Arzt ist mit Beobachtung und Behandlung dieser Zustände [gemeint sind Gemütszustände, Y.G.] vertraut, ihre ganze Erkenntnis ist nur aus ärztlichen Beobachtungen geschöpft und von daher in die Kompendien der neueren Psychologie übergegangen, in welche sie eigentlich gar nicht gehört. [...] Das Vorhandensein oder Nichtvorhandensein dieser Zustände, sie mögen nun organisch-psychische, oder psychisch-organische sein, in staatsbürgerlicher Beziehung auszumitteln, ist jederzeit die Sache des Arztes, nicht wiefern er Arzt überhaupt, sondern wiefern er psychischer Arzt ist«.[55]

Daneben wurde aber auch die Auffassung vertreten, daß Juristen zur Beantwortung psychologischer Fragen zumindest ebenso gut qualifiziert seien wie Ärzte. Zahlreiche Juristen hielten zur Einschätzung des psychischen Zustandes eines Menschen medizinische Kenntnisse nicht für unbedingt erforderlich, so daß auch der Jurist, der durch seinen Beruf Erfahrungen mit Menschen gesammelt habe, dazu in der Lage sei. Nur der »Kriminalist« habe den verbrecherischen Willen in allen seinen Abstufungen kennengelernt.[56] Karl Josef Anton Mittermaier meinte 1838: »Die Erforschung des geistigen Zustandes hängt mit der Frage über die Zurechnung und mit der Psychologie zusammen, daher mit einer Wissenschaft, welche nicht als eine geschlossene Fachwissenschaft wie die Medizin betrachtet werden kann, keine besonderen technischen Studien und Erfahrungen verlangt, und daher dem wissenschaftlich gebildeten Mann und dem Juristen überhaupt nicht fremd ist«.[57]

Doch auch die Juristen, die diese Ansicht vertraten, konnten sich nicht durchsetzen. Es waren vielmehr die Mediziner, die mit ihren Argumenten, vor allem mit der Suche nach somatischen Ursachen von Geisteskrankheiten, im Streit über die Befähigung zur Beurteilung der menschlichen Psyche die Oberhand gewannen. Die meisten deutschen Staaten trafen im 19. Jahrhundert strafprozeßrechtliche Regelungen, nach denen in solchen Fällen die Ärzte als Sachverständige heranzuziehen waren.[58] Die Beurteilung »zweifelhafter Gemütszustände« war damit eindeutig in den Kompetenzbereich der Mediziner übergegangen.

b) Von der grundsätzlichen Kompetenzfrage zu unterscheidende Probleme ergaben sich aber aus der Art und Weise, wie in den medizinischen Gutachten die Sachverständigentätigkeit ausgeübt wurde. Hier ging es um den Vorwurf, die Gerichtsärzte neigten dazu, Straftäter unbegründet für unzurechnungsfähig zu erklären. Die Gründe für diese Vorgehensweise und die daraus häufig resultierenden angeblichen Fehlgutachten[59] wurden teilweise darin gesehen, daß die Ärzte die Todesstrafe ablehnten oder doch zumindest nicht durch ihre Gutachten dazu beitragen wollten, daß Straftäter zum Tode verurteilt wurden. So konnte auch der Diskurs über die Legitimation der Todesstrafe den Kompetenzstreit beeinflussen. »Der Arzt aber [...] muß nothwendig an die unmittelbare Folge seines Ausspruchs denken, und so ist es zu erklären, wie sich die Meinung hat bilden können, es sei verdienstlich und recht, ja es müsse das vornämliche Bestreben der Ärzte sein, dem Verbrecher durchzuhelfen, über dessen Gemütszustand sie gefragt werden«, wetterte beispielsweise der Jurist Carl Ernst Jarcke 1829 gegen die ärztlichen Gutachten.[60] Auch der bekannte Professor der psychischen Heilkunde Johann Christian August Heinroth stimmte mit Jarcke hierin überein: »Der ärztliche Ausspruch über die zweifelhaften Gemütszustände leitet nicht selten das richterliche Urteil über Leben und Tod der Inculpaten; und somit hat das ärztliche Gutachten einen entschiedenen Einfluß auf das Schicksal derselben, führt also eine große Verantwortlichkeit mit sich. Es ist daher nicht zu verwundern, wenn Physici und ärztliche Spruchkollegien es möglichst vermeiden, durch ihr Gutachten ein Todesurteil zu fördern, und sich demnach in den Akten nach Gründen umtun, durch welche die Zurechnungsfähigkeit der Beteiligten, entweder geradezu verneint, oder doch wenigstens zweifelhaft gemacht werden kann«.[61]

Besonders deutlich wird die durch die Gutachten ausgedrückte Unzufriedenheit mit dem bestehenden Strafsystem bei dem Mediziner Friedrich Groos, der das Verhalten der Gutachter ausdrücklich mit folgenden Worten rechtfertigte: »Der Grund der ärztlichen Sünde liegt in der Sünde des auf Rachsucht gebauten Strafrechts«.[62] Er meinte, die von Ärzten formulierten Zurechnungsausflüchte, Milderungsgründe und die Gnadenpraxis seien unnötig, wenn man die Besserung des Täters als Zweck der Strafe ansehe und dementsprechend nur zu geringen Strafen verurteile.[63] Auch Johann Christian August Grohmann erklärte sich 1832 in diesem Sinne: »Die gerichtsärztlichen Erkenntnisse scheitern an der Unmöglichkeit des Erkennens; die juridischen Prinzipien der Todesstrafen an der unrechtmäßigen historischen Doktrin der Todesstrafe. Der Richter soll einem unrechtmäßigen Gesetz nicht folgen. Der Gerichtsarzt soll Bedenken tragen, über Zurechnungsfähigkeit des Verbrechers bis zur möglichen Todesstrafe desselben zu urteilen«.[64] Das Bestreben, das als zu hart empfundene Strafrecht durch die Behauptung von Unzurechnungsfähigkeit zu umgehen, war jedoch nicht nur bei Ärzten, sondern auch bei Richtern anzutreffen.[65]

Neben der Befürchtung, mitverantwortlich für Todesurteile zu sein, wurde von Ärzten und Juristen ein weiterer Grund der zahlreichen angeblich fehlerhaften Gutachten darin gesehen, daß die gerichtlichen Ärzte zu wenig Kenntnisse auf dem Gebiet der gerichtlichen Medizin besäßen oder daß sie übereifrig nach neuen Krankheiten suchten.[66] Aus der in vielen Gutachten ersichtlichen Unsicherheit der Gerichtsärzte und ihrer oft als übertrieben angesehenen Suche nach Geisteskrankheiten bei Straftätern resultierte, daß die Ärzte bei vielen Juristen in einem schlechten Ruf standen. Richter hatten Bedenken, ihre Urteile auf ärztliche Gutachten zu stützen.[67] Karl Josef Anton Mittermaier mahnte die Richter 1838 sowohl wegen unzureichender Kenntnisse der Ärzte als auch wegen deren, wie er befürchtete, Anmaßung einer Verteidigerrolle zur Vorsicht: »Die Annahme neuerer ärztlicher und psychologischer Behauptungen kann nur mit der größten Vorsicht geschehen; denn nicht unbekannt kann es geblieben sein, daß, theils aus übel verstandenem Eifer Schuldige dem Arme der strafenden Gerechtigkeit zu entziehen, theils aus einer unrichtigen Ansicht über die Freiheit des Willens, theils aus irriger Meinung über das Verhältnis des Körpers und Geistes, eine große Zahl von Geisteskrankheiten behauptet worden sind, welche bei genauer Prüfung nicht als wahre Seelenstörungen betrachtet werden können«.[68] Die ärztlichen Aussagen wurden daher nicht unreflektiert übernommen; das ergibt sich daraus, daß die Richter sich häufig zur Überprüfung des gerichtsärztlichen Gutachtens an eine höhere medizinische Behörde wandten und sich in ihrem Urteil oft entgegen der ärztlichen Meinung für die Zurechnungsfähigkeit des Straftäters aussprachen oder lediglich eine Strafmilderung in Betracht zogen.[69]

c) Der dritte Streitpunkt betraf die Grenzziehung zwischen Medizin und Rechtswissenschaft bei der Beurteilung »zweifelhafter Gemütszustände«. Hier ging es darum, daß viele Juristen, selbst wenn sie grundsätzlich die Sachverständigenkompetenz der Gerichtsärzte anerkannten, dennoch in der Ausgestaltung der ärztlichen Gutachten Übergriffe auf ihr eigenes Gebiet bemängelten. Nach der überwiegenden Ansicht sollten sich Ärzte darauf beschränken, den Gesundheitszustand des Straftäters zu beurteilen, während die Bestimmung der rechtlichen Folgen, also ob der Täter zur Zeit der Tat zurechnungsfähig gewesen war oder nicht, alleinige Sache des Richters sei. Der hierbei immer wieder beschworene Satz lautete: »Das Rechtliche geht den Arzt gar nichts an!«[70] Diese Trennung zwischen der reinen Beurteilung des physischen und psychischen Gesundheitszustandes eines Angeklagten und der daran anknüpfenden Bestimmung seiner Zurechnungsfähigkeit gelang jedoch in der Praxis nicht. »Der Mißstand in der gerichtlichen Medizin wird so lange anhalten, bis die Ärzte den Kampfplatz der Metaphysiker, Psychologen, Moralisten und Rechtsgelehrten verlassen, und an der ihnen zugewiesenen Stelle tun, was ihres Amtes ist«, beklagte vielmehr beispielsweise der Jurist Maximilian Jacobi.[71]

In der Tat gab es immer wieder Fälle, in denen der Arzt selbst in seinem Gutachten ein Urteil über die Zurechnungsfähigkeit des Angeklagten abgab. Einige Ärzte meinten nämlich, daß die Beurteilung der Zurechnungsfähigkeit nur bei geistig gesunden Menschen Sache des Richters sei, während sie bei »zweifelhaften Gemütszuständen« vom Gerichtsarzt beurteilt werden müsse.[72] Viele Juristen sträubten sich dagegen und behaupteten, daß sie selbst genauso gut psychologische Fragen beantworten könnten. Der Mediziner Eduard Henke schilderte das Problem 1823 folgendermaßen: »Aus dem Mangel eines feststehenden Grundsatzes, nach welchem bei Untersuchungen über zweifelhafte psychische Zustände, klar und gewiß bestimmt werden kann, was dabei dem Richter, was dem Gerichtsarzt angehöre [...] ist Verwirrung, Mißverständnis und ein gegenseitiges Hinübergreifen in das Gebiet des Anderen hervorgegangen. Die Rechtsgelehrten haben sich gar häufig mit Erörterung der Frage beschäftigt: ob psychischer Krankheitszustand in einem gegebenen Fall zugegen sei, oder nicht? was lediglich Sache des Gerichtsarztes ist; die Ärzte haben eben so oft in ihrem Gutachten zu erweisen sich bemüht, ob und in wie weit Zurechnung und Strafbarkeit statt finde? – aber auch dann, wenn beide sich innerhalb des ihnen zukommenden Gebiets gehalten, haben die Rechtsgelehrten nicht selten durch die Aufstellung zu einseitig abgefaßter, den Gegenstand nicht erschöpfender Fragen, und die Ärzte dadurch, daß sie nur an diese Fragen in ihrem Gutachten sich hielten, gefehlt [...]«.[73]

Eine Lösung des Problems, die Arbeitsgebiete von Medizinern und Juristen klar zu trennen, wurde dadurch versucht, daß die Autoren die richterliche Fragestellung an die Sachverständigen möglichst genau zu bestimmen suchten. Gerade die Fragestellung erwies sich aber zugleich als eine mögliche Quelle vieler Mißverständnisse. Denn oftmals erschien auf der einen Seite den Ärzten die richterliche Fragestellung als viel zu eng, während auf der anderen Seite viele Juristen ein Eingreifen der Ärzte in die Beurteilung der Zurechnungsfähigkeit oder zumindest unklare Gutachten befürchteten. Diesen Drahtseilakt beschrieb Albrecht Meckel 1821 mit den Worten: »Zweckmäßige Fragen über mutmaßliche gemütskranke Zustände zu entwerfen, ist das schwerste gerichtlich-psychologische Geschäft des Richters, sie gut zu beantworten die schwierigste Aufgabe des gerichtlichen Arztes«.[74]

Die Frage, die der Richter im Fall eines »zweifelhafter Gemütszustandes« dem »gerichtlichen Arzt« vorlegte, lautete bis zu Beginn des 19. Jahrhunderts üblicherweise: Der Arzt solle ein Gutachten darüber abgeben, ob der Täter zur Zeit der Tat »mit Vernunft« gehandelt habe; oder auch: ob er zur Tatzeit »bei Sinnen« gewesen sei.[75] Teilweise fragte der Richter auch direkt, ob eine bestimmte gesetzlich anerkannte Geisteskrankheit beim Täter vorhanden sei, also ob der Täter etwa an Wahnsinn oder Blödsinn leide. Solange sich die gesetzlich anerkannten Geisteskrankheiten auf Fälle offenbaren Wahnsinns, Blödsinns oder von Raserei beschränkten, kam es noch nicht zu einem Konflikt über die Fragestellung, weil man davon ausging, daß diese Geisteskrankheiten ausnahmslos auf einem Fehler der »Vernunft« beruhten. Ermittelt wurden die Geisteskrankheiten durch die Feststellung von »offensichtlichem Irrereden«, »unpassenden Antworten«, oder anderem »unvernünftigen Verhalten«.

Das änderte sich infolge der zahlreichen weiteren psychischen Krankheiten, die man in der ersten Hälfte des 19. Jahrhunderts gefunden zu haben glaubte. Denn nun diagnostizierten die Ärzte auch solche Geisteskrankheiten, bei denen die »Vernunft« ungetrübt sein sollte. So wurde beispielsweise eine »Wut ohne Verkehrtheit« angenommen, bei der allein der Wille, nicht aber die Vernunft erkrankt sein sollte, so daß der Erkrankte von einem unwiderstehlichen Trieb zu einer Handlung hingezogen werde, deren Widerrechtlichkeit er durchaus eingesehen habe. Nach heutiger Terminologie würde man hier davon sprechen, daß zwar nicht das Einsichts-, aber das Steuerungsvermögen gestört sei. Daneben wurden auch Krankheiten wie »partieller Wahnsinn« oder »versteckter Wahnsinn« angenommen, die aber als nur sehr schwer diagnostizierbar angesehen wurden.

Die richterliche Frage nach der »Vernunft« konnte in dieser Lage den als Sachverständigen herangezogenen Ärzten nicht mehr genügen. Es mußte vielmehr nach einer Form der richterlichen Frage gesucht werden, die es ermöglichte, alle neuen Krankheitsformen in die Gutachten einzubeziehen. An die Stelle der Frage nach dem Vernunftgebrauch sollte nach Auffassung vieler Ärzte daher diejenige nach der psychischen Freiheit des Angeklagten treten.[76] Unter Freiheit in diesem Sinne sollte das Selbstbewußtsein, das Vermögen der Selbstbestimmung und die Möglichkeit der Abschreckung durch die Furcht vor Strafe verstanden werden. In dem Begriff der Freiheit als aufgehobenem Vermögen der Selbstbestimmung sah man ein Charakteristikum aller psychischen Krankheiten, so daß der Arzt bei der richterlichen Frage nach psychischer Freiheit imstande war, auch die neuen Krankheitsformen zu berücksichtigen.[77]

Eine vollständige Einigung über die Art der richterlichen Fragestellung konnte jedoch nicht erzielt werden. Zwar wurde die Frage nach der »Vernunft« oder dem »Verstand« des Angeklagten häufig durch die Frage danach verdrängt, ob der Täter mit »psychischer Freiheit« gehandelt habe; jedoch blieben auch die anderen Frageformen erhalten, so daß die Palette richterlicher Fragemöglichkeiten von der nach dem Vorhandensein einer bestimmten psychischen Krankheit über die nach »psychischer Freiheit«, nach »Vernunft«, »Bewußtsein« oder dem »Seelenzustand« bis hin zur direkten Frage nach der Zurechnungsfähigkeit des Angeklagten reichte.[78]

Betrachtet man die Folgen der durch die richterliche Fragestellung entstandenen Rechtsunsicherheit, so wird deutlich, daß die Gerichtsärzte trotz des immer wieder zitierten Satzes, »das Rechtliche gehe den Arzt gar nichts an«, mit der Auskunft, der Angeklagte sei zur Tatzeit »psychisch unfrei« gewesen, er habe die Tat »ohne Bewußtsein« oder »ohne Vernunft« begangen, das Urteil des Richters über die Zurechnungsfähigkeit des Straftäters stark beeinflussen konnten. Denn letztlich kam es dem Richter bei seiner Fragestellung immer darauf an, vom Gerichtsarzt medizinische Informationen zu erlangen, mittels derer er die Zurechnungsfähigkeit des Straftäters bestimmen konnte. Entscheidend für die Frage, ob der Richter durch die Einholung des ärztlichen Gutachtens seine Kompetenz zur Beurteilung der Zurechnungsfähigkeit an den Arzt abgegeben hatte, ist daher, inwieweit der Richter an das ärztliche Gutachten gebunden sein sollte.

IV. Die Bindungswirkung gerichtsärztlicher Gutachten

Eine gesetzliche Regelung, die den Richter verpflichtet hätte, ein gerichtsärztliches Gutachten einzuholen, und eine daran geknüpfte Bindungswirkung des Gutachtens hätten bedeutet, daß dem Richter die Kompetenz zur Beurteilung der Zurechnungsfähigkeit entzogen worden wäre. Denn in dieser Situation hätte der Richter zwangsläufig nach der Aussage des Arztes, der Angeklagte habe in einem unfreien Zustand gehandelt, diesen für unzurechnungsfähig erklären müssen. Daher muß gefragt werden, ob der Richter in jedem Fall gezwungen war, ein ärztliches Gutachten anzufordern und ob er an das gerichtsärztliche Gutachten gebunden war.

a) Das Bedürfnis, bei bestimmten Strafrechtsfällen Sachverständige hinzuzuziehen, war, wie bereits erwähnt, schon 1532 in der peinlichen Halsgerichtsordnung Kaiser Karls V. anerkannt worden. Seit dieser Zeit wurden in die strafprozeßrechtlichen Regelungen Bestimmungen aufgenommen, die die Verpflichtung des Richters enthielten, einen Arzt in bestimmten Fällen zu Rate zu ziehen. Der Gerichtsarzt sollte nicht in jedem Strafrechtsfall zu einer Beurteilung der Psyche des Angeklagten hinzugezogen werden, sondern nur dann, wenn dem Richter dessen Zurechnungsfähigkeit zweifelhaft erschien. So mußten beispielsweise nach § 280 der preußischen Strafprozeßordnung, der »Criminalordnung für das Königreich Preußen« von 1806, »Spuren einer Verirrung oder Schwäche des Verstandes« vorhanden sein: »Auf die Beschaffenheit des Gemütszustandes eines Angeschuldigten muß der Richter fortwährend ein genaues Augenmerk richten, und vorzüglich untersuchen, ob der Verbrecher zur Zeit, als die Tat verübt worden, mit Bewußtsein gehandelt habe. Finden sich Spuren einer Verirrung oder Schwäche des Verstandes; so muß der Richter mit Zuziehung des Physikus oder eines approbierten Arztes den Gemütszustand des Angeschuldigten zu erforschen bemüht sein [...]«. Ähnliche Regelungen finden sich in allen deutschen Staaten des 19. Jahrhunderts.[79]

Auch auf Antrag des Verteidigers konnte eine ärztliche Untersuchung erfolgen, wenn der Verteidiger einen »zweifelhaften Gemütszustand« darzulegen vermochte. Angesichts der Flut der zu Beginn des 19. Jahrhunderts diskutierten neuen psychischen Krankheiten und ihrer in vielen Fällen sehr schwierigen Diagnose war es jedoch relativ leicht möglich, einen »zweifelhaften Gemütszustand« plausibel zu machen. Juristen monierten, daß nunmehr schon fast prinzipiell von einem solchen Zustand ausgegangen werde, statt wie früher grundsätzlich von vorhandener Zurechnungsfähigkeit auszugehen. Einige Juristen sprachen gar davon, daß durch die weitreichende Einflußnahme der »gerichtlichen Ärzte« das Strafrecht schon fast beseitigt worden sei, um deutlich zu machen, wie zerstörend die ihrer Meinung nach zu weitreichende Ausweitung der Fälle von Unzurechnungsfähigkeit auf das tragende Konzept strafrechtlicher Verantwortung wirke.[80]

Jedenfalls war der Richter bei Fällen »zweifelhafter Gemütszustände« verpflichtet, ein ärztliches Gutachten anzufordern, und infolge der Ausdehnung des Kanons anerkannter oder vermuteter psychischer Krankheitsformen wurden in der ersten Hälfte des 19. Jahrhunderts auch sehr häufig solche »zweifelhaften Gemütszustände« dargelegt.

b) Entscheidend für die Bestimmung der Kompetenz zur Beurteilung der Zurechnungsfähigkeit bei »zweifelhaften Gemütszuständen« ist nun die Frage, ob der Richter an das Gutachten des als Sachverständigen hinzugezogenen Arztes gebunden war oder nicht. Hatte der Richter ein ärztliches Gutachten eingeholt, dessen Richtigkeit er jedoch bezweifelte, dann kam es darauf an, ob ihm ein eigener Beurteilungsspielraum darüber zustand, inwieweit das Gutachten zu berücksichtigen war, oder ob er sich strikt an die ärztliche Aussage zu halten hatte. Wäre letzteres der Fall gewesen, dann hätte die Entscheidung über die Zurechnungsfähigkeit eines Angeklagten bei »zweifelhaften Gemütszuständen« nicht mehr beim Richter, sondern beim Arzt gelegen.

Bei dieser entscheidenden Frage konnten die Ärzte zwar die Ausbildung eines Instanzenzuges von Medizinalbehörden erreichen, aber ihre Gutachten erlangten keine bindende Wirkung. Dem Richter wurde vielmehr ein Prüfungsrecht hinsichtlich der ärztlichen Gutachten zugesprochen. Zahlreiche Mediziner und auch einige Juristen plädierten zwar dafür, daß der Richter letztlich an das ärztliche Gutachten gebunden sein müsse.[81] Zum Teil wurde dabei zwischen technisch gewonnenen und wissenschaftlich nachprüfbaren Tatsachen, die eine Bindungswirkung entfalten sollten, und rein psychologischen Aussagen, die der richterlichen Prüfung unterliegen sollten, unterschieden.[82]

Insgesamt aber setzte sich die Meinung durch, daß der Richter dem Gutachten nicht blindlings unterworfen sei.[83] Er müsse vielmehr vom Gutachten überzeugt sein, damit es in seiner Entscheidung über die Zurechnungsfähigkeit Gültigkeit erlangen könne. Ob nun im einzelnen Fall diese Überzeugung geliefert werde, habe der Richter zu beurteilen. Diese Kompetenzregelung ist ein Beispiel für die Entwicklung der das heutige Prozeßrecht beherrschenden Maxime der freien Beweiswürdigung.[84]

Bei der Argumentation, der Richter müsse nicht blindlings dem ärztlichen Gutachten folgen, sondern nur, wenn er von diesem überzeugt sei, konnten sich die Juristen auf gesetzliche Bestimmungen stützen. Vor allem aus zwei Vorschriften wurde ein richterliches Prüfungsrecht hinsichtlich der gerichtsärztlichen Gutachten hergeleitet. § 388 der preußischen Criminalordnung von 1806 enthält folgende Regelung: »Ein Gutachten der Kunstverständigen ist nur dann vollgültig, wenn es mit überzeugenden Gründen unterstützt ist, und die Verfasser desselben in den Hauptpunkten einig sind; sollten sie auch in den Gründen ihrer Meinung nicht ganz übereinstimmen«. Eine ergänzende Verordnung zu § 280 der Criminalordnung bestimmte ausdrücklich: »Die Gutachten der Ärzte unterliegen nun allerdings wieder der richterlichen Beurteilung, insofern der Richter wohl besorgt ist, ihre logische Richtigkeit und selbst die materielle Richtigkeit der Prämissen zu prüfen, so weit die letzteren der Rechtswissenschaft mit gemein sind, oder in das Gebiet der allgemeinen wissenschaftlichen Bildung gehören«.[85] Art. 265 des bayerischen Strafgesetzbuchs von 1813 besagt, daß der Richter sich an die höhere Medizinalbehörde zu wenden habe, wenn das Gutachten wegen Mangels an Gründlichkeit, Genauigkeit oder Vollständigkeit unbefriedigend sei. So berief sich beispielsweise Karl Josef Anton Mittermaier 1834 auf diese beiden Gesetzesstellen mit den Worten: »Auch die neuen Gesetze erkennen, daß der Richter nur dann gebunden ist, wenn das Gutachten gründlich ist. Die Gesetze erkennen also das Recht der Richter an, zu prüfen, ob sie überzeugt sind, und da kein Richter gegen seine Überzeugung verurteilen darf, so ist es auch klar, daß er dem Gutachten der Sachverständigen nicht zu folgen nötig hat, wenn es ihn nicht überzeugt«.[86] Insbesondere bei der Frage nach der Zurechnungsfähigkeit müsse dem Richter ein weitreichendes Prüfungsrecht zugesprochen werden. »Es kommt bei dem Urteil über Zurechnungsfähigkeit auf Verhältnisse an, welche nicht strenge bloß von Ärzten, sondern auch von jedem wissenschaftlich gebildeten Manne beurteilt werden können, wo daher auch dem Richter ein freieres und ausgedehnteres Recht der Entscheidung über die Zurechnungsfähigkeit und daher die Befugnis, das Gutachten der Sachverständigen zu prüfen zustehen muß«.[87]

Entscheidend sollte demnach sein, ob der Richter von dem gerichtsärztlichen Gutachten überzeugt war oder nicht. Katalogartig führten Ärzte und Juristen nun Fälle auf, in denen ein ärztliches Gutachten keine überzeugende Wirkung entfalten könne, so nach Mittermaier beispielsweise, wenn das Gutachten auf Grundsätzen gebaut sei, die zu den obersten Grundsätzen der Zurechnung in Widerspruch standen, wenn angebliche Krankheiten, die nach richtigen Grundsätzen über die Zurechnung nicht von Strafe befreien könnten, als befreiend angenommen wurden und umgekehrt, wenn der Arzt Zeichen Bedeutung beimesse, die nach richtiger Ansicht über die Zurechnung keinen Schluß auf eine Geisteskrankheit gestatteten, z. B. bei der Behauptung, Stimmen zu hören, oder bei oberflächlichen, widersprüchlichen und unvollständigen Gutachten und bei nicht eindeutigen Aussagen des Arztes.[88] In diesen Fällen sei der Richter nicht an das ärztliche Gutachten gebunden, sondern befugt, ein weiteres Gutachten von der höheren Medizinalbehörde anzufordern.[89]

V. Hintergründe und Entstehungsursachen des Kompetenzstreits

Es bleibt die Frage zu beantworten, warum es zu Beginn des 19. Jahrhunderts zu dem geschilderten Konflikt zwischen Richtern und Sachverständigen kommen konnte. In dem Kompetenzstreit spiegelt sich der einschneidende Wandel des Strafrechts und des Strafprozeßrechts in der ersten Hälfte des 19. Jahrhunderts wider. Im Zuge von Aufklärung und Naturrecht kam es zur Rationalisierung und Säkularisierung der Straftheorie. Es entwickelte sich ein »philosophisches Strafrecht«, das die Grundlage für die wissenschaftliche Behandlung des Strafrechts bildete. Infolge dieser Entwicklung rückte statt der Tat nun der Täter in den Mittelpunkt der strafrechtlichen Untersuchung. Demzufolge erlangte bei dem angestrebten Ziel, in jedem Einzelfall eine gerechte Strafe zu verhängen, nicht mehr der Erfolg der Straftat, sondern es erlangten die besonderen Tatumstände und Tatmotive ausschlaggebende Bedeutung. Aufgrund der Betonung der subjektiven Seite einer Straftat entwickelte sich die Willensfreiheit zum Zentralbegriff der Zurechnungslehre. Zu beobachten ist ein durch Naturrecht und Aufklärung eingeleiteter Prozeß der Psychologisierung und Individualisierung des Strafrechts, der besonders von der »Criminalpsychologie« beeinflußt wurde.

Dieser Wandel im Strafrecht bildete den Nährboden dafür, daß neue Erkenntnisse der Medizin und vor allem aus den im Entstehen begriffenen neuen Wissenschaften der empirischen Psychologie und Psychiatrie zunehmend in Strafrecht und -prozeß berücksichtigt wurden. Die wissenschaftliche Erforschung der menschlichen Psyche und die daraus resultierende Annahme verschiedener selbständiger Seelenvermögen[90] bewirkten eine enorme Erweiterung des Katalogs von Krankheitsbildern, bei denen Unzurechnungsfähigkeit vorliegen sollte. Der Glaube daran, daß es möglich sei, Straftaten aus der Psyche des Täters zu erklären, hatte zur Folge, daß Straftäter immer häufiger nicht als Sünder oder strafwürdige Verbrecher, sondern vielmehr als bemitleidenswürdige Kranke oder Verirrte angesehen wurden.

Hinzu traten politische Aspekte. In der ersten Hälfte des 19. Jahrhunderts fanden umfassende Diskurse über den Zweck der Strafe und über die Zulässigkeit der Todesstrafe statt, wobei unter den criminalpsychologischen Autoren anstelle präventiver Zwecke der Besserungszweck immer größere Bedeutung erlangte, die Rechte des Menschen auf Leben, Freiheit und Ehre betont wurden und sich Stimmen mehrten, die die Todesstrafe ablehnten oder zumindest deren Anwendung stark beschränken wollten.[91]

Die Entstehung des Kompetenzstreits ist vor diesem Hintergrund der zunehmenden Psychologisierung von Strafrecht und Medizin und der Auseinandersetzung über den Strafzweck zu sehen. Für die strafrechtliche Würdigung der unzähligen neu entdeckten oder behaupteten psychischen Krankheiten hatte der Gesetzgeber noch keine Regelung gefunden. Im Vertrauen auf die wissenschaftliche Methode der Medizin wandten sich die Richter zur Aufklärung insofern zweifelhafter Rechtsfälle an Ärzte. Dabei wurde jedoch eine Gefahr darin gesehen, daß die zu weitreichende Übernahme der behaupteten Krankheiten als Grund für mangelnde Zurechnungsfähigkeit Rechtsunsicherheit und Willkür zur Folge haben könnte. Insbesondere Krankheiten, die zugestandenermaßen nur sehr schwer diagnostizierbar waren, und solche, bei denen Unzurechnungsfähigkeit trotz bestehender Willensfreiheit gegeben sein sollte, stießen bei den meisten Juristen auf Ablehnung, weil durch die Anerkennung solcher Krankheiten als Grund für mangelnde Zurechnungsfähigkeit das der Zurechnungslehre zugrundeliegende Prinzip der Willensfreiheit nicht aufrecht erhalten werden konnte.

Bei der Beilegung des Konflikts wurde sowohl den medizinischen als auch den juristischen Forderungen und Bedenken Rechnung getragen. Einerseits führte die Berücksichtigung psychologischer Erkenntnisse dazu, daß in den Strafgesetzbüchern, die in der ersten Hälfte des 19. Jahrhunderts entstanden, sowohl neue psychische Krankheitsformen aufgenommen als auch allgemeine Prinzipien aufgestellt wurden, um deutlich zu machen, daß die Fälle von Unzurechnungsfähigkeit nicht abschließend festgelegt seien. Daneben sahen die Gesetze vor, daß Gerichtsärzte bei »zweifelhaften Rechtsfällen«regelmäßig hinzuziehen waren. Andererseits sollte an der Zurechnungslehre festgehalten und der Gefahr der Willkür und der Rechtsunsicherheit dadurch begegnet werden, daß dem Richter hinsichtlich der ärztlichen Gutachten ein Prüfungsrecht zugestanden wurde und daß die Möglichkeit bestand, zusätzlichen Rat bei einer höheren Medizinalbehörde einzuholen.[92] Die Entscheidung über die Zurechnungsfähigkeit eines Angeklagten blieb damit trotz des zunehmenden ärztlichen Einflusses in den Händen des Richters.

Anmerkungen

1 Friedrich Groos, Der Skepticismus in der Freiheitslehre, Heidelberg 1830, S. 153. – Die Ausführungen in diesem Beitrag betreffen einen Ausschnitt aus meinem Dissertationsprojekt über Grundfragen des Strafrechts in der »Criminalpsychologie« des 19. Jahrhunderts, bei Professor Dr. Diethelm Klippel, dem ich für seine wertvolle Hilfe bei der Erstellung des Manuskripts dieses Beitrags herzlich danke.

2 In der Zurechnungslehre des 18. und 19. Jahrhunderts wurden die Begriffe »Zurechnung« (als das allgemeine Urteil über die Verantwortlichkeit für eine Handlung) und »Zurechnungsfähigkeit« (als die psychische Grundvoraussetzung der Strafbarkeit, die Eigenschaft des Menschen, aufgrund derer ihm eine Tat zugerechnet werden kann), häufig nicht klar unterschieden.

3 In den Bibliographien des 19. Jahrhunderts werden etwa 100 Titel zur »Criminalpsychologie« aufgeführt, siehe Friedrich Kappler, Handbuch der Literatur des Criminalrechts und dessen philosophischer und medizinischer Hülfswissenschaften, Teil 1, Stuttgart 1838, S. 85–94; Hermann Theodor Schletter, Handbuch der juristischen Literatur in systematisch-chronologischer Ordnung, von der Mitte des vorigen Jahrhunderts bis zum Jahre 1840, Grimma und Leipzig ^{2}1851; Wilhelm Böhmer, Handbuch der Litteratur des Kriminalrechts, Göttingen 1816, S. 161 f. Die ersten Schriften zur »Criminalpsychologie« stammen von Johann Christian Gottlieb Schaumann, Ideen zu einer Kriminalpsychologie, Halle 1792; Karl von Eckartshausen, Rede von den Quellen der Verbrechen und der Möglichkeit selben vorzubeugen, München 1787 und Gottlieb Münch, Über den Einfluß der Criminalpsychologie auf ein System des Criminal-Rechts auf menschliche Gesetze und Cultur der Verbrecher, Nürnberg 1799. – Zur »Criminalpsychologie« vgl. nunmehr Ylva Greve, Die Unzurechnungsfähigkeit in der »Criminalpsychologie« des 19. Jahrhunderts, in: Michael Niehaus und Hans-Walter Schmidt-Hannisa (Hg.), Unzurechnungsfähigkeiten. Diskursivierungen unfreier Bewußtseinszustände seit dem 18. Jahrhundert, Frankfurt a. M. 1998, S. 107–132.

4 Die neuen Krankheitsformen werden behandelt z. B. von: Johann Daniel Metzger und Christian Gottfried Gruner, Kurzgefaßtes System der gerichtlichen Arzneywissenschaft, Königsberg und Leipzig ^{4}1814; Samuel Gottlieb Vogel, Beitrag zur gerichtsärztlichen Lehre von der Zurechnungsfähigkeit, Stendal ^{2}1825 und Johann Baptist Friedreich, Systematisches Handbuch der gerichtlichen Psychologie für Medicinalbeamte, Richter und Vertheidiger, Leipzig 1835.

5 Johann Valentin Müller, Entwurf der gerichtlichen Arzneywissenschaft nach juristischen und medicinischen Grundsätzen, für Geistliche, Rechtsgelehrte und Aerzte, Frankfurt 1796, § 18.

6 Adolph Henke, Zeitschrift für die Staatsarzneikunde 1 (1821), S. 228.

7 Hermann Wilhelm Eduard Henke, Lehrbuch der Strafrechtswissenschaft, Zürich 1815, § 30.

8 Zu Bedeutung und Geltung der Carolina siehe Hinrich Rüping, Grundriß der Strafrechtsgeschichte, München ^{3}1998, S. 37 ff.; Wolfgang Sel-

lert und Hinrich Rüping, Studien- und Quellenbuch zur Geschichte der deutschen Strafrechtspflege, Bd. 1: Von den Anfängen bis zur Aufklärung, Aalen 1989, S. 196 ff.; Eberhard Schmidt, Einführung in die Geschichte der deutschen Strafrechtspflege, Göttingen [3]1965, S. 108 ff., insbesondere S. 131 ff.

9 Die Hinzuziehung von Hebammen (»verstenndige frawen«) ist in Art. 35 der Carolina geregelt: »Item so man ein diernen, so fur ein junckfraw geet, jme argkwon hat, das sy heimlich ein kindt gehapt vnnd ertödt hab: Soll man sonderlich erkunden, Ob sy mit einem grossen vngewonlichenn leib gesehen worden sey, Meher ob jr der leib kleiner worden vnnd darnach bleych vnd schwach gewest sey: So solliches vnnd dergleichenn erfunden wirdet, Wo dann dieselbig diern ein person ist, darzu man sich der verdachten that versehenn mage, soll sy durch verstenndige frawen an heimlichen stetten, alls zu weitherer erfarung diennstlich ist, besichtiget werden [...]«; zur Hinzuziehung von Wundärzten Art. 147: »Item so einer geschlagen wirdt vnd vber ettliche zeitt darnach sturbe, Allso, das zweifellich were, ob er der geclagtenn straych halb gestorben wer oder nit: jnn sollichenn fellenn mogen beide theill (wie vonn weisung gesatzt ist) khundtschafft zur sach dinstlich stellen, Vnnd sollenn doch sonnderlichen die wundartzt, der sache verstenndig, vnnd anndere personen, die da wissen, Wie sich der gestorbenn nach dem schlagen vnnd Rumor gehalltenn hab, zu zeugen gepraucht werden [...]«.

10 1821 bewertete Georg Heinrich Masius (Handbuch der gerichtlichen Arzneiwissenschaft. Zum Gebrauche für gerichtliche Ärzte und Rechtsgelehrte, Stendal 1821, S. 21) den Nutzen der gerichtlichen Arzneiwissenschaft vor dem 19. Jahrhundert mit den Worten: »Die Arzneiwissenschaft leistete dem Rechtsgelehrten in gerichtlich-medizinschen Vorkommenheiten damals gewiß nur sehr wenig, er leitete ihn vielmehr gewiß gar nicht selten zu den verkehrtesten Ansichten und Entscheidungen. Um dies vollkommen wahr zu finden, braucht man nur die ersten gerichtlich medizinischen Schriften, welche erschienen sind, zu lesen«.

11 Paulus Zachias wird mit seinen »Questiones medico-legales«, die ab 1621 in Rom erschienen, als der eigentliche Begründer einer wissenschaftlichen gerichtlichen Medizin bezeichnet, siehe Hans-Heinz Eulner, Die Entwicklung der medizinischen Spezialfächer an den Universitäten des deutschen Sprachgebrauchs, Stuttgart 1970, S. 159.

12 Institutiones medicinae legalis et forensis, Jena 1723.

13 Systema jurisprudentiae medicae, Halle 1725.

14 Anthropologia forensis, Leipzig 1791.

15 Hermann Baas, Die geschichtliche Entwicklung des ärztlichen Standes und der medicinischen Wissenschaften, Leipzig 1896, Nachdruck Wiesbaden 1967, S. 442.

16 Walter Hauptmann, Psychologie für Juristen, Kriminologie für Psychologen, München und Wien [2]1993, S. 1; Hans Joachim Schneider, Artikel »Psychologie des Verbrechens (Kriminalpsychologie)«, in: Handwörterbuch der Kriminologie, hg. von Rudolf Sieverts und Hans Joachim Schneider, Bd. 2, 5./6. Lieferung, Berlin [2]1971, S. 415 ff.; Hans-Jürgen Kerner, Art. »Psychologie«, in: Kriminologie-Lexikon, hg. von Hans-Jürgen Kerner, Heidelberg [4]1991, S. 217.

17 Die »gerichtliche Medicin« fand im 18. Jahrhundert allgemein in die Lehrpläne der Hochschulen als ein »modernes« Fach Aufnahme, Baas, S. 317 ff., 441. Zur Spezialisierung von Gerichtlicher Arzneiwissenschaft und Psychiatrie: Eulner, S. 159 ff., 257 ff.

18 Bei den zugezogenen Ärzten in zweifelhaften Rechtsfällen handelte es sich meistens um sogenannte Physici als Medizinalpersonen erster Instanz (auf dem Land Kreis-, in größeren Städten Stadtphysici), vgl. Joseph Bernt, Systematisches Handbuch der gerichtlichen Arzneikunde, Wien [3]1828, S. 13; Christian Friedrich Ludwig Wildberg, Versuch eines Lehrbuchs der medizinischen Rechtsgelahrtheit, zum Unterricht für Rechtsgelehrte, Leipzig 1826, S. 29. Für Preußen hat Baas (S. 350) festgestellt, daß Physikatsärzte als staatliche Medicinalpersonen in allen größeren Städten angestellt wurden. Einen Einblick in den Aufgabenbereich der Stadt- und Landphysici geben die Medizinalordnungen des 19. Jahrhunderts, z. B. F. L. Augustin, Die königlich Preußische Medizinalverfassung oder vollständige Darstellung aller, das Medicinalwesen und die medicinische Polizei in den Königlich Preußischen Staaten betreffenden Gesetze, Verordnungen und Einrichtungen, Potsdam 1818, Art. »Kreisphysikus«, »Landphysikus«; Julius M. Schmelzing, Repertorium der älteren und neuesten Gesetze über die Medizinal-Verfassung im Königreiche Baiern und der auf die gerichtliche Arzneikunde, medizinische Polizei und das Veterinärwesen bezüglichen königlichen allerhöchsten Mandate und Reskripte, sowie der anderweitigen Provinzial-Verordnungen, Nürnberg 1818, Art. »Gerichtsärzte«; ferner Joseph Jakob von Plenk, Anfangsgründe der gerichtlichen Arzneywissenschaft, Wien [4]1802, S. 251 f.

19 Zu der Verbindung von Aufgaben der gerichtlichen Arzneiwissenschaft mit denen der Medizinalpolizei in der Person des gerichtlichen Arztes Masius, S. 52. Neben gerichtsärztlichen Aufgaben traten die der medizinischen Polizei, wozu auch tierärztliche Tätigkeiten gehörten, Christoph Knape (Hg.), Kritische Annalen der Staatsarzneikunde für das neunzehnte Jahrhundert 1 (1805), Vorrede, S. XI.

20 Ausgelöst wurde diese Verbindung durch Christian Friedrich Daniels 1784 erschienen »Entwurf einer Bibliothek der Staatsarzneikunde oder der gerichtlichen Arzneikunde und medicinischen Polizey«; später wurde als dritter Teil der Staatsarzneikunde noch die Medizinalordnung begriffen, Adolph Henke, Zeitschrift für die Staatsarzneikunde 1 (1821), Vorbericht, S. 3.

21 Zur universitären Verbindung von Medizinalpolizei und Gerichtsmedizin Baas, S. 319. Eulner, S. 160, datiert die Verbindung der gerichtlichen Medizin mit der medizinischen Polizei zur Staatsarzneikunde gegen Ende des 18. Jahrhunderts. Esther Fischer-Homberger geht dagegen schon von einer früheren Verklammerung der gerichtlichen Arzneiwissenschaft mit der Medizinalpolizei aus: Dies., Medizin vor Gericht. Gerichtsmedizin von der Renaissance bis zur Aufklärung, Bern 1983, S. 90, 94, 99.

22 Der Begriff des Fundscheins wird etwa bei Masius, S. 94, definiert als »eine richtige Erzählung aller bei einer gerichtlich-medizinischen Untersuchung bemerkten Umstände, nebst dem beigefügten Urteil aus den Grundsätzen der Arzneiwissenschaft«.

23 Zur Abgrenzung der Begriffe Fundschein, Gutachten und Untersuchungsprotokoll Bernt, Handbuch, S. 23 ff.

24 Den Wandel in der Sichtweise des Strafrechts beschreiben z. B. Sellert/Rüping, S. 368 ff.; Horst-Harald Lewandowski, Die Todesstrafe in der Aufklärung, Bonn 1961, S. 82 ff.

25 Die Behauptung, daß Kenntnisse der gerichtlichen Arzneiwissenschaft auch für den Richter nützlich seien, war aber nicht unbestritten. Einige Autoren lehnten es ab, daß sich Juristen mit gerichtlicher Arzneiwissenschaft beschäftigen sollten, da eine notwendigerweise unvollständig bleibende Kenntnis der Richter auf gerichtsmedizinischem Gebiet eher schädlich sei. Eine Gegenüberstellung der verschiedenen Meinungen gibt Johann Heinrich Kopp, Jahrbuch der Staatsarzneikunde 1 (1808), S. 229 ff. Auch umgekehrt wurde z. T. gefordert, die Gerichtsärzte sollten sich mit der Rechtswissenschaft vertraut machen, vgl. Adolph Henke, Zeitschrift für die Staatsarzneikunde 1 (1821), S. 238 f.

26 Müller, § 27; in diesem Sinne auch Bernt, Handbuch, S. 12: »Sie hat auf die richterlichen Entscheidungen über die Ehre, das Vermögen, die Freiheit und das Leben Einfluß; sie sichert die in Anspruch genommenen Rechte des Unschuldigen, und liefert die Beweise über die Art und den Grad der begangenen Verbrehen; sie schützt also eben so wohl vor Härte und Ungerechtigkeit, als vor unverdienter Nachsicht gegen Strafbare; sie trägt somit zur inneren Sicherheit des Staates bei«.

27 Albrecht Meckel, Lehrbuch der gerichtlichen Medicin, Halle 1821, S. 19.

28 Georg Friedrich Most, Ausführliche Encyklopädie der gesammten Staatsarzneikunde, Bd. 1, Leipzig 1838, Art. »Imputatio«.

29 Die für die Medizin bedeutsamen Untersuchungen über die menschliche Psyche stammen dabei vor allem aus der empirischen Psychologie, der sogenannten »Erfahrungsseelenlehre«.

30 Die »Wut ohne Verkehrtheit« oder auch »Mania sine delirio« wurde als eine Krankheit des Willens bei ungehindertem Verstand bezeichnet, also als eine Erkrankung eines einzelnen »Seelenvermögens«, Christian Friedrich Ludwig Wildberg (Hg.), Jahrbuch der Staatsarzneikunde 1 (1835), 2. Heft, S. 157; der »versteckte Wahnsinn« wurde als eine »Vernunft-Unfreiheit, die nicht durch äußere Merkmale erkennbar ist«, definiert, so Carl Ernst Hedrich, Ernst Platners Untersuchungen über einige Hauptcapitel der gerichtlichen Arznei-Wissenschaft durch beigefügte zahlreiche Gutachten der Leipziger medicinischen Facultät erläutert, Leipzig 1820, S. II.

31 Das durch die Aufklärung gestiegene Ansehen der Medizin beschreibt Fischer-Homberger, S. 87: »Die Medizin rückte in der Aufklärung zur erstrangigen Disziplin auf, zur Vermittlerin der höchsten Güter, des glücklichen und gesunden Lebens nämlich, kraft ihrer wissenschaftlichen Einsichten in die Natur.«.

32 Dieser Fall wird unter anderem geschildert in: Annalen der Gesetzgebung und Rechtsgelehrsamkeit in den preussischen Staaten 8 (1791), S. 18 ff.

33 Das Gutachten ist u. a. abgedruckt in: Annalen der Gesetzgebung und Rechtsgelehrsamkeit in den preussischen Staaten 26 (1809), S. 139.

34 Carl Ernst Jarcke, Die Lehre von der Aufhebung der Zurechnung durch unfreie Gemüthszustände, Berlin 1829, S. 203 ff.; ein weiterer Fall der

»Wut ohne Verkehrtheit« wird geschildert in: Eduard Hitzigs Annalen der deutschen und ausländischen Criminal-Rechts-Pflege, 1831, Bd. 4, S. 118 ff. Dabei wurde ein in erster Instanz verhängtes Todesurteil in eine zehnjährige Zuchthausstrafe umgewandelt.

35 Groos, Skepticismus, S. 2.

36 Allgemeines Landrecht für die Preußischen Staaten, Teil II, 20. Titel, § 16.

37 Vgl. Allgemeines Landrecht für die Preußischen Staaten, Teil I, 1. Titel, §§ 27 f.

38 Strafgesetzbuch für das Königreich Baiern, München 1813, 1. Buch, 5. Kapitel (Von den Gründen, welche die Strafbarkeit aufheben), Art. 120.

39 Jadokus Donatus Hubertus Temme, Critik des Entwurfs des Strafgesetzbuchs für die Preußischen Staaten, Berlin 1843, S. 124; Hermann Baumeister, Bemerkungen zur Strafgesetzgebung, Leipzig 1847, S. 49.

40 Johann Christian August Clarus führte die Annahme eines »Mittelzustandes« auf das Bedürfnis zurück, einen Mittelweg zwischen Sicherung und Bestrafung einzuschlagen, S. 191; zur Nützlichkeit und Notwendigkeit der Annahme eines »Mittelzustandes« dort S. 186 ff.; vgl. Johann Christian August Grohmann, Über die in der Criminalgesetzgebung namhaft zu machenden psychologischen Momente, welche eine Milderung oder Aufhebung der Zurechnung bedingen, in: Archiv des Criminalrechts 9 (1827), 2. Stück, S. 215; Hermann Baumeister, Bemerkungen zur Strafgesetzgebung, Leipzig 1847, S. 69 f.

41 So beispielsweise Karl Josef Anton Mittermaier, Anleitung zur Vertheidigungskunst im deutschen Strafprozesse, Regensburg [4]1845, §§ 27 ff.

42 Heinrich Benedikt von Weber, Von der Freiheit des Willens und von der davon abhängenden Zurechnung der Handlungen, besonders der verbrecherischen, in: Neues Archiv des Criminalrechts 10 (1828), S. 448; Paul Johann Anselm Feuerbach, Lehrbuch des gemeinen in Deutschland gültigen peinlichen Rechts, Gießen [11]1832, S. 69 f.; Johann Heinrich Abegg, Beiträge zur Kritik des Entwurfes eines Strafgesetzbuches für das Königreich Württemberg vom Jahre 1835, Neustadt 1836, S. 46; so auch Karl Josef Anton Mittermaier in der von ihm herausgegebenen 14. Auflage des Lehrbuchs von Feuerbach, Gießen 1847, Anm. zu § 90.

43 Paul Johann Anselm Feuerbach, Aktenmäßige Darstellung merkwürdiger Verbrechen, Frankfurt a. M. [3]1849, Nachdruck Aalen 1970, S. 409.

44 Johann Christian August Heinroth, Grundzüge der Criminal-Psychologie, oder: Die Theorie des Bösen in ihrer Anwendung auf die Criminal-Rechtspflege, Berlin 1833, Vorbericht, S. II.

45 Weber, S. 448; Karl Josef Anton Mittermaier, Über die zweckmäßigste Art der gerichtlichen Fragestellung an Aerzte, bei Erforschung des geistigen Zustandes der Angeklagten, und über das Verhältnis des Gerichts und der Medicinalbehörde in Bezug auf ärztliche Gutachten, in: C. H. Richter, Ausgewählte Abhandlungen und Gutachten aus dem Gebiete der gerichtlichen Medizin, Stuttgart 1838, S. 1.

46 Vgl. Doris Kaufmann, Aufklärung, bürgerliche Selbsterfahrung und die »Erfindung« der Psychiatrie in Deutschland, 1770–1850, Göttingen 1995, S. 306.

47 Eine ausführliche Darstellung des Diskurses bei Friedreich, Handbuch, S. 198 ff., und Dems., Ueber die Competenz, in zweifelhaft psychischen Zuständen eines Angeklagten über die Frage der Zurechnung zu entscheiden, in: Archiv des Criminalrechts NF 1 (1834), S. 34 ff.

48 Immanuel Kant, Anthropologie in pragmatischer Hinsicht, Königsberg 1798, § 51. Mit der Begründung, daß es auch Geisteskrankheiten gebe, die ausschließlich psychischer Natur seien oder deren körperliche Ursache nicht diagnostizierbar sei, unterstützte Emanuel Gottlieb Elvert Kants Ansicht: Emanuel Gottlieb Elvert, Ueber ärztliche Untersuchung des Gemüthszustandes, Tübingen 1810, S. 58.

49 Johann Daniel Metzger, Neue vermischte medicinische Schriften, Bd. 1, Königsberg 1800, S. 36.

50 Bereits 1780 begründete Conrad Fr. Uden in seinem Werk »Über die Glaubwürdigkeit der Medizinalberichte«, Berlin 1780, S. 64 die ärztliche Kompetenz zur Beurteilung psychischer Zustände mit dem wechselseitigen Einfluß von Körper und Seele; Vogel wandte sich gegen Kant mit den Worten: »Nur der Arzt kann die oft sehr feinen Fäden auffinden, die ihn in die geheimsten Tiefen des menschlichen Geistes führen, und wodurch das Äußere mit dem Inneren, der Körper mit der Psyche, zusammenhängt, nur ihm können die Ursachen der Verrückung, die am häufigsten im Körper liegen, nebst ihren wechselseitigen Verhältnissen bekannt sein« (S. 4). Noch 1851 stützte sich Johann Valentin May auf den »innigen Zusammenhang der psychischen und der somatischen Verhältnisse« zur Begründung ärztlicher Kompetenz, Johann Valentin May, Die strafrechtliche Zurechnung, Zürich 1851, S. 69.

51 Vgl. etwa Carl Christian Erhard Schmid, Empirische Psychologie, Jena 1791, S. 64 f.: »Arzneywissenschaft und Seelenlehre sind sich so nahe verwandt, und leisten einander wechselseitig so unentbehrliche Dienste, als Körper und Seele selbst einander in ihren Verrichtungen und Wirkungen wechselseitig bestimmen, unterstützen oder verhindern«.

52 Masius, S. 24, 457; Friedreich, Handbuch, S. 196 ff.

53 Adolph Henke, Abhandlungen aus dem Gebiete der gerichtlichen Medizin, Bd. 2, Leipzig 1823, S. 263; dieser Gedanke wurde auch von Albrecht Meckel, Beiträge zur gerichtlichen Psychologie, Halle 1820 in der Vorrede ausgeführt: »Der Arzt ist nichts ohne Philosophie, namentlich ohne Psychologie [...]«. Er benannte Psychologie und Psychiatrie als entscheidende Wissenschaften zur Bestimmung der Willensfreiheit.

54 Kaufmann, S. 287 f.

55 Johann Christian August Heinroth, System der psychisch-gerichtlichen Medizin, oder theoretisch-praktische Anweisung zur wissenschaftlichen Erkenntniß und gutachtlichen Darstellung der krankhaften persönlichen Zustände, welche vor Gericht in Betracht kommen, Leipzig 1825, S. 5, 135.

56 So beispielsweise Jarcke, S. 326.

57 Mittermaier, Fragestellung, S. 17.

58 Johann Christoph Hoffbauer, Die Psychologie in ihren Hauptanwendungen auf die Rechtspflege nach den allgemeinen Gesichtspunkten der Gesetzgebung oder die sogenannte gerichtliche Arzneywissenschaft nach

ihrem psychologischen Theile, Halle 1808, S. 3 ff.; Masius, S. 24, 457; Adolph Henke, Zeitschrift für die Staatsarzneikunde 1 (1821), S. 2.

59 Zur Behauptung von Fehlgutachten Adolph Henke, Zeitschrift für die Staatsarzneikunde 1 (1821), S. 241 ff.; Eduard Henke, Beiträge zur Criminalgesetzgebung, § 241.

60 Jarcke, S. 322.

61 Johann Christian August Heinroth, Kritik eines Physicat-Gutachtens, nebst einem Nachwort über die Benutzung der Acten bei Ausfertigung ärztlicher Gutachten in Fällen zweifelhafter Gemüthszustände, in: Hitzigs Annalen der deutschen und ausländischen Criminal-Rechts-Pflege 2 (1837), S. 58. Vgl. auch Ders., Grundzüge der Criminal-Psychologie, Vorbericht, S. 3 f.; Clarus, S. 26: »Nicht selten geschieht es auch, daß Gerichtsärzte, durch falsche Begriffe von Humanität verleitet, oder aus Unwissenheit und Trägheit, [. . .] sich blos dazu berufen glauben, diesen durch Verminderung der Schuld des Angeklagten treufleißigst vorzuarbeiten«; Clarus bezeichnet dies als »Eingriff in fremdes Gebiet und wahrhaft heillosen Unfug«.

62 Friedrich Groos, Skepticismus, S. 151.

63 Friedrich Groos, Die Lehre von der Mania sine delirio psychologisch untersucht und in ihrere Beziehung zur strafrechtlichen Theorie der Zurechnung betrachtet, Heidelberg 1830, S. 104 f.; ders., Skepticismus, S. 107, 151.

64 Johann Christian August Grohmann, Über das Prinzip des Strafrechts. Der Staat hat kein Recht am Leben zu strafen. Zur Begründung einer philosophischen und christlichen Strafrechtslehre, Karlsruhe 1832, S. 20.

65 Karl Wilhelm Ideler, Zur gerichtlichen Psychologie. Eine Auswahl von Entscheidungen der Königlichen wissenschaftlichen Deputation für das Medicinal-Wesen, Berlin 1854, Einleitung: »Als noch im vorigen Jahrhunderte die Strenge der Strafgesetzgebung den aufgeklärten Richtern übermässig hart erscheinen musste, war ihnen das Auskunftmittel willkommen, durch Aerzte den Gemüthszustand solcher Inquisiten prüfen zu lassen, bei denen mannigfache Gründe für die Milderung oder Aufhebung der ihnen zuzuerkennenden Strafe sprachen, und da den Aerzten das ganze Gebiet der empirischen Psychologie und der praktischen Medicin offen stand, um darin jeden scheinbaren Entschuldigungsgrund aufzusuchen; so konnte es ihnen nicht schwer fallen, die gutgemeinte Absicht der wohlgesinnten Richter zu erfüllen«.

66 Nicht nur Juristen, sondern auch die Ärzte selbst äußerten häufig Kritik an den gerichtsärztlichen Gutachten, so beispielsweise: Hedrich, S. 1: »es gibt beinahe kein Stück Akten, in welchem nicht irgend ein bedeutendes Versehen der Physiker zu finden wäre [. . .]«; auch Adolph Henke sprach in seinen Abhandlungen aus dem Gebiete der gerichtlichen Medizin, S. 253 von »unpassenden Fragen« der Richter und unrichtigen Antworten der Ärzte.

67 Diese Skepsis wird beispielsweise deutlich bei Johannes Christian Gottfried Jörg, Der Mensch auf seinen körperlichen, gemütlichen und geistigen Entwicklungsstufen geschildert, Leipzig 1829, S. III: »[. . .] daher sind auch die meisten Gutachten der gerichtlichen Ärzte über dunkle Seelenzustände so beschaffen, daß sie der Kenner bald umdrehen und den entgegengesetzten Schluß gewinnen kann« oder auch bei Weber, S. 448: »Die Kri-

minalisten haben überhaupt im Interesse der wahren Justizpflege heut zu Tage vor manchen Ansichten gewisser Ärzte, die so leicht unfreie Zustände bei Verbrechen annehmen, auf der Hut zu sein und moralische Unfreiheit oder bloße Disposition zu gewissen Verbrechen nicht für Eins zu nehmen mit der psychischen Unfreiheit, die wirklich zurechnungslos macht«.

68 Mittermaier, Fragestellung, S. 1.

69 Zahlreiche Beispiele dafür lassen sich beispielsweise in Ernst Ferdinand Kleins Annalen der Gesetzgebung und Rechtsgelehrsamkeit in den preussischen Staaten oder in Eduard Hitzigs Annalen der deutschen und ausländischen Criminal-Rechts-Pflege finden. S. auch Johann Christian Friedrich Meister, Urtheile und Gutachten in peinlichen und anderen Straffällen, Frankfurt/Oder 1808; Carl Ernst Hedrich, Carl Ernst Platners Untersuchungen über einige Hauptcapitel der gerichtlichen Arznei-Wissenschaft durch beigefügte zahlreiche Gutachten der Leipziger medicinischen Facultät erläutert, Leipzig 1820; Ernst Bischoff: Merkwürdige Criminal-Rechts-Fälle für Richter, Gerichtsärzte, Verteidiger und Psychologen, 2 Bde., Hannover 1833; Paul Johann Anselm Feuerbach, Aktenmäßige Darstellung merkwürdiger Verbrechen, Frankfurt a. M. [3]1849; besondere Berühmtheit erlangte der Fall Woyzeck, Johann Christian August Clarus, Die Zurechnungsfähigkeit des Mörders Johann Christian Woyzeck nach Grundsätzen der Staatsarzneikunde aktenmäßig erwiesen, Leipzig 1824.

70 Vgl. Metzger, S. 36 ff.: »Ein gerichtlicher Arzt beantwortet nie eine Rechtsfrage. [...] Es ist von Seiten des gerichtlichen Arztes immer unrecht, wenn er sich in das Rechtliche eines Vorgangs einzumischen sucht«.

71 Maximilian Jacobi, zitiert nach Friedrich Groos, Der Geist der psychischen Arzneiwissenschaft in nosologischer und gerichtlicher Beziehung, in: Friedreichs Magazin 6 (1830), S. 1–48, 6.

72 Groos, Skepticismus, S. 153; Johann Christoph Hoffbauer, S. 7.

73 Adolph Henke, S. 256. Henke führte die auftretenden Probleme auf das fehlende Einverständnis zwischen der Rechtswissenschaft und der gerichtlichen Medizin über die bei der Beurteilung zweifelhafter psychischer Krankheitszustände zu berücksichtigenden Gesichtspunkte zurück, Abhandlungen, S. 253.

74 Meckel, S. 530 f.

75 Diese Fragestellung beschränkte sich auf die ausdrückliche Ermittlung eines offenbaren, nicht zu verkennenden Wahnsinns, einer Raserei oder Melancholie, Johann Christoph Hoffbauer, S. VI f.; Johann Christian August Grohmann, Ueber die in der Criminalgesetzgebung namhaft zu machenden psychologischen Momente, welche eine Milderung oder Aufhebung der Zurechnung bedingen, in: Neues Archiv des Criminalrechts 9 (1826), S. 201.

76 Die Forderung der Einführung der Frage nach dem »psychischen Zustand« des Angeklagten findet sich etwa bei Grohmann, Prinzip, S. 53; G. H. [= Johann August Heinrich] Nicolai, Handbuch der gerichtlichen Medicin nach dem gegenwärtigen Standpunkte dieser Wissenschaft, Berlin 1841, S. 403.

77 Friedreich, Handbuch, S. 76 f., 128 ff.; Adolph Schnitzer, Die Lehre von der Zurechnungsfähigkeit bei zweifelhaften Gemüthszuständen, Berlin 1840, S. 10 f.; Nicolai, Handbuch der gerichtlichen Medicin, S. 403.

78 Die Frage nach psychischer Freiheit wird befüwortet u. a. von: Masius, S. 464, 484; Heinroth, System, S. 149, 155 f.; Grohmann, Prinzip, S. 18, 53; Friedreich, Handbuch, S. 76 f., 128 ff., 134; Most, S. 909; Schnitzer, S. 4 f., 10. Auf andere Frageformen gehen beispielsweise ein: Jörg, S. III.; Grohmann, Prinzip, S. 18; Wildberg, Lehrbuch, S. 236; Nicolai, S. 400 f. und Mittermaier, Fragestellung, S. 3 f.

79 Adolph Henke, Zeitschrift für die Staatsarzneikunde 1 (1821), Vorbericht, S. 2: »In allen deutschen Staaten haben daher die Gesetzgebungen die Befragung der Ärzte vor Gericht in den geeigneten Fällen angeordnet, und den Einfluß des ärztlichen Gutachtens auf den Rechtsspruch genau bestimmt und gesichert.«.

80 Vgl. Ideler, S. 2: »Auf dem hierdurch vorgezeichneten Wege schritten neuere Schriftsteller fort, indem sie sich bestrebten, in der gerichtlichen Psychologie Sätze einzubürgern, durch deren praktische Anwendung die Strafrechtspflege in immer engeren Grenzen eingeschränkt und zuletzt fast zu einem Ausnahmefall gemacht werden müßte«; rückblickend auf die strafrechtliche Praxis der ersten Hälfte des 19. Jahrhunderts bemerkte beispielsweise Christian Reinhold Köstlin, System des deutschen Strafrechts, Tübingen 1855, S. 128: »man habe sich zuletzt kaum getraut, irgend Jemanden für strafbar zu erklären und, nachdem man sich gewöhnt habe, alle Verbrechen mit Nezessitierung der Tat zu entschuldigen, sei zur Verurteilung eigentlich niemand übrig geblieben, als die Tugendhaften, die keine Verbrechen begehen«.

81 Für eine Bindung des Richters an die von Medizinalkollegien bestätigten gerichtsärztlichen Gutachten plädiert beispielsweise Eduard Hitzig, in: Zeitschrift für die Criminalrechtspflege in den preußischen Staaten, 1825, 2. Heft, S. 367 ff.

82 So sollten beispielsweise nach Albert Friedrich Berner, Lehrbuch des deutschen Strafrechts, Leipzig [4]1868, S. 114 f. grundsätzlich Aussagen über technisch-medizinische Gegenstände bindende Kraft entfalten, nicht jedoch solche über Gegenstände des »gemeinen Menschenverstandes«, z. B. »Gegenstände der auf bloßer Menschenkenntnis ruhenden Erfahrungsseelenlehre« und Schlüsse auf die Zurechnungsfähigkeit; C.G.L. Meyer unterschied in seinem »Versuch einer Prüfung der Lehre vom Tatbestand und der Täterschaft des Verbrechens im allgemeinen und des Verbrechens der Tötung insbesondere nach den Grundsätzen des preußischen Rechts« (Berlin 1836, S. 28 f.) zwischen ärztlichen Aussagen, die die Physis betreffen und bindende Wirkung entfalteten und solchen, die der Arzt als reiner Psychologe ausspreche. An diese sei der Richter selbst dann nicht gebunden, wenn sie von der höchsten medizinischen Behörde ausgesprochen worden seien.

83 Zur Bindungswirkung gerichtsärztlicher Gutachten siehe Bernt, Handbuch, S. 35 f. Gegen eine richterliche Bindung Mittermaier, Fragestellung, S. 18 f.; Carl Georg Wächter, Über das Verhältnis des Gerichts und der Medicinalbehörde in Beziehung auf ärztliche Gutachten über zweifelhafte Gemütszustände, in: C.H. Richter (Hg.): Abhandlungen und Gutachten, Stuttgart 1838, S. 27 f.

84 Zur Entwicklung der Maxime der freien Beweiswürdigung Susanne Ecker, Die Verwendung und Feststellung subjektiver Verbrechensmerkma-

le. Der Versuch einer Problemanalyse auch unter historischem Aspekt, Göttingen 1981, S. 21 ff.

85 Reskript vom 18. Oktober 1822 betreffend die Befugnis der Gerichte, die Gutachten der Ärzte und Medizinalbehörden über den Gemütszustand eines Angeschuldigten zu prüfen, in: A. J. Mannkopff (Hg.): Preussische Criminalordnung in einer Zusammenstellung mit den ergänzenden, abändernden und erläuternden Verordnungen, unter Benutzung der Acten und mit Genehmigung eines hohen Justizministerii, Berlin 1839.

86 Karl Josef Anton Mittermaier, Die Lehre vom Beweise im deutschen Strafprozeß, Darmstadt 1834, § 30.

87 Mittermaier, Beweis, § 30.

88 Kataloge, die solche Umstände aufzeigen, die das ärztliche Gutachten als nicht überzeugend erscheinen lassen, finden sich beispielsweise bei Mittermaier, Fragestellung, S. 20 f.; Masius, S. 49; Joseph Bernt, Anleitung zur Abfassung gerichtlich-medicinischer Fundscheine und Gutachten, für angehende Aerzte, Wundärzte und Gerichtspersonen, Wien ^{2}1836, § 213.

89 Als oberste staatliche Medizinalbehörde fungierten in den größeren Staaten »Medicinalcollegien« mit juristischen Vorsitzenden, Baas, S. 349; in Preußen war die oberste staatliche Medizinalbehörde u. a. zusammengesetzt aus Hofräten, Leib- und Hofärzten, dem »Physicus«, den ältesten praktischen Ärzten, dem Leib- und Generalchirurgus und zwei praktischen Chirurgen, dem Hofapotheker und zwei anderen Apothekern.

90 Zu den einzelnen Seelenvermögen Christian Friedrich Callisen, Kurzer Abriß der Erfahrungsseelenlehre, als Grundlage bei Vorlesungen über diese Wissenschaft, Kiel 1802; Ludwig Aurbacher, Die Psychologie, München 1824.

91 Trotz des heftig geführten Diskurses blieb die Todesstrafe allerdings auch im 19. Jahrhundert erhalten, Sellert/Rüping, S. 37. Zum Diskurs über die Todesstrafe Lewandowski, S. 85 f.f, 164 ff.; Bettina Strub, Der Einfluß der Aufklärung auf die Todesstrafe, Zürich 1973, S. 33 ff., 40 ff.; Petra Overath (in diesem Band).

92 Die Einholung eines Gutachtens von der Medizinalbehörde stand dabei in einigen Ländern im Ermessen des Richters; in anderen war sie durch Gesetz bestimmt, Joseph Gensl, Medizinische Bemerkungen über das neue Strafgesetzbuch für das Königreich Baiern, Nürnberg 1817, S. 154 ff.; Masius, S. 100 f.; Bernt, Anleitung, § 216 f.

Alexandra Chmielewski

Auf dem Weg zum Experten

Die Herausbildung des psychiatrischen Berufsstandes in Süddeutschland (1800 bis 1860)

In der historischen Forschung nahm mit der allgemeinen Hinwendung zur Sozialgeschichte in den siebziger Jahren auch das Interesse an der Untersuchung von Expertenberufen zu. Erstmals geriet die bis dahin eher vernachlässigte Gruppe der deutschen Ärzte in das Blickfeld.[1] Dabei ging es vornehmlich um die Vertreter der »Körpermedizin«.[2] Die Psychiater – ebenfalls Mitglieder des medizinischen Standes – wurden dagegen zunächst kaum berücksichtigt. Ihnen wird in der Geschichtswissenschaft erst seit den letzten Jahren vermehrt Beachtung geschenkt. Die meisten Arbeiten, die in diesem Rahmen erschienen, beschäftigten sich mit dem späten 19. und dem frühen 20. Jahrhundert.[3] Über die in der Gründungsphase der Psychiatrie, das heißt im frühen 19. Jahrhundert tätigen psychiatrischen Ärzte ist demgegenüber wenig bekannt.[4] Der englische Sozialhistoriker Roy Porter sprach vor diesem Hintergrund von einer »much needed map of the psychiatric community«.[5] Das gilt zum einen für die Zusammensetzung des Berufsstands sowie für die Ziele und Karrierewege der frühen Psychiater. Zum anderen betrifft es die Rahmenbedingungen der psychiatrischen Tätigkeit. Zwar zeigen einige medizinhistorische Arbeiten für einzelne Anstaltspsychiater auf, daß von diesen wesentliche theoretische und praktische Impulse zur Reform des Irrenwesens und zur Herausbildung der psychiatrischen Wissenschaft ausgingen.[6] Die Möglichkeiten und Grenzen der frühen Anstaltsärzte innerhalb des Staatsapparates, der Anstaltspraxis und der frühen psychiatrischen Wissenschaft werden dabei jedoch nur wenig berücksichtigt.[7]

Hier setzen die folgenden Ausführungen an. Am Beispiel der Staaten Baden und Bayern sollen Charakteristika, Antriebskräfte und Verlauf der Herausbildung des psychiatrischen Berufsstandes dargestellt werden.[8] Personelle Grundlage der Untersuchung sind Irrenärzte, die von der badischen bzw. der bayerischen Regierung in irrenpolitischen Fragen hinzugezogen sowie mit irrenpolitischen Aufgaben betraut wurden. In der Mehrzahl handelt es sich dabei um Direktoren und Assistenzärzte der badischen Institutionen zu Pforzheim, Heidelberg und Illenau sowie der bayerischen Anstalten in Würzburg, München, Bayreuth, Erlangen, Irsee, Karthaus-Prüll (Regensburg) und Werneck.[9] Hinzu treten vom Staat konsultierte Inhaber psychiatrischer Lehrstühle und andere psychiatrisch ausgebildete Gutachter.[10] Den zeitlichen Rahmen der Analyse bilden die ersten sechs Jahrzehnte des 19. Jahrhunderts. Sie umfassen die Etablierungsphase der sogenannten Anstaltspsychiatrie.[11]

Im folgenden wird zunächst nach Ausbildung und Rekrutierung der Anstaltsirrenärzte gefragt (I). Anschließend sollen deren Dienstverhältnisse, Besoldung und Disziplinierung näher beleuchtet werden (II). In einem dritten Schritt geht es um die praktische und wissenschaftliche Tätigkeit der Anstaltspsychiater (III). Den Abschluß bildet die Zusammenfassung der Ergebnisse im Hinblick auf die Ausgangsfrage nach Charakteristika, Antriebskräften und Verlauf der Herausbildung des irrenärztlichen Berufsstandes (IV).

I. Ausbildung und Rekrutierung

Die Anfänge der Psychiatrie[12] und damit des Psychiaterberufs liegen in Deutschland an der Wende vom 18. zum 19. Jahrhundert.[13] Mit der Anerkennung des Irren als heilbar Krankem im Zuge der Aufklärung wurden die theoretischen Grundlagen für eine psychiatrische Wissenschaft gelegt. Aufklärerisch motivierte Mediziner und andere Angehörige des Bildungsbürgertums nahmen sich in einem Diskurs über die eigene seelische Gefährdung auch dem Phänomen Geisteskrankheit an. In diesem Zusammenhang erschienen ärztliche Schriften über psychische Krankheitsbilder, mögliche therapeutische Maßnahmen und die institutionelle Organisation der Irrenfürsorge. Die ärztliche Auseinandersetzung mit dem Phänomen Geisteskrankheit erfolgte jedoch vornehmlich auf theoretischer Ebene. Nur wenige Mediziner konnten auf konkrete Erfahrungen im Umgang mit psychisch Kranken zurückgreifen.[14] Generell fehlte es in Süddeutschland – wie in den anderen Reichsterritorien auch – an entsprechenden institutionellen Voraussetzungen. Für die Unterbringung und Pflege psychisch Kranker existierten in Baden und Bayern lediglich einige wenige spezielle Einrichtungen; Ärzte spielten hier – insofern sie überhaupt angestellt waren – nur eine untergeordnete Rolle.[15]

Wesentliche Veränderungen zeichneten sich in beiden süddeutschen Staaten während der Reformzeit ab. Im Rahmen der staatlichen Verwaltungsneuorganisation bemühten sich die badische und die bayerische Regierung, den Einstellungswandel institutionell umzusetzen. Baden und Bayern verfolgten den Plan, psychiatrische Spezialanstalten einzurichten, in denen Geisteskranke verpflegt und nunmehr auch geheilt werden sollten. In diesem Zusammenhang nahmen beide Staatsregierungen erstmals die Notwendigkeit der Schaffung von Möglichkeiten zur psychiatrischen Ausbildung wahr. Doch sowohl der Vorschlag des von der badischen Regierung konsultierten bekannten Phrenologen Franz-Joseph Gall, die einzurichtende badische Irrenanstalt mit der Freiburger Universität zu verbinden, als auch ähnliche Überlegungen der bayerischen Kreisregierung von Franken scheiterten an innerbürokratischen Zwistigkeiten und finanziellen Zwängen.[16]

Psychiatrische Ausbildungsmöglichkeiten auf breiterer Ebene entstanden in beiden Staaten erst nach 1820. Vor allem die erneuten Bemühungen der jeweiligen Innenministerien um einen weiteren Ausbau der Anstaltslandschaft sowie Initiativen einzelner Universitätslehrer – insbesondere Privatdozenten – veränderten die Situation. Der Schwerpunkt der universitären Ausbildung in der Psychiatrie lag während des Untersuchungszeitraums auf der Vermittlung theoretischen Wissens. Zur Jahrhundertmitte hin gewann die praktische Ausbildung jedoch mehr und mehr an Bedeutung.[17]

In Baden bestand an beiden Landesuniversitäten zu Heidelberg und Freiburg für Medizinstudenten die Möglichkeit, sich psychiatrisch auszubilden. Für Heidelberg können sogenannte seelenheilkundliche Vorlesungen bereits sehr früh, nämlich

1811 und regelmäßig dann zwischen 1814 und 1823 nachgewiesen werden.[18] Außerdem befand sich hier die erste psychiatrische Klinik Deutschlands.[19] Ihre Einrichtung erfolgte 1828 mit der Verlegung der Pforzheimer Irrenanstalt nach Heidelberg. Auf Betreiben des badischen Innenministeriums blieb sie jedoch ein »für sich bestehendes, nicht akademisches [...] Institut«,[20] die Ausbildung »psychischer Ärzte« sollte nur ein »Nebenzweck« sein.[21] Dementsprechend sowie angesichts der eingeschränkten Lehrtätigkeit des Anstaltsdirektors Dr. Friedrich Groos hatten die Heidelberger Medizinstudenten nur sporadisch Gelegenheit, an klinischen Demonstrationen teilzunehmen.[22] Der praktische Unterricht endete 1842 mit dem Umzug der Irrenanstalt in die neu eingerichtete Heil- und Pflegeanstalt nach Illenau (südlich von Baden-Baden gelegen, also fern von der Universität). Die Auswahl eines universitätsfernen Ortes als Standort der neuen Zentralanstalt war vor allem auf das Engagement eines einzelnen Mannes zurückzuführen – Christian Friedrich W. Roller. Dem Assistenzarzt des Heidelberger Irrenhauses und späteren Heidelberger wie Illenauer Direktor, der während der dreißiger Jahre des 19. Jahrhunderts zum einflußreichsten Gutachter des Innenministeriums in irrenfürsorgerischen Fragen aufstieg, gelang es, seine Auffassung von der Unzweckmäßigkeit einer Verbindung von Anstalt und Universität bei den Staatsbehörden langfristig durchzusetzen.[23] An der Heidelberger medizinischen Fakultät waren es in den folgenden vier Jahrzehnten lediglich ein außerordentlicher Professor und drei Privatdozenten, die überhaupt seelenheilkundliche Vorlesungen anboten. Erst mit der Einrichtung der Heidelberger psychiatrischen Klinik im Jahr 1878 – d. h. nach Rollers Tod – änderte sich die Situation. Von da an gehörten sowohl Vorlesungen als auch klinischer Unterricht zum Lehrangebot.[24]

An der Freiburger Landesuniversität hat es offensichtlich während des Untersuchungszeitraums überhaupt keine praktischen Anschauungen in der Psychiatrie gegeben. Drei Privatdozenten hielten hier in den dreißiger Jahren im Rahmen ihrer Lehrveranstaltungen über spezielle Pathologie und Therapie psychiatrische Vorlesungen. Bemühungen wie die des Privatdozenten Karl August Diez, das Fach Psychiatrie in Freiburg durch die Einrichtung einer außerordentlichen Professur für psychische Medizin zu etablieren, stießen weder beim badischen Innenministerium noch bei der medizinischen Fakultät auf Resonanz. Es dauerte weitere achtundvierzig Jahre (1878), bis die Fakultät die erste ausschließliche Venia legendi im Fach Psychiatrie erteilte. Außerdem war Freiburg neben Gießen und Königsberg eine der letzten medizinischen Fakultäten des Kaiserreichs, die keine psychiatrische Unterrichtsstätte besaß – erst 1887 entstand hier eine psychiatrische Klinik.[25]

In Bayern sah die Situation anders aus; an den bayerischen Landesuniversitäten bestand sowohl auf theoretischer als auch auf praktischer Ebene ein breites psychiatrisches Ausbildungsangebot. An der Erlanger medizinischen Fakultät hielt der ordentliche Medizinprofessor Johann Leupoldt von 1818 bis zur Einrichtung der Erlanger Kreisirrenanstalt 1847 regelmäßig seelenheilkundliche Vorlesungen. Ab 1849 konnten sich die Erlanger Studenten dann auch praktisch ausbilden. Mit der Verleihung einer Ehrenprofessur an den Direktor der Erlanger Kreisirrenanstalt, August Solbrig, ging die Erlaubnis des bayerischen Innenministeriums einher, psychiatrische Lehrveranstaltungen an der Kreisirrenanstalt anzubieten.[26] Damit reagierte das Ministerium auf das engagierte Eintreten des Anstaltspsychiaters Solbrig für das Konzept einer psychiatrischen Klinik. Zugangsvoraussetzung für die Teilnahme an der Lehrveranstaltung war, daß die Medizinstudenten ihre theoretische Ausbildung abgeschlossen hatten.[27]

Abgesehen von dem gescheiterten Versuch in Baden war Bayern der erste deutsche Staat, der psychiatrische Kliniken an seinen Universitäten einrichtete.[28] Dies geschah mit größerem Erfolg als in Baden, denn in Würzburg bestand schon seit 1833 eine derartige Verbindung zwischen Anstalt und medizinischer Fakultät. Bis 1862 griff hier der ordentliche Professor Karl Marcus zur praktischen Demonstration auf Insassen der Irrenabteilung des Juliusspitals zurück. Theoretische Ausbildungsmöglichkeiten wurden in Würzburg im Gegensatz zu den anderen badischen und bayerischen Universitäten erst im Nachhinein geschaffen; ab 1848 hielt Marcus auch psychiatrische Vorlesungen.[29] An der Münchener medizinischen Fakultät lassen sich regelmäßige psychiatrische Vorlesungen zwischen 1827 und 1838 sowie nach 1844 nachweisen.[30] Wie in Freiburg ging auch hier ihr Zustandekommen in erster Linie auf wiederholte Initiativen von Privatdozenten zurück. Vor allem der psychiatrisch interessierte Dozent Oskar Mahir setzte sich beim bayerischen Innenministerium immer wieder für die Aufnahme psychiatrischer Vorlesungen in das Lehrangebot ein.[31] Praktischer Unterricht wurde hingegen erst nach Einrichtung der Münchener Kreisirrenanstalt und der Schaffung eines Lehrstuhls für Psychiatrie zu Beginn der achtzehnhundertsechziger Jahre zu einem Bestandteil des Lehrangebots.[32]

Die psychiatrischen Lehrveranstaltungen fanden bei den Medizinstudenten unterschiedlichen Anklang. Auf geringes Interesse stießen in beiden Staaten die seelenheilkundlichen Vorlesungen. Beispielsweise wurden die Veranstaltungen des Heidelberger Irrenanstaltsdirektors Friedrich Groos »nicht regelmäßig frequentiert« und bereits nach kurzer Zeit eingestellt.[33] In München blieben die psychiatrischen Vorlesungen des Privatdozenten Oskar Mahir wegen fehlender Hörer sogar über mehrere Jahre hinweg nie mehr als eine Ankündigung im Vorlesungsverzeichnis.[34] Wesentlich stärkeren Anklang als die seelenheilkundlichen Vorlesungen hatten die Klinikveranstaltungen. In Würzburg und Erlangen besuchte während der achtzehnhundertfünfziger Jahre jährlich etwa ein Drittel der gesamten klinischen Zuhörer die Lehrkurse.[35]

Die größere Akzeptanz der praktischen Lehrveranstaltungen ist im wesentlichen auf zwei Gründe zurückzuführen. Erstens boten die praktischen Demonstrationen für die Medizinstudenten den Vorteil der Anschaulichkeit; hier konnten nicht nur angehende Psychiater, sondern auch Allgemeinmediziner praxisrelevantes Wissen erwerben. Anders verhielt es sich bei den Vorlesungen. Dort sah sich der Medizinstudent einer Vielzahl – anfänglich stark philosophisch geprägter – divergierender Auffassungen über Ursachen und Erscheinungsformen von Geisteskrankheiten gegenüber, vermittelt von Privatdozenten, denen es in der Regel gänzlich an praktischen Erfahrungen fehlte.[36] Die relativ breite Akzeptanz der psychiatrischen Klinik an den bayerischen Universitäten ist zweitens auf den im Vergleich zu Baden unterschiedlichen Status der Psychiatrie im Medizinstudium zurückzuführen.[37] In der bayerischen Prüfungsordnung für das Medizinstudium von 1858 wurde Psychiatrie als Pflichtfach bei der mündlichen Staatsprüfung eingeführt,[38] drei Jahre später generell zum Prüfungsgegenstand erhoben. Damit unterschied sich Bayern nicht nur von Baden, sondern von allen übrigen deutschen Staaten. Dieser Unterschied bestand jedoch nur für begrenzte Zeit; mit Bayerns Beitritt zum Norddeutschen Bund wurde diese Bestimmung aufgehoben.[39] Die Initiativen zur Aufnahme der Psychiatrie als Prüfungsfach kamen im wesentlichen aus zwei Richtungen. Zum einen spielte die sogenannte Medizinalreformbewegung der 1848er Revolution eine Rolle.[40] In ihren Bemühungen um eine umfassende Reorganisation des jeweiligen Medizinalwesens forderten bayerische Ärzte unter anderem, daß in dem theoretischen Fachstudium der Mediziner ebenfalls ein psychiatrischer Kurs absolviert werden müsse.[41] Zum anderen war es – wie in der Frage der psychiatrischen Klinik – der Erlanger Direktor August Solbrig, der beim bayerischen Innenministerium erfolgreich für die Einführung von Psychiatrie als Prüfungsfach eintrat.

Wesentlich breitere Resonanz als das psychiatrische Lehrangebot der jeweiligen Landesuniversitäten fand bei psychiatrisch interessierten Ärzten die praktische Ausbildung innerhalb der Irrenanstalten.[42] Angesichts der insgesamt eingeschränkten psychiatrischen Ausbildungsmöglichkeiten an den badischen und bayerischen Universitäten avancierten längere Aufenthalte an bekannten in- und ausländischen Irrenanstalten in Süddeutschland wie in anderen deutschen Staaten zu einer »klassischen« Ausbildungsalternative.[43] Bevorzugte Reiseziele der bayerischen wie badischen Ärzte waren renommierte in- und ausländischen Anstalten in Sachsen (Sonnenstein), der Rheinprovinz (Siegburg), Württemberg (Winnenthal) und später Baden selbst (Illenau), sowie Paris, London und Prag.

Die Staatsbehörden förderten diesen Ausbildungsweg besonders.[44] Hierin sahen die Innenministerien beider Staaten eine geeignete Möglichkeit, qualifiziertes Personal für die neuen Irrenanstalten zu gewinnen. Entsprechend intensivierten sich sowohl Bewerbungen um als auch Bewilligungen von Reisestipendien im Zuge des Ausbaus der jeweiligen Anstaltslandschaft, d. h. in Baden vor allem ab den zwanziger Jahren, in Bayern insbesondere nach 1835. Für Baden läßt sich bis zur Jahrhundertmitte in insgesamt sechs Fällen die Vergabe von Reisestipendien zur Ausbildung in der Psychiatrie nachweisen.[45] In Bayern bewarben sich zwischen 1819 und 1850 insgesamt 40 Ärzte um ein irrenheilkundliches Reisestipendium, 19 davon erfolgreich.[46] Die auf den ersten Blick auffallenden zahlenmäßigen Unterschiede sind weniger Ausdruck eines größeren Interesses bayerischer Studenten an einer psychiatrischen Ausbildung als vielmehr Kennzeichen der unterschiedlichen Größe beider Staaten sowie der unterschiedlichen Anzahl an projektierten Anstalten.[47] Während in Baden bis in die sechziger Jahre hinein nie mehr als zwei Zentralanstalten bestanden, forderte der bayerische König 1835 die Einrichtung von sieben Kreisirrenanstalten.[48] Entsprechend potenzierten sich für Bewerber in Bayern die Chancen, eine Anstellung zu finden. Allerdings verhinderten die sich an die königliche Ankündigung anschließenden mehrjährigen Auseinandersetzungen zwischen Innenministerium, Kreisregierungen und Landräten über Zahl und Finanzierung dieser Anstalten bis Ende der vierziger Jahre die Ausführung der Pläne. Diese Verzögerung erklärt die wiederholten Bewerbungen einzelner psychiatrisch interessierter Ärzte.

Ungeachtet der relativ häufigen Bewerbungen um psychiatrische Reisestipendien blieb während des Untersuchungszeitraums insgesamt gesehen in beiden Staaten bei der Masse der Mediziner das Interesse an der psychiatrischen Wissenschaft äußerst begrenzt. Ein Grund lag darin, daß Psychiatrie in beiden Staaten zunächst kein prüfungsrelevantes Fach war. Darüber hinaus spielte eine Rolle, daß der Psychiaterberuf einige Unsicherheiten mit sich brachte und bei der Bevölkerung nur geringes Ansehen genoß. Unter anderem berichtete der psychiatrische Assistent am Würzburger Juliusspital, Ernst Schmidt, von der eingeschränkten Bereitschaft seiner Kollegen, »in einem Fach zu arbeiten, das, wie die Psychiatrie, wenigstens bei uns so gut wie fast keine Aussicht auf Erfolg einer zu begründenden Lebensstellung u.s.f. gewährt«.[49] Ähnlich lauteten Berichte aus Baden. Dort sah sich die Sanitätskommission bei Versuchen, einen Assistenten für die neue Illenauer Anstalt zu rekrutieren und auf Staatskosten ausbilden zu lassen, dem Problem gegenüber, keinen Kandidaten finden zu können.[50] Angesichts dieser Situation bemühten sich Anstaltsärzte beider Staaten wiederholt darum, Anreize für das Studium der Psychiatrie zu schaffen. Zum Teil geschah dies mit Erfolg: Der badische Anstaltsdirektor Christian Roller setzte 1851 beim Innenministerium durch, daß bei der Besetzung von Physikatsstellen jene Ärzte bevorzugt wurden, die sich durch einen dreimonatigen Aufenthalt in einer Irrenanstalt mit Geisteskrankheiten vertraut gemacht hatten.[51]

Diejenigen Mediziner jedoch, die eine Ausbildung als Psychiater anstrebten, zeigten eine besondere Bereitschaft zu überdurchschnittlichem Engagement. In der Regel handelte es sich bei ihnen um Ärzte, die äußerst erfolgreich ihr Studium abgeschlossen hatten und in diesem neuen Bereich der medizinischen Wissenschaft eine besondere Herausforderung, aber auch eine Chance sahen. Nur so läßt sich ihr überdurchschnittliches Engagement – unter anderem deutlich an der Bereitschaft, sich auf eigene Kosten weiterbilden zu lassen, sich für die Veröffentlichung oder Verbreitung psychiatrischer Literatur und einschlägiger Reiseberichte einzusetzen oder aber zuweilen auf Urlaub zu verzichten – erklären.[52]

Ein Blick auf die Einstellungspolitik der Landesregierungen ergibt, daß bei der Stellenvergabe praktische Erfahrungen und wissenschaftliche Tätigkeiten die entscheidenden Kriterien darstellten – weniger die universitäre Ausbildung. In den frühen badischen und bayerischen Irrenanstalten und -abteilungen zu Pforzheim, Würzburg, München und Bayreuth erfolgte die Rekrutierung des ärztlichen Personals zunächst, indem bei der Besetzung der Irrenhausphysikate auf Allgemeinmediziner zurückgegriffen wurde. Darin spiegelt sich jedoch lediglich der Tatbestand, daß psychiatrisch gebildete Ärzte zu diesem Zeitpunkt nicht zur Verfügung standen.[53] Hingegen rekrutierten ab den späten zwanziger beziehungsweise ab den dreißiger Jahren beide Staaten verstärkt nach professionellen Gesichtspunkten. Sämtliche in der Untersuchung berücksichtigten Anstaltsleiter und Assistenzärzte waren vor ihrer Anstellung durch ein Reisestipendium gefördert worden.[54] Das Gleiche gilt für Dozenten und psychiatrische Gutachter des bayerischen Innenministeriums.[55] Bei der Einstellung als Anstaltsarzt spielten des weiteren die praktischen Erfahrungen der Bewerber mit Geisteskranken sowie – nach 1840 in zunehmendem Maße – deren publizistische Tätigkeit in dem Bereich der Psychiatrie eine entscheidende Rolle. Weniger Augenmerk wurde auf die theoretische Ausbildung der Bewerber gerichtet. Bei der Anstellung weiterer Anstaltsärzte war zudem das Urteil der bereits tätigen Anstaltsdirektoren wichtig. Dabei gelang es vor allem dem bayerischen Anstaltsdirektor August Solbrig und seinem badischen Kollegen Christian Roller, bei der Besetzung von Assistenzarztstellen an badischen und bayerischen Anstalten ihren Einfluß beim jeweiligen Innenministerium geltend zu machen.[56]

Weitaus geringere Relevanz hatten herkömmliche Kriterien. Regionale Herkunft war zwar bei der Vergabe der Anstaltsdirektorstelle in den frühen Anstalten zu Pforzheim, Bayreuth,

München und Erlangen von Bedeutung. Allerdings wurde dieser Gesichtspunkt wegen der allgemein dünnen Personaldecke nicht durchgängig berücksichtigt; vor allem im Fall der Assistenzärzte rekrutierten beide Staaten großflächig innerhalb der Landesgrenzen. Auch die konfessionelle Herkunft der Anstaltsärzte bildete bei der Stellenvergabe kein entscheidendes Kriterium. Das zeigte sich beispielsweise bei den Diskussionen um die Besetzung der Münchener Anstaltsdirektion im Jahr 1858. Der bayerische Innenminister August Lothar Graf von Reigersberg drängte auf die Einstellung eines katholischen Arztes, um so den konfessionellen Verhältnissen des Kreises Rechnung zu tragen.[57] Nicht konfessionelle, sondern professionelle Gründe gaben jedoch letztlich bei der Stellenbesetzung den Ausschlag; die Entscheidung fiel zugunsten des berufserfahreneren protestantischen Kandidaten August Solbrig.[58]

II. Dienstverhältnisse, Besoldung und Disziplinierung

Der staatliche Zugriff auf das badische wie bayerische Irrenwesen während der Reformzeit sowie vor allem der weitere Ausbau der Anstaltslandschaft nach 1830 schufen – wie bereits angedeutet – die institutionellen Grundlagen für die Herausbildung des Psychiaterberufs. In den traditionellen Aufbewahrungsorten für Geisteskranke – u. a. Strafanstalten, Hospitäler und Tollhäuser – hatten Ärzte, sofern sie überhaupt zur Betreuung der psychisch kranken Insassen hinzugezogen wurden, eine untergeordnete Rolle gespielt. Dies änderte sich mit der Entstehung staatlicher Heil- und Pflegeanstalten. Nunmehr wurden Mediziner eigens eingestellt, um Geisteskranke zu betreuen und zu behandeln. Damit änderte sich ihr Status grundlegend: Die Ärzte wurden zu Staatsdienern. Diese Neugestaltung des Status wirkte sich auf ihre Dienstverhältnisse, Besoldung und Disziplinierung aus.

Innerhalb der Irrenanstalten zählten die Ärzte nunmehr zum Vorstand der Anstalt. Dieser war zunächst kollegial verfaßt. Im Pforzheimer Vorstand standen sich beispielsweise ab der ersten Irrenanstaltsreform im Jahre 1804 Verwalter, Geistlicher und Arzt gegenüber. Zwischen den einzelnen Beamten bestand weder eine hierarchisch noch eine sachliche Trennung der Aufgabenbereiche. Das führte in der Praxis zu erheblichen Kompetenzkonflikten. Die fehlenden Kompetenzzuweisungen hatten unter anderem zur Folge, daß Verwalter und Anstaltsgeistliche immer wieder in das bis dahin untergeordnete und nunmehr gleichberechtigte ärztliche Sachgebiet eingriffen und aus Sicht des Arztes dessen Therapiebemühungen unterliefen.[59] Außerdem konnte das System nicht verhindern, daß sich dennoch Machtverhältnisse ausbildeten: Wiederholt beklagten sich die Anstaltsärzte darüber, bei administrativen und personellen Entscheidungen ausgeklammert zu werden. Der Heidelberger Arzt Christian Roller brachte diese Schwierigkeiten mit Blick auf das Verhältnis zwischen Arzt und Verwalter in der dortigen Irrenanstalt folgendermaßen auf den Punkt: »Ein kollegialisches Verhältniß paßt hier überhaupt nicht, zumal nicht, wenn man von entgegengesezten Grundsätzen ausgeht. [...] Er [der Verwalter] muß seine Zustimmung geben, wenn der Arzt Wärter im Krankendienst verwenden will. Der Verwalter theilt Wartern u. Kranken Gnaden aus [...] Der Verwalter öffnet Alles, was eingeht, unterzeichnet Alles, was abgeht, sezt unter wissenschaftliche Gutachten, die ich verfasste, sein vidit. Dagegen darf ich bei der Entwerfung des Budgets, indem sich der Zweck der Anstalt unmittelbar angehende Erfahrungen geltend machen sollen, kein Wort sagen!«[60]

Vor dem Hintergrund derartiger Auseinandersetzungen drängten badische wie bayerische Psychiater bei den Planungen für die Einrichtung weiterer Anstalten in den dreißiger und vierziger Jahren wiederholt und vehement darauf, das kollegialische System aufzuheben und die ärztliche Stellung zu verbessern. Nur in einer nach irrenheilkundlichen Erkenntnissen ausgerichteten und geleiteten Anstalt, so lautete die irrenärztliche Argumentation, lasse sich die Zielsetzung der Anstalt, nämlich die Heilung der Insassen, realisieren. In beiden Staaten waren sie mit dieser Strategie erfolgreich. Für die Anstalten in Illenau, Erlangen, Irsee, Karthaus-Prüll und Werneck wurden klare hierarchische Verhältnisse geschaffen; man organisierte sie nach dem auch in anderen Staaten sich durchsetzenden Direktorialprinzip. Die gesamte Anstaltsleitung ging dabei auf den Arzt über. Diese Entscheidung führte zu erheblichen Kompetenzerweiterungen der Anstaltspsychiater. In ihrer Funktion als Anstaltsvorstand oblag ihnen nicht nur wie bisher die Krankenbehandlung, auch die Ausübung der Anstaltspolizei und der

Haushalt fielen nunmehr in ihren Aufgabenbereich.[61] In der Anstaltspraxis setzten sich jedoch, ungeachtet der eindeutigen Entscheidung der Staatsbehörden zugunsten der ärztlichen Forderungen, die Konflikte unterschwellig fort. Einige Verwalter versuchten in Teilbereichen, die verlorenen Kompetenzen wieder zurückzugewinnen. Allerdings blieben ihre Bemühungen weitgehend erfolglos – langfristig gesehen setzte sich das Direktorialprinzip auch im Anstaltsalltag durch.[62]

Nicht nur hinsichtlich der Dienstverhältnisse, auch in der Besoldungsfrage zeichnete sich mit dem Staatsdienerstatus der Anstaltspsychiater eine deutliche Veränderung ab. Fortan sollte den eigens eingestellten Ärzten eine regelmäßige und ausreichende Besoldung zur Verfügung stehen. Bei der Umsetzung dieses Anspruchs ergaben sich jedoch Probleme. Zunächst gewährte der Staat den Anstaltsärzten nur eine äußerst geringe Vergütung. Beispielsweise deckten die Einkünfte des ersten badischen Irrenanstaltsarztes Johann Roller aus seiner Anstaltstätigkeit lediglich ungefähr ein Viertel seines Lebensunterhaltes. Damit erhielt er weniger als ein ihm rangmäßig gleichgestellter badischer Amtsarzt. Ähnlich sah die Situation in Bayern aus.[63] In den älteren bayerischen Anstalten wie beispielsweise in Schwabach bezog der zuständige Strafanstaltsarzt für die Betreuung von ca. 30 Geisteskranken überhaupt keine Vergütung.[64] Vielmehr war seine Tätigkeit mit der Besoldung für die Versorgung der Strafanstaltsinsassen abgedeckt. Die Geringfügigkeit der ärztlichen Besoldung wird vor allem im Vergleich zum anderen Anstaltspersonal deutlich. Noch 1827 entsprach das Gehalt des Pforzheimer Assistenzarztes Christian Roller der Besoldung des Torwärters und der Waschfrau – eine Tatsache, die seinem Ansehen als leitendem Anstaltsbeamten nicht gerade zuträglich war.[65]

Angesichts der finanziellen Situation war bis in die zwanziger Jahre eine zusätzliche, zumeist nebenamtliche Tätigkeit für die Anstaltsärzte unumgänglich. Die meisten von ihnen betrieben eine Privatpraxis; andere wie der Bayreuther Anstaltsarzt Christoph Hirsch betätigten sich noch als Physiki oder Stadtgerichtsärzte.[66] Hirsch versuchte seine finanziellen Probleme außerdem durch Unterhaltung einer Privatirrenanstalt zu lösen. Während die zuständige Kreisregierung dies als eine Dienstnachlässigkeit kritisierte, handelte es sich aus Sicht der Anstaltsärzte um eine kluge Maßnahme. Denn viele von ihnen machten die Erfahrung, daß sie mit der Übernahme einer Irrenanstaltsarztstelle einen Großteil ihrer bisherigen – körperlich kranken – Patienten verloren, die nicht von einem Arzt behandelt werden wollten, der gleichzeitig Geisteskranke betreute.[67]

Demzufolge war die Verbesserung der Besoldungsverhältnisse während des Untersuchungszeitraums eine der zentralen Forderungen der Anstaltsärzte beider Staaten. Nicht zuletzt die zum Teil über einen Zeitraum von zehn Jahren beim jeweiligen Innenministerium wiederholt gestellten Anträge um eine Erhöhung der Vergütung spiegeln dies wider. Ein schrittweiser Wandel zeichnete sich in dem Maße ab, wie sich die badische und bayerische Staatsregierung von der Einrichtung von Heilanstalten eine »Lösung« des Irrenproblems versprachen. Das heißt, mit dem Ausbau der Anstaltslandschaft kam der Staat zunehmend den anstaltsärztlichen Forderungen entgegen. Tatsächlich wurde die Besoldungssituation etappenweise verbessert. Im Zusammenhang mit der Einrichtung der Irseer Anstalt erklärte beispielsweise die schwäbisch-neuburgische Kreisregierung: »Bey der Ausmessung der Gehalte der Beamten [...] war uns leitende Ansicht, daß die Beamten nicht blos in ihrer Subsistenz gesichert, sondern auch für eine volle Hingebung in ihrem Beruf belohnt werden sollen«.[68]

Außerdem veränderte sich die Bereitschaft der staatliche Gremien zu Besoldungserhöhungen mit dem verstärkten Interesse anderer Staaten an süddeutschen Anstaltsärzten und entsprechenden Bemühungen, diese als Universitätslehrer oder Anstaltsdirektoren zu gewinnen. In einer solchen Situation konnten sowohl der Illenauer Arzt Christian Roller als auch sein bayerischer Kollege August Solbrig eine Verbesserung ihrer Einkommensverhältnisse durchsetzen.[69] Jedoch darf bei allen finanziellen Verbesserungen für die ärztlichen Anstaltsleiter nicht übersehen werden, daß die Verdienstmöglichkeiten der Assistenz- und Hilfsärzte in Baden wie in Bayern äußerst eingeschränkt blieben. Bei seinem Dienstantritt in Heidelberg 1826 verdiente Christian Roller beispielsweise weniger als ein Zwölftel dessen, was sein Vorgesetzter Friedrich Groos bezog. Dies trug nicht unwesentlich dazu bei, daß – wie bereits erwähnt – während des Untersuchungszeitraums die Attraktivität des Psychiaterberufs für die Medizinstudenten gering blieb.[70]

Der Staatsdienerstatus der Anstaltspsychiater brachte schließlich mit sich, daß verschiedene Disziplinierungsmöglichkeiten geschaffen wurden. Mit der Einrichtung der ersten staatlichen Irrenanstalten entwickelten die Innenministerien beider Staaten verschiedene Kontrollmechanismen. Dazu zählten erstens die regelmäßigen Rechenschaftsberichte. In diesen Berichten mußten die Anstaltsärzte jeweils für den Zeitraum des vergangenen Jahres Aufschluß über Diagnosen, Behandlungen und Erfolge abgeben. Die oftmals verspätet eintreffenden oder aus Sicht der Behörden unzureichend abgefaßten Berichte führten immer wieder zu Ermahnungen der Ärzte. Erst mit der Einrichtung der Reformanstalten nach 1840 traten die Auseinandersetzungen zwischen Behörden und Ärzten um pünktliche und umfassende Berichte in den Hintergrund. Dazu trugen der stärker geregelte Ablauf des Anstaltsalltags und die größere Personaldichte in den neuen Anstalten bei. Ab diesem Zeitpunkt setzten sich die Anstaltspsychiater selbst im Einvernehmen mit den Staatsbehörden für eine regelmäßige Veröffentlichung der ärztlichen Rechenschaftsberichte ein.

Zweitens war der ärztliche Tätigkeitsbereich sehr ausführlich durch differenzierte Dienstinstruktionen, Haus- und Tagesordnungen sowie durch Anstaltssatzungen geregelt. Von der Reformzeit an, spätestens ab 1830, wurden diese in Baden wie in Bayern unter Einbezug der zukünftigen Anstaltspsychiater entwickelt.[71] Weder über die Entwicklung der Anstaltsnormen noch über deren Erfüllung kam es zwischen den Anstaltsärzten und den jeweiligen Regierungsbehörden zu gravierenden Auseinandersetzungen.

Drittens strebten die Regierungen beider Staaten eine weitere Kontrolle des Arztes durch regelmäßige Visitation der Anstalt an. Während diese Maßnahme bei den Ärzten selbst keinen bedeutenden Widerstand hervorrief, sah sich vor allem das bayerische Innenministerium immer wieder innerbehördlichen Auseinandersetzungen gegenüber. Denn einige mit der Visitation von Irrenanstalten betraute bayerische Kreisregierungen kamen ihren Aufgaben nur unregelmäßig nach.[72]

Insgesamt gesehen führte die Ausweitung der staatlichen Aufsicht mit Ausnahme der Auseinandersetzungen über die regelmäßige Abfassung der irrenärztlichen Rechenschaftsberichte zu keinerlei gravierenden Konflikten. Weder für die badischen noch für die bayerischen Ärzte ist im Untersuchungszeitraum ein schwerwiegender Amtsmißbrauch in ärztlicher oder administrativer Hinsicht nachgewiesen worden; es wurden auch keine Disziplinarverfahren durchgeführt.[73] Die Art und Weise der Aufsichtsführung sowie die Tatsache, daß die Behörden nach 1820 das ärztliche Urteil in Behandlungsfragen nur noch selten in Frage stellten, lassen die weitergehende Vermutung zu, daß die staatlichen Kontrollmaßnahmen gegen Ende des Untersuchungszeitraums zu einer Formalität geworden waren. Außerdem mußte sich im Gegensatz zur Zeit vor 1820 kein badischer oder bayerischer Anstaltspsychiater noch für die Anwendung von Heilverfahren rechtfertigen – ein möglicher Hinweis darauf, daß die Psychiater bei den Regierungen zunehmend als Experten Anerkennung gefunden hatten.[74]

III. Praktische und wissenschaftliche Tätigkeit

Die Tätigkeit der Ärzte als Anstaltspsychiater war in beiden Staaten umfassend und zeitaufwendig. Darüber geben unter anderem die zahlreichen ärztlichen Beschwerden Auskunft. Während des Untersuchungszeitraums sprachen die leitenden Ärzte gegenüber den Aufsichtsbehörden immer wieder von einer »Überhäufung mit Geschäften«, die sie in ihrer Krankenbehandlung einschränke und nur wenig Raum und Zeit zu wissenschaftlichen Forschungen und Arbeiten lasse.[75]

Tatsächlich sahen sich die Psychiater anstaltsintern einem weitgespannten Aufgabenfeld gegenüber. Dabei unterschieden sich die Verhältnisse in den badischen und bayerischen Anstalten kaum voneinander. Seit 1820 wurde in allen Anstalten die ständige Anwesenheit des leitenden Psychiaters gefordert. Blieb er länger als einen Tag abwesend, mußte er die Aufsichtsbehörden darüber informieren. Zweimal täglich führten die Anstaltsärzte eine Visite durch; dabei hatten sie laut Instruktion sämtliche Kranken zu besuchen. Im Hinblick auf den einzelnen Kranken oblag ihnen die »Begründung, Entwerfung und Durchführung des Heilverfahrens«.[76] Diese Anweisung besagte, daß der Anstaltsarzt eigenständig über Aufnahme, Beurlaubung und Entlassung, Klassifikation des jeweiligen Kranken sowie über die Art der Unterbringung und Verpflegung entschied. Zum Teil in Absprache mit den jeweiligen Assistenzärzten trafen die Psychiater täglich Entscheidungen über die anzuwendenden Heilverfahren und die Arzneivergabe. Ferner legten sie auf der Grundlage des Krankheitsbildes die Arbeits- und Freizeitbeschäftigung der Patienten fest. Um die Durchführung der jeweiligen Maßnahmen zu gewährleisten, mußten sie die Krankenwärter regelmäßig instruieren.

Eine Vorstellung über die Dimension der anstaltsärztlichen Aufgaben geben die im Untersuchungszeitraum beständig anwachsenden Insassenzahlen. In den ersten Irrenanstalten im bayerischen Giesing und im badischen Pforzheim sah sich 1804 der jeweilige Anstaltsarzt 35 beziehungsweise 70 Geisteskranken gegenüber.[77] Um 1850 betreuten die leitenden Psychiater der bayerischen Anstalten Erlangen und Irsee zusammen mit ihren Assistenten durchschnittlich bereits jeweils 200 Insassen; die Hälfte davon galt als heilbar. Ihr badischer Kollege Christian Roller und zwei Assistenzärzte kümmerten sich in Illenau zur gleichen Zeit um nahezu 400 Patienten, darunter 220 als heilbar klassifizierte.[78]

Bei der Durchführung der Heilverfahren ergaben sich in den Anstalten beider Staaten wiederholt Schwierigkeiten. So bestanden hinsichtlich der Diagnose und Behandlung der Kranken – vor allem bei den frühen Irrenärzten nicht zuletzt aufgrund mangelnder praktischer Erfahrungen und aufgrund theoretischer Auseinandersetzungen innerhalb der psychiatrischen Wissenschaft – vielfältige Unsicherheiten.[79] Zwar brachten der tägliche Umgang mit den Kranken und Erkenntnisfortschritte innerhalb der psychiatrischen Wissenschaft mit sich, daß die sogenannte Heilquote zur Jahrhundertmitte stark anstieg, jedoch konnten weder die badischen noch die bayerischen Anstaltsärzte ihrem Anspruch, die Mehrzahl der Insassen als geheilt entlassen zu können, nachkommen. Dem wirkte vor allem das Problem der eingeschränkten räumlichen und finanziellen Ausstattung bayerischer wie badischer Anstalten entgegen.[80] Sie hatte unter anderem zur Folge, daß sich die Ärzte in der Anstaltspraxis immer wieder gezwungen sahen, entgegen ihrer therapeutischen Zielsetzung zu handeln.[81] Verstärkend trat ferner hinzu, daß in den Anstalten beider Staaten die Zahl der chronisch Kranken groß war. [82] Denn die vornehmliche Wahrnehmung der Irrenanstalten als Abschiebeort sowohl bei der Bevölkerung als auch bei den für die Anstaltseinweisung zuständigen Orts- und Kreisbehörden führte dazu, daß gerade jene Personen, bei denen nach Auffassung der Anstaltsärzte wenig Hoffnung auf Heilung bestand, eingeliefert wurden. Erst gegen Ende des Untersuchungszeitraums verbesserte sich allmählich die Situation – aus Sicht der Anstaltsärzte nicht zuletzt ein Resultat ihrer zahlreichen Publikationen über Zielsetzung und Alltag der Anstalten.[83]

Neben der Durchführung des Heilverfahrens zählten die Sektion verstorbener Insassen sowie die unentgeltliche Behandlung des Anstaltspersonals zu den ärztlichen Pflichten. Außerdem sollte der ärztliche Direktor die Anstalt nach außen vertreten, d. h. ihm oblag die Korrespondenz mit Krankenangehörigen ebenso wie die Betreuung und Führung der Besucher in den Anstalten – eine Verpflichtung, die angesichts der beliebten Anstaltsbesuche zeitintensiv war. Schließlich erfüllten die Anstaltsärzte bestimmte administrative Aufgaben. In Absprache mit den Oberbehörden waren sie für die Auswahl, Einstellung und Entlassung des Pflegepersonals sowie für dessen Disziplinierung zuständig. Außerdem mußten sie gemeinsam mit dem Verwalter über den Haushalt der Anstalt entscheiden, sämtliche Verwaltungsschreiben gegenzeichnen und regelmäßig den Etat überprüfen.

Ihre Pflicht zur fortlaufenden Berichterstattung empfanden die Psychiater als eine besondere Belastung. So hatten sie über jeden Patienten eine Krankenakte zu führen, in der sie Krankheitsverlauf sowie sämtliche therapeutische Maßnahmen und Medikamentenverabreichungen vermerken mußten. Des weiteren oblag ihnen die Korrespondenz mit Ortsbehörden und Angehörigen bei Aufnahme, Beurlaubung und Entlassung von Kranken.[84] Diese war bis in die zweite Jahrhunderthälfte sehr umfangreich, da die ärztlichen und amtlichen Einweisungsberichte oftmals nur unvollständig und inkorrekt vorlagen. Zusätzlichen Schriftverkehr brachte ferner die Weigerung vieler Gemeinden, Kranke wiederaufzunehmen. Schließlich sahen sich die Direktoren der Pflicht gegenüber, den Aufsichtsbehörden vierteljährlich eine tabellarische Auflistung des Krankenstandes sowie jährliche Rechenschaftsberichte zukommen zu lassen. Bis in die zwanziger Jahre führte die Berichtspflicht an die Aufsichtsbehörden in Baden immer wieder zu Auseinandersetzungen zwischen dem Pforzheimer Irrenhausphysikus Friedrich Groos und der badischen Sanitatskommission. Denn die ärztlichen Rechenschaftsberichte gingen verspätet und unregelmäßig beziehungsweise sechs Jahre lang gar nicht beim

Ministerium ein.[85] Auch später finden sich noch in Baden wie in Bayern entsprechende Konflikte zwischen Ärzten und Behörden. Erst ab der Jahrhundertmitte entspannte sich die Lage, was wahrscheinlich auf die verbesserte ärztliche Personalsituation in den Anstalten beider Staaten sowie auf die stärkere Formalisierung der ärztlichen Berichterstattung zurückzuführen ist.

Abgesehen von den beschriebenen anstaltsinternen Aufgaben erfüllten die badischen und bayerischen Anstaltspsychiater noch beratende Funktionen innerhalb der jeweiligen Staatsverwaltung. An dieser Beratertätigkeit zeigten sich die Psychiater sehr interessiert, versprach sie doch, Einfluß auf die irrenfürsorgerischen Maßnahmen des Staates nehmen zu können. Tatsächlich gelang es den Anstaltsärzten beider Staaten zusehends, an Macht zu gewinnen: In Baden setzten sie sich in den dreißiger Jahren, in Bayern seit 1845 als Gutachter durch. Anlaß für die verstärkte Einbindung der Anstaltsärzte in irrenfürsorgerische Belange waren die beinah parallelen Entscheidungen der badischen wie der bayerischen Regierung, neue Anstalten einzurichten. Diese sollten ebenso den Bedürfnissen des jeweiligen Staates wie den Anforderungen der psychiatrischen Wissenschaft entsprechen. In Baden legte daraufhin der Heidelberger Anstaltsarzt Christian Roller eine Programmschrift vor, die von der Staatsregierung im wesentlichen als Grundlage für die Anstaltsneueinrichtung akzeptiert wurde. Damit avancierte Roller zur Hauptfigur der badischen Psychiatrie bis 1870; zum einen wegen seiner überzeugenden Konzepte, zum anderen aber auch und gerade wegen seiner Beharrlichkeit. Er entwarf im Auftrag des Innenministeriums sämtliche Anstaltsnormen, darunter das Statut, die Haus- und Tagesordnung, die Dienstinstruktionen sowie die Geschäftsordnungen für das Rechnungswesen und den Haushalt.[86] Im Gegensatz dazu erlangte in Bayern vor 1860 keiner der Anstaltsärzte einen vergleichbaren Einfluß. Indessen wurden auch hier die ärztlichen Direktoren der neuen Kreisanstalten als Gutachter in die Planungen des Innenministeriums und der Kreisregierungen immer stärker einbezogen.[87] In beiden Fällen ist die Unterstützung der irrenärztlichen Professionalisierungsforderungen durch die Staatsbehörden im wesentlichen darauf zurückzuführen, daß die Psychiater langfristig eine »Lösung« des Irrenproblems in Aussicht stellten: Die zweckmäßige Einrichtung der Irrenanstalten, so argumentierten sie, erlaube eine Steigerung der Heilquote.[88]

Parallel zu ihren praktischen Tätigkeiten in den Anstalten arbeiteten die Anstaltspsychiater ebenfalls wissenschaftlich. Überwog zunächst ihre Beschäftigung in den Anstalten, verlagerten sich ihre Tätigkeitsfelder zum Ende des Untersuchungszeitraumes mehr und mehr in diesen Bereich. Das läßt sich an drei Entwicklungen belegen.

Erstens übten einige Anstaltsärzte eine psychiatrische Lehrtätigkeit aus. Nach massiver Unterstützung des bayerischen Innenministeriums und ungeachtet der Proteste vor allem der Erlanger Universität gegen das »Aufdringen solcher Honorarprofessoren« konnten ab den fünfziger Jahren an drei medizinischen Fakultäten Anstaltsärzte als Universitätslehrer tätig werden.[89] Nicht so allerdings in Baden: Hier übernahmen Anstaltspsychiater erst nach dem Tod des Illenauer Direktors Christian Roller eine psychiatrische Lehrtätigkeit an den Landesuniversitäten.

Zweitens äußerte sich das zunehmende wissenschaftliche Engagement der Irrenärzte in ihrer publizistischen Tätigkeit. Während vor 1835 in Bayern mehrere von dem bayerischen Medizinprofessor Dr. Johann Friedreich[90] gegründete psychiatrische Zeitschriften wegen mangelnder Beiträge von Anstaltsärzten eingestellt wurden[91], nahm die Zahl der von Anstaltsärzten veröffentlichten Beiträge ab den vierziger Jahren stetig zu.[92] Mit der unter Mitwirkung des badischen Anstaltsdirektors Christian Roller eingerichteten und eher auf empirische Vorgehens- und Darstellungsweise abzielenden »Allgemeinen Zeitschrift für Psychiatrie und psychisch-gerichtliche Medizin« (AZP) entstand 1844 eines der wesentlichen Foren der Anstaltspsychiater.[93] Im Gegensatz zu den frühen psychiatrischen Zeitschriften gelang es in diesem Fall, die notwendige Unterstützung der Anstaltspsychiater zu erhalten.[94] In der AZP sahen sie, wie der Irseer Direktor Friedrich Hagen formulierte, eine Möglichkeit, »aus den Erfahrungen unserer Anstalt einen wissenschaftlichen Beitrag zur Psychiatrie zu liefern«.[95] Die breite Akzeptanz der AZP läßt sich an der großen Zahl der Beiträge badischer und bayerischer Psychiater ablesen. Darunter wiederum nahm die Veröffentlichung der zu administrativen Zwecken entworfenen Anstaltsstatistiken einen großen Raum ein.[96] Durch die Verbreitung und den Vergleich statistischen Materials hofften die Anstaltsärzte, Einblick in Krankheitsverhältnisse zu erhalten und auf diese Weise die in der psychiatrischen Wissenschaft heterogenen Vorstellungen über Nosologie – der Lehre von der systematischen Einordnung von Krankheiten – und Diagnostik angleichen zu können.[97]

Der Erfolg dieser Zeitschrift ist auf das Zusammentreffen verschiedener Faktoren zurückzuführen. Einmal handelte es sich wissenschaftsgeschichtlich gesehen um einen günstigen Zeitpunkt: Allmählich begannen sich die Gegensätze zwischen den sogenannten Psychikern, die Geisteskrankheiten als Folge moralischer Verfehlungen begriffen, und den Somatikern, die psychische Störungen vornehmlich als Symptome einer organischen Erkrankung verstanden, aufzulösen.[98] Insgesamt gesehen fand eine naturwissenschaftliche Wende statt, die eine allgemeine Aufwertung der Empirie mit sich brachte.[99] Dann erhielten die Anstaltspsychiater ab den dreißiger Jahren des 19. Jahrhunderts in ganz Deutschland verstärkt Unterstützung durch die Staatsregierungen; und schließlich läßt sich auch in diesem Bereich eine nationale Bewegung beobachten. Laut dem Mitherausgeber Damerow sollte die Zeitschrift Ausgangspunkt einer Einigungsbewegung in der Psychiatrie sein »unter Aufhebung aller theoretischen und geistigen Schlagbäume«.[100]

Drittens beschränkte sich das wissenschaftliche Engagement der süddeutschen Irrenanstaltsärzte nicht auf die Psychiatrie allein. Darüber hinaus trugen sie in besonderem Maße dazu bei, die Irrenärzte als Berufsstand zu organisieren. Allerdings setzten die berufsständischen Bemühungen der Psychiater im Vergleich zu anderen Disziplinen der Medizin und der Naturwissenschaften relativ spät ein. Zwar hatte es bereits um 1820 entsprechende Versuche preußischer Ärzte gegeben, diese waren jedoch ohne Resonanz geblieben. Auch die dahingehenden Bemühungen des badischen Arztes Christian Roller waren nicht auf Anhieb erfolgreich. 1838 forderte er seine irrenärztlichen Kollegen dazu auf, ihren Einfluß auf irrenpolitische Entscheidungen der Staatsregierungen zu vergrößern und ihre Expertenstellung zu untermauern. Sie sollten »zusammentreten, sich über die Grundbedingungen verständigen und diese dann veröffentlichen, um [. . .] unberufenen Einmischungen entgegen zu wirken und die Regierungen vor schädlichen und kostspieligen Mißgriffen zu bewahren«.[101]

Es dauerte jedoch noch einige Jahre, bis diese Aufforderung Realität wurde. Rollers wiederholte Bemühungen sowie die

Breitenwirkung der bereits erwähnten »Allgemeinen Zeitschrift« hatten unter anderem zur Folge, daß 1864 der »Deutsche Verein der Irrenärzte« entstand. Hier spielten badische und bayerische Psychiater eine bedeutende Rolle: Denn unter den vier Vorstandsmitgliedern befanden sich der Illenauer Direktor Christian Roller und der Münchener Anstaltsleiter August Solbrig.[102] Ferner kam es zu Neugründungen von Lokalvereinen; die auf Rollers Initiative hin veranstaltete Versammlung südwestdeutscher Irrenärzte 1867 in Karlsruhe war einer der ersten.[103]

IV. Fazit

Ungeachtet der Ungleichzeitigkeiten und Diskontinuitäten bei der Herausbildung des irrenärztlichen Berufsstandes in Baden und Bayern lassen sich folgende Ergebnisse hinsichtlich der Ausgangsfrage nach Charakteristika, Antriebskräften und Verlauf dieses Prozesses festhalten:

Langfristig gelang es den badischen und bayerischen Anstaltspsychiatern, die psychiatrische Ausbildung zu etablieren und zu vereinheitlichen. Ausdruck davon ist die Einrichtung psychiatrischer Kliniken sowie die Aufnahme der Psychiatrie in die medizinische Prüfungsordnung. Ebenso effektiv waren die ärztlichen Bemühungen um die Systematisierung psychiatrischen Wissens. Sie erfolgte in erster Linie über das Medium der Fachzeitschriften, die sich trotz anfänglicher Mißerfolge gegen die Jahrhundertmitte etablierten, und läßt sich an der wachsenden Anzahl fachspezifischer Publikationen der Anstaltsärzte ablesen.

Die Herausbildung des psychiatrischen Berufsstandes ist darüber hinaus durch einen zunehmenden Autonomiegewinn gekennzeichnet. Dieser resultierte größtenteils aus dem Wandel der psychiatrischen Arbeitsbedingungen. Standen bis zum Ende der dreißiger Jahre in beiden Staaten anstaltsinterne Abgrenzungsbestrebungen und Kompetenzkonflikte sowie die Absicherung der finanziellen Situation im Vordergrund der irrenärztlichen Lebenswelt, brachte der Ausbau der Anstaltslandschaft die Festigung der ärztlichen Position und Kompetenzausweitungen mit sich. Diese Entwicklung war zugleich Voraussetzung und Folge der verstärkten Einbindung von Anstaltsärzten in staatliche Planungen. Damit einhergehend gewannen sie auch auf universitärer Ebene – und damit in Forschung und Lehre – an Bedeutung. Auf diese Weise befreiten sich die Ärzte zunehmend von einer fachlichen Kontrolle durch den Staat. Nach 1830 konnten Fachentscheidungen immer stärker unabhängig von administrativen und politischen Eingriffsmöglichkeiten getroffen werden. Aber nicht nur in individueller, sondern auch in kollektiver Hinsicht gewannen die Psychiater an Autonomie. Langfristig ermöglichte die Einrichtung professioneller Organisationen, sowohl die Beziehungen innerhalb der Berufsgruppe als auch gegenüber der Außenwelt zu regeln. Schließlich lassen sich Ansprüche auf eine besondere wirtschaftliche Belohnung und eine höhere soziale Geltung nachweisen. Sie finden während des Untersuchungszeitraums jedoch nur in Ansätzen Entsprechung. Zwar verbesserte sich die finanzielle Lage der Anstaltspsychiater; zudem gewannen sie zum Ende des Untersuchungszeitraums allmählich an Ansehen. Aber bis Ende des 19. Jahrhunderts konnten sie in dieser Hinsicht den Rückstand gegenüber Staatsbeamten oder Ärzten in vergleichbarer Position nicht aufholen.

Insgesamt gesehen stellt die Herausbildung des psychiatrischen Berufsstandes in Süddeutschland keinen außergewöhnlichen Prozeß dar. In ihren Grundzügen spiegeln die beschriebenen Strategien und Eigenschaften des psychiatrischen Werdeganges vergleichbare Ergebnisse aus anderen medizinischen oder naturwissenschaftlichen Gebieten wider. Allerdings bestehen drei wesentliche Unterschiede, die – ungeachtet dessen, daß den aufgeführten Charakteristika zufolge eindeutig Ansätze einer Professionalisierung vorhanden sind – deutlich machen, daß sich die Herausbildung des psychiatrischen Berufsstandes vielleicht nur unvollständig mit dem Begriff der Professionalisierung erfassen läßt.

Eine erste Abweichung besteht in der vergleichsweise späten Etablierung der Psychiatrie als akademischer Disziplin sowie der verzögerten Formierung berufsständischer Interessengruppen. Gründe dafür sind die anfänglich fehlenden praktischen Erfahrungen und – eng damit zusammenhängend – die ursprünglich mangelnden wissenschaftlichen Erkenntnisse sowie die ständige Überforderung der Irrenärzte durch ihre Anstaltstätigkeit. Sie erschwerten zunächst jegliches wissenschaftliche und berufsständische Engagement. Bei ihren Bemühungen um die Schaffung von Berufsvereinen waren die Anstaltspsychiater anfangs unter anderem deshalb weniger erfolgreich, weil fachliche Divergenzen lange Zeit einem solchen Zusammenschluß entgegenwirkten. Erst mit der Aufwertung der Empirie innerhalb der psychiatrischen Wissenschaft ab den vierziger Jahren traten derartige Auseinandersetzungen in den Hintergrund, und die Anstaltsärzte gewannen an berufsständischem Gewicht.

Des weiteren unterschied sich die Herausbildung des psychiatrischen Berufsstandes von anderen Professionen durch die besondere Bedeutung des praktischen Moments. Während der ersten Hälfte des 19. Jahrhunderts waren es die Irrenanstalten, die die »Keimzelle« des Psychiaterberufs darstellten. Wie die Beispiele Bayern und Baden gezeigt haben, wurde weniger an den Landesuniversitäten als vielmehr in den Irrenanstalten das Wissen dieser Berufsgruppe gelehrt und zu einem großen Teil auch produziert. Entsprechend kam bis zur Jahrhundertmitte den Anstalten, nicht den Universitäten die zentrale Rolle bei dem Zugang zum Wissen und in Teilbereichen ebenfalls bei der Chancenverteilung für die Absolventen zu. Damit trifft für die untersuchte Gruppe der süddeutschen Anstaltspsychiater des frühen 19. Jahrhunderts ein wesentliches Professionalisierungskriterium, nämlich die wissenschaftlich-akademische Ausbildung, nicht zu. Berücksichtigt man vergleichend erste Ergebnisse über die Herausbildung des irrenärztlichen Berufsstandes in anderen deutschen Staaten, so zeigt sich, daß es sich hierbei keinesfalls um eine süddeutsche Besonderheit handelt. Auch außerhalb Bayerns und Badens nahm die Universitätspsychiatrie erst im Verlauf der zweiten Jahrhunderthälfte die führende Rolle ein.[104]

Schließlich stellen das große Gewicht von Einzelpersonen sowie die enge Bindung an den Staat eine besondere Eigenheit des psychiatrischen Berufsstandes dar. Am Beispiel der Ärzte Christian Roller und August Solbrig sowie ihrem Engagement für die zweckmäßige Organisation des jeweiligen Irrenwesens oder für beziehungsweise gegen das Projekt einer psychiatrischen Klinik ist deutlich geworden, daß wichtige Entwicklungen weitgehend auf Initiativen einzelner Ärzte zurückzuführen sind. Entsprechend muß das außergewöhnliche Engagement von Einzelpersonen als ein wesentlicher Motor der berufsständischen Entwicklung gesehen werden. Ähnliches gilt im Hinblick auf die Bedeutung des Staates. Die enge Bindung zwischen Staat und Anstaltspsychiatrie spiegelt sich generell in der Herausbildung des Psychiaterberufs wider: Erst die staatlichen Zugriffe auf das Irrenwesen bereiteten überhaupt den Weg zu diesem Berufsfeld. Der Staat agierte sozusagen als »Geburtshelfer«, motiviert durch sein Interesse, das Problem der Devianz zu bewältigen. Darüber hinaus steckten die Möglichkeiten und Grenzen der staatlichen Irrenpolitik auch den Handlungsspielraum der Anstaltspsychiater ab. Denn die Einrichtung und Ausstattung der Anstalten waren vom Staat nicht nur veranlaßt, sondern auch bestimmt. Bei der Frage der Ausbildung, aber auch hinsichtlich der Dienstverhältnisse und der praktischen Tätigkeiten der Anstaltsärzte ist wiederholt deutlich geworden, wie sehr die Handlungsmöglichkeiten der Psychiater von den räumlichen, finanziellen und administrativen Gegebenheiten abhingen.

Die Gegenüberstellung der badischen und bayerischen Verhältnisse hat – ungeachtet aller Gemeinsamkeiten – gravierende Unterschiede zutage gefördert, die es nicht zulassen, in diesem Fall von einem süddeutschen Weg zu sprechen. Die unterschiedliche Entwicklung der Anstaltslandschaften in Bayern und Baden sowie die diametral entgegengesetzten Einstellungen gegenüber dem Konzept der psychiatrischen Klinik verdeutlichen darüber hinaus, welche besondere Bedeutung den Rahmenbedingungen, hier vor allem der staatlichen und der wissenschaftlichen Entwicklung, bei der Herausbildung des psychiatrischen Berufsstandes zukommt.

Anmerkungen

1 In diesem Kontext entstand eine Anzahl von Arbeiten zum ärztlichen Professionalisierungsprozeß. Der Professionalisierungsbegriff bezeichnet in der Regel den Prozeß der Transformation eines Berufes in eine Spezialform – die Profession. Als wesentliche Strukturmerkmale des Professionalisierungsprozesses können eine wissenschaftlich-akademische Ausbildung, ein elitäres Standesbewußtsein, die Durchsetzung beruflicher Autonomie sowie die Entwicklung standardisierter Qualifikationsanforderungen genannt werden. Allgemein dazu Dieter Rüschemeyer, Professionalisierung. Theoretische Pro-

bleme für die vergleichende Geschichtsforschung, in: Geschichte und Gesellschaft 6 (1980), S. 311–325; einen Überblick über verschiedene Professionalisierungstheorien gibt Ulrich Geuter, Die Professionalisierung der deutschen Psychologie im Nationalsozialismus, Frankfurt a. M. 1988, S. 49–68; zu Erweiterungsmöglichkeiten des Professionalisierungsansatzes Hannes Siegrist, Bürgerliche Berufe. Die Professionen und das Bürgertum, in: Ders. (Hg.), Bürgerliche Berufe: zur Sozialgeschichte der freien und akademischen Berufe im internationalen Vergleich, Göttingen 1988, S. 11–48.

2 So Claudia Huerkamp, Der Aufstieg der Ärzte im 19. Jahrhundert. Vom gelehrten Stand zum professionellen Experten: das Beispiel Preußen, Göttingen 1985; Dies., Ärzte und Professionalisierung in Deutschland. Überlegungen zum Wandel des Arztberufes im 19. Jahrhundert, in: Geschichte und Gesellschaft 6 (1980), S. 349–382, sowie Dies., The Making of the Modern Medical Profession, 1800–1914: Prussian Doctors in the Nineteenth Century, in: Geoffrey Cocks/Konrad H. Jarausch (Hg.), German professions, 1800–1950, New York 1990, S. 66–84; ferner Annette Drees, Die Ärzte auf dem Weg zu Prestige und Wohlstand. Sozialgeschichte der württembergischen Ärzte im 19. Jahrhundert, Münster 1988.

3 Neuere Beiträge sowie ein ausführlicher Bericht über die Psychiatriehistoriographie finden sich in dem Sammelband von Franz-Werner Kersting/Karl Teppe/Bernd Walter (Hg.), Nach Hadamar. Zum Verhältnis von Psychiatrie und Gesellschaft im 20. Jahrhundert, Paderborn 1993. Vgl. ferner die jüngsten Arbeiten von Bernd Walter, Psychiatrie und Gesellschaft in der Moderne. Geisteskrankenfürsorge in der Provinz Westfalen zwischen Kaiserreich und NS-Regime, Paderborn 1996; Franz-Werner Kersting, Anstaltsärzte zwischen Kaiserreich und Bundesrepublik. Das Beispiel Westfalen, Paderborn 1996; Eric Engstrom, The Birth of Clinical Psychiatry: Power, Knowledge and Professionalization in Germany 1867–1914, Chapel Hill 1997.

4 Eine Ausnahme bilden die Arbeit von Doris Kaufmann, Aufklärung, bürgerliche Selbsterfahrung und die »Erfindung« der Psychiatrie in Deutschland, 1770–1850, Göttingen 1993, sowie der Aufsatz von Heinz-Peter Schmiedebach, The Mentally Ill Patient caught between State's Demands and the Professional Interests of Psychiatrists, in: Manfred Berg/Geoffrey Cocks (Hg.), Medicine and Modernity: Public Health and Medical Care in Nineteenth and Twentieth Century Germany, Washington 1997, S. 99–119.

5 Zwar gebe es, so Porter weiter, »broad pictures of the rise of the psychiatric profession in Britain and elsewhere«, jedoch noch keine »solid empirical and statistical basis«; Roy Porter, The History of Psychiatry in Britain, in: History of Psychiatry 2 (1991), S. 271–279, hier: 277.

6 Entsprechend tendierte die traditionelle Medizingeschichtsschreibung lange Zeit zu einer Art »Heroisierung« einzelner Anstaltspsychiater. Siehe insbesondere die Arbeiten von Theodor Kirchhoff (Hg.), Deutsche Irrenärzte. Einzelbilder ihres Lebens und Wirkens, 2 Bde., Berlin 1921 und 1924; und Kurt Kolle, Große Nervenärzte, 3 Bde., Stuttgart 1956–1963. Ausdruck einer thematischen Öffnung ist die kurzbiographische Sammlung von Alma Kreuter, Deutschsprachige Neurologen und Psychiater. Ein biographisch-bibliographisches Lexikon von den Vorläufern bis zur Mitte des 20. Jahrhunderts, 3 Bde., München 1996.

7 Dieses Defizit versuchen einige neuere Studien aufzuarbeiten; in die-

ser Hinsicht vorbildlich: Jan Goldstein, Console and Classify. The French Psychiatric Profession in the Nineteenth Century, Cambridge 1987; vgl. ferner Constance M. McGovern, Masters of Madness. Social Origins of the American Psychiatric Profession, Hannover 1985; Kersting, Anstaltsärzte, sowie Schmiedebach, The Mentally Ill Patient.

8 Der süddeutsche Raum blieb in bisherigen psychiatriehistorischen Untersuchungen der Geschichtswissenschaft weitgehend ausgeklammert. Vielmehr liegt der geographische Schwerpunkt auf Westdeutschland, namentlich auf den preußischen Provinzen Rheinland und Westfalen. Dies trifft für sämtliche psychiatriehistorische Beiträge von Dirk Blasius zu, vgl. Ders., Der verwaltete Wahnsinn. Eine Sozialgeschichte des Irrenhauses, Frankfurt a. M. 1980; Ders., Reformpsychiatrie im frühen 19. Jahrhundert, in: Ders., Umgang mit Unheilbarem. Studien zur Sozialgeschichte der Psychiatrie, Bonn 1986 und jüngst Ders., »Einfache Seelenstörung«. Zur Geschichte der deutschen Psychiatrie 1800–1945, Frankfurt a. M. 1994; gleiches gilt für Matthias M. Ester, »Ruhe – Ordnung – Fleiß«. Disziplin, Arbeit und Verhaltenstherapie in der Irrenanstalt des frühen 19. Jahrhunderts, in: Archiv für Kulturgeschichte 71 (1989), S. 349–376, sowie für die jüngeren Arbeiten von Walter und Kersting. Lediglich Kaufmann erweitert den Blickwinkel durch einen Vergleich zwischen Preußen und Württemberg.

9 Im Vordergrund der Untersuchung stehen die unter der Ägide des Staates eingerichteten Anstalten, denn nur hier wurden psychiatrisch ausgebildete Ärzte eigens angestellt. Außerdem war in beiden Staaten die Dimension der staatlichen Anstaltsfürsorge um ein Vielfaches größer als die der lokalen Irrenpflege.

10 Die Zahl der untersuchten Personen beläuft sich auf zwanzig, acht badische und zwölf bayerische Ärzte. Damit mag die Untersuchungsgruppe zwar im Vergleich zu anderen relativ klein erscheinen, sie ist jedoch insofern aussagekräftig, als der Berufstand zu dieser Zeit generell von geringer Größe war. Folgende badische Psychiater wurden berücksichtigt: Dr. Franz Joseph Gall, »Gutachter« (Pforzheim), Johann Roller (Pforzheim), Dr. Friedrich Groos (Pforzheim/Heidelberg), Dr. Johann Georg Müller (Pforzheim), Dr. Christian F. W. Roller (Heidelberg/Illenau), Dr. Karl Hergt (Heidelberg/Illenau), Dr. Rees (Heidelberg), Dr. Franz Fischer (Illenau). An bayerischen Ärzten sind zu nennen: Dr. Johann Baptist Sax (München), Dr. Georg Hirsch (Bayreuth), Dr. Anton Müller (Würzburg), Prof. Dr. Karl Friedrich Marcus (Würzburg), Dr. Ernst Schmidt (Würzburg), Prof. Dr. Friedrich Hagen (Erlangen/Irsee), Prof. Dr. August Solbrig (Erlangen/München), Dr. Michael Kiderle (Erlangen/Karthaus-Prüll), Dr. Karl Stahl (Bayreuth), Prof. Dr. Bernhard Gudden (Illenau/Werneck), Prof. Dr. Johann Leupoldt, »Gutachter« (Universität Erlangen), Dr. Hipp, »Gutachter« (Erlangen).

11 Zu der Unterscheidung von Anstalts- und Universitätspsychiatrie vgl. Karl Jaspers, Allgemeine Psychopathologie, Berlin ^{4}1946, S. 705–707.

12 Der Begriff »Psychiatrie« ist zeitgenössisch. Er wurde zu Beginn des 19. Jahrhunderts von dem Arzt Johann Christian Reil geprägt; vgl. A. Mechler, Das Wort »Psychiatrie«, in: Nervenarzt 34 (1963), S. 405 f. – Reil, Professor der Medizin und Leiter des klinischen Instituts in Halle, war der erste deutsche Arzt, der den Gedanken, daß Geisteskrankheit heilbar sei, einer breiteren Öffentlichkeit unterbreitete.

13 Eine erste allgemeine Einführung bieten: Erwin Ackerknecht, Kurze Geschichte der Psychiatrie, Stuttgart [2]1967; Achim Thom (Hg.), Zur Geschichte der Psychiatrie, Berlin (Ost) 1984; Gunther Herzog, Erziehung, Sicherung. Englische und deutsche Irrenhäuser in der ersten Hälfte des 19. Jahrhunderts, in: Jürgen Kocka (Hg.), Bürgertum im 19. Jahrhundert, Bd. 3, München 1988, S. 418–446; ausführlicher: Klaus Dörner, Bürger und Irre. Zur Sozialgeschichte und Wissenschaftssoziologie der Psychiatrie, Frankfurt a. M. 1984; Blasius, »Einfache Seelenstörung«.

14 Über den Diskurs, dessen Teilnehmer und Inhalte siehe vor allem Kaufmann, S. 25–193; ferner Dörner, S. 212–224; Martin Schrenk, Über den Umgang mit Geisteskranken. Die Entwicklung der psychiatrischen Therapie vom »moralischem Regime« in England und Frankreich zu den »psychischen Curmethoden« in Deutschland, Heidelberg 1973; Udo Benzenhöfer, Psychiatrie und Anthropologie in der ersten Hälfte des 19. Jahrhunderts, Hürtgenwald 1993, S. 65–72; Heinz Schott, Heilkonzepte um 1800 und ihre Anwendung in der Irrenbehandlung, in: Johann Glatzel/Stefan Haas/Heinz Schott (Hg.), Vom Umgang mit Irren. Beiträge zur Geschichte psychiatrischer Therapeutik, Regensburg 1990, S. 17–35.

15 Das Kurfürstentum Baden verfügte über Tollhäuser in Pforzheim und Mannheim; im späteren Königreich Bayern bestanden entsprechende Einrichtungen in Schwabach, Bayreuth und Bamberg. Darüber hinaus wurden in beiden Staaten gefährliche Geisteskranke in Spitälern und Gefängnissen untergebracht.

16 Ein wesentliches Gegenargument sahen vor allem die badischen Behörden in möglichen Nachteilen für die Insassen. Dabei vertraten sie die Auffassung, daß man bei der Nutzung einer Irrenanstalt zu Lehrzwecken »vielleicht für die Erweiterung der ärztlichen Kenntnisse, schwerlich aber für die Kranken, an denen man Versuche macht, Vortheil zu erwarten habe«. Zit. nach: Deutsche Justiz- und Polizeifama, Bd. 2, Nr. 96, 19. August 1807, S. 746–759, 746; zu Bayern siehe den Bericht der fränkischen Landesdirektion vom 28. September 1804, in: Bayerisches Hauptstaatsarchiv [BayHStA], MInn 62110.

17 Die wachsende Bedeutung der Praxis ist keine Besonderheit der Psychiatrie oder der Medizin, vielmehr spiegelt sich hier ein Wechsel im Wissenschaftsverständnis wider. Im Verlauf des 19. Jahrhunderts nahm an den deutschen Universitäten generell die Bedeutung praktischen Unterrichts erheblich zu. Diese Entwicklung brachte zum Ausdruck, daß sich die Universität nicht länger nur als ein Institut verstand, das Wissen bewahrte und weitergab, sondern vielmehr als ein Ort, an dem neben der Lehre auch Forschung betrieben, d. h. neues Wissen gewonnen wurde. Vgl. dazu Arleen Marcia Tuchman, Science, Medicine and the State in Germany. The Case of Baden 1815–1871, New York 1993.

18 Vgl. Karl Wilmanns, Die Entwicklung der badischen Irrenfürsorge mit besonderer Berücksichtigung der Universitäts-Kliniken, in: Archiv für Psychiatrie und Nervenkrankheiten 87 (1929), S. 1–23, 2; ferner Hans-Dieter Middelhoff, C. F. W. Roller und die Vorgeschichte der Heidelberger Psychiatrischen Klinik, in: W. Janzarik (Hg.), Psychopathologie als Grundlagenwissenschaft, Stuttgart 1979, S. 33–50, 37

19 Entsprechende Bemühungen in Münster und Tübingen waren er-

folglos geblieben. Zu dem westfälischen Projekt siehe Ester, S. 355–359; zu Tübingen vgl. Ioannis Pilavas, Psychiatrie im Widerstreit der Konzepte. Zur Entstehungsgeschichte der Tübinger Nervenklinik, Sigmaringen 1994, S. 15–26.

20 Zit. nach Wilmanns, S. 4.

21 Bericht der Staatsanstaltenkommission aus dem Jahr 1826 über die Einrichtung der Heidelberger Anstalt, in: Generallandesarchiv Karlsruhe [GLA] 236/4948.

22 Groos stellte seine universitären Veranstaltungen bereits 1832 wieder ein. Bis zum Umzug der Anstalt nach Illenau gab der Privatdozent Georg Heermann psychiatrische Kurse, bei denen er Patienten der Anstalt zu klinischen Demonstrationen hinzuzog; dazu Middelhoff, S. 44.

23 Roller sah in der Verbindung von Irrenanstalt und Universität einen schädlichen Einfluß auf das innere Anstaltsleben und für die Genesung der Kranken. Zu seinen Auffassungen vgl. Christian F. W. Roller, Die Irrenanstalt in all ihren Beziehungen, Karlsruhe 1831, S. 28–41; Ders., Über Benutzung der Irrenanstalten als psychiatrisches Klinikum, in: Annalen der Staatsarzneikunde 3 (1838), S. 164–181.

24 Nämlich 1844/45 von dem Medizinhistoriker Quitzmann, zwischen 1855 und 1859 vom späteren Leiter der psychiatrischen Klinik Adolf Kußmaul und von 1859 bis 1866 vom späteren Ohrenkliniker Moos. Bezeichnenderweise war es Christian Rollers Schüler Heinrich Schüle, späterer Direktor der Illenauer Anstalt, der die Errichtung einer psychiatrischen Klinik plante und ihre Realisierung gegen den Widerstand Rollers überwachte. Ausführlicher dazu Wilmanns, S. 12, und Middelhoff, S. 48.

25 Vgl. Eduard Seidler, Die medizinische Fakultät der Albert-Ludwigs-Universität Freiburg im Breisgau: Grundlagen und Entwicklungen, Berlin 1991, S. 127, 177.

26 Vgl. u. a. August Solbrig, Denkschrift, die Benützung der Kreisirrenanstalt Erlangen zum academischen Lehrzweck respective die Eröffnung einer psychiatrischen Klinik daselbst betreffend, Beilage zu seinem Antrag vom 25. September 1847, in: BayHStA MInn 62092.

27 Vgl. verschiedene Schreiben des Innenministeriums, in: BayHStA MA 64223, und Berichte von Johann Leupoldt und August Solbrig, in: BayHStA MK 11158.

28 Dörner, S. 266.

29 Siehe Kreuter, Bd. 2, S. 917 f.

30 Vgl. Adolf Busse, Der Medizinische Unterricht an der Ludwigs-Maximilians-Universität von 1826 bis 1875 im Spiegel der Vorlesungsankündigungen, München 1978, S. 88–90.

31 Bericht des bayerischen Innenministeriums vom 18. September 1859, in: BayHStA MK 11158.

32 Anlaß dafür war Solbrigs Ablehnung eines Rufes nach Berlin. Siehe Heinz Goerke, Die medizinische Fakultät von 1472 bis zur Gegenwart, in: Laetitia Böhm/Johannes Spörl (Hg.), Die Ludwigs-Maximilians-Universität in ihren Fakultäten 1472–1972, Berlin 1972, S. 185–279, hier: S. 273 f.

33 Zit. nach Middelhoff, S. 37.

34 Siehe den Hinweis bei Solbrig, in: BayHStA MK 11158 sowie Busse, S. 88–91.

35 Berichte der Professoren Marcus und Solbrig vom 14. Juli und 7. August 1859, in: BayHStA MK 11158.

36 Zu den verschiedenen Theorien vgl. Schrenk, passim; ferner: Otto M. Marx, German Romantic Psychiatry, in: History of Psychiatry 1 (1990), S. 351–381 sowie 2 (1991), S. 1–25.

37 Einen allgemeinen Überblick über die Studienbedingungen beider Staaten im Fach Medizin gibt Hans Günther Wenig, Medizinische Ausbildung im 19. Jahrhundert, Bonn 1969, S. 11–15 und 102–105. Zu den Prüfungsbestimmungen im einzelnen siehe für Bayern: Georg Döllinger, Das Medizinalwesen in Bayern, die desfalls bestehenden Anstalten und die seit dem Jahre 1616 auf die neueste Zeit erlassenen, noch in Kraft bestehenden Anordnungen, gesammelt und in Auszügen alphabetisch zusammengestellt, 1. Theil, Erlangen 1847, hier vor allem: S. 370–375; ferner Harald Dickerhof, Dokumente zur Studiengesetzgebung in Bayern in der ersten Hälfte des 19. Jahrhunderts, in: Laetitia Böhm/Johannes Spörl (Hg.), Ludovico Maximilianea, Universität Ingolstadt – Landshut – München. Forschungen und Quellen, Berlin 1975; zu Baden vgl. Philipp C. Baur von Eiseneck, Sammlung sämmtlicher Gesetze, Verordnungen, Instruktionen, Belehrungen und Entscheidungen, welche in dem Großherzogthum Baden über Gegenstände der Gesundheits-Polizei seit dem Jahre 1803 bis 1829 erschienen sind, 2 Bde., Karlsruhe und Baden 1830 und 1838.

38 § 48 der Verordnung vom 22. Juni 1858, das Studium der Medizin betreffend, in: Regierungsblatt für das Königreich Bayern Nr. 35, 13. Juli 1858, S. 873–908.

39 Erst 1901 wurde Psychiatrie in Deutschland zum Pflicht- und Prüfungsfach. Vgl. dazu Hans-Heinz Eulner, Die Entwicklung der medizinischen Spezialfächer an den Universitäten des deutschen Sprachgebiets, Stuttgart 1970, S. 257–282, 261.

40 Zur Medizinalreform siehe Kurt Finkenrath, Die Medizinalreform. Die Geschichte der ersten deutschen ärztlichen Standesbewegung. Von 1800 bis 1850, Berlin 1929.

41 Hinweis in: Allgemeine Zeitschrift für Psychiatrie und psychisch-gerichtliche Medizin [AZP] 7 (1850), S. 532. Zu den Forderungen der bayerischen Ärzte vgl. verschiedene Berichte in: Staatsarchiv Würzburg [StAW] RegUF 6078.

42 Über das universitäre Angebot im Fach Psychiatrie urteilte beispielsweise der Würzburger Irrenanstaltsarzt Anton Müller: »Jeder Arzt der damaligen Zeit wird wissen, wie wenig Gründliches man ehemals auf den hohen Schulen über Geisteskrankheiten an den Lehrstühlen, und wie viel noch weniger man im Praktischen lernen konnte, wie sehr dieses Studium vernachlässigt worden sey«. Ders., Die Irren-Anstalt in dem königlichen Julius-Hospitale zu Würzburg und die sechs und zwanzigjährigen ärztlichen Dienstverrichtungen an derselben. Mit einem Anhange von Krankengeschichten und Sektions-Berichten, Würzburg 1824, S. 16 f.

43 Vgl. dazu eine Stellungnahme der badischen Sanitätskommission, Schreiben vom 30. November 1839, in: GLA 236/4954.

44 Darüber hinaus bemühte sich beispielsweise die bayerische Regierung, allen voran das Medizinalkollegium, die universitären Defizite u. a. durch einen verlängerten Aufenthalt der Stipendiaten an den Irrenanstalten

auszugleichen. Mit dieser Forderung setzte sich 1842 der Obere Medizinalrat Johann Nepomuk Ringseis beim bayerischen Innenministerium durch; Schreiben vom Januar 1842, in: BayHStA MInn 15110.

45 Bericht des Heidelberger Direktors Christian Roller aus dem Jahr 1839, in: GLA 204/3189. Gefördert wurden – zum Teil mehrmals – die Ärzte Roller, Hergt, Rees und Kusel.

46 Allgemein zur Vergabe von Reisestipendien in Bayern siehe Döllinger, Medizinalwesen, S. 376–378. Das erste psychiatrische Reisestipendium ging 1821 an Professor Johann Leupoldt, dazu Kreuter, Bd. 2, S. 849; drei Jahre später wurde das nächste Stipendium an Dr. Karl Marcus, den späteren Leiter der Würzburger Irrenabteilung vergeben, siehe BayHSTA MInn 15128 f. Insgesamt bemühten sich 24 Ärzte – zum Teil mehrmals – um ein Stipendium. Dazu: BayHStA MInn 15103, 15105, 15107, 15109 f., 15115–15117, 15119 f., 15126 f., 15129, 15131, 15133. Die Zahl der jährlichen Bewerber um ein medizinisches Reisestipendium lag in dieser Zeitspanne zwischen 20 und 36 Personen. In der Regel gab es ab 1832 einen oder zwei Bewerber für eine psychiatrische Ausbildung; jeweils ein psychiatrisches Stipendium wurde vergeben.

47 Das Großherzogtum Baden besaß lediglich das Ausmaß zweier bayerischer Kreise und wies nur ein Viertel der Einwohner Bayerns auf. Auch die Studentenzahl divergierte stark: In Würzburg und München bestanden um die Jahrhundertmitte neben Berlin die größten medizinischen Fakultäten. Vgl u. a. Christiane Scherg-Zeisner, Die ärztliche Ausbildung an der königlich-bayerischen Julius-Maximilians-Universität in Würzburg 1814–1872, Würzburg 1973, S. 65; Huerkamp, Aufstieg, S. 61, konstatiert für ganz Deutschland eine Zunahme der Medizinstudenten in der Mitte der dreißiger Jahre des 19. Jahrhunderts auf 2500. Danach sei ein kontinuierlicher Rückgang gefolgt, so daß sich die Studentenzahl 1848 auf 1500 reduziert habe.

48 Bestimmung vom 18. Mai 1835, in: Georg Döllinger, Sammlung der im Gebiet der inneren Staatsverwaltung des Königreichs Bayern bestehenden Verordnungen, Bd. 15/2, München 1846, S. 805 f.

49 Ernst Schmidt, Zum Schutze der Irren. Eine Darlegung ihrer Verhältnisse mit Vorschlägen zur Verbesserung. Begründet und begleitet von einer sechsjährigen Statistik der Abteilung für heilbare Irre im Juliushospital zu Würzburg, nebst Krankengeschichten, Würzburg 1856, Zitat: S. IV der Einleitung. Zu den Vorurteilen gegen Irrenanstalten und damit zusammenhängend gegen die dort tätigen Ärzte ebd., S. 81–91; ferner entsprechende Ausführungen des bayerischen Anstaltspsychiaters Friedrich Hagen, in: Beilage zu Nr. 47 des Intelligenzblattes der königlichen Regierung von Oberbayern, 1851, S. 1–14, hier: S. 7–12, sowie seines badischen Kollegen Roller, Irrenanstalt, S. 8–19.

50 Drei Ärzte erklärten, sie hätten zu diesem Zweig der Heilkunde »keine Lust« bzw. fühlten sich nicht dazu berufen; ein anderer wies das Angebot wegen mangelnder wirtschaftlicher Vorteile zurück. Verschiedene Schreiben in: GLA 236/4954.

51 Darüber hinaus wurden den Ärzten vergünstigte bzw. im Falle fehlender Eigenmittel Unterbringung und Verpflegung auf Staatskosten zugebilligt. Vgl. die Verfügung des badischen Großherzogs vom 12. April 1851, in: GLA 233/10149 sowie den Bericht über Hintergründe und Erfolg dieser

Bestimmung von Christian F. W. Roller, Das Studium der Psychiatrie mit Beziehung auf eine Verordnung im Grossherzogthum Baden, in: AZP 10 (1853), S. 73–88. Solbrig griff Rollers Idee noch im gleichen Jahr für Bayern auf. Seine Vorschläge wurden jedoch vom bayerischen Innenministerium bei der Revision der Prüfungsordnungen nicht berücksichtigt. Siehe den Bericht vom 18. April 1851, in: BayHStA MInn 62091.

52 Diese Aussagen treffen gleichermaßen für badische wie für bayerische Irrenärzte zu. Mit einer besonderen Auszeichnung schlossen unter anderem Christian Roller und Oscar Mahir ihr Studium ab. Christian Roller und sein Assistent Karl Hergt verzichteten während ihrer Dienstzeit mehrmals auf Urlaub; Friedrich Hagen und Christian Roller setzten sich wiederholt mit Vehemenz für die Publikation irrenärztlicher Schriften und Reiseberichte ein.

53 Anders verhielt es sich in Preußen. Mit dem sächsischen Arzt Johann Langermann und dem hallischen Mediziner Johann Christian Reil wurden die führenden Köpfe der deutschen Irrenheilkunde in die Reorganisation des Irrenwesens miteinbezogen. Vgl. dazu Kaufmann, S. 169–180, sowie Friedrich Koster, Geschichte der westfälischen Provinzial-Irrenanstalt zu Marsberg, Supplementheft zu Bd. 24 der AZP, Berlin 1867, S. 3–118, 8–12.

54 Darüber hinaus waren es gleichfalls die Ärzte selbst, die sich unter Hinweis auf diese Förderung durch ein Reisestipendium bei der Besetzung der Direktoren- und Assistentenstellen ins Gespräch brachten. Vgl. u. a. die Reiseberichte von August Solbrig und Friedrich Hagen, in: BayHStA MInn 15137, 15139.

55 D. h. für den Erlanger Professor Johann Leupoldt, den Münchner Privatdozenten Oscar Mahir und den Militärarzt Hipp.

56 Roller konnte beispielsweise gegen den erheblichen Widerstand der badischen Sanitätskommission die Einstellung eines ihm unliebsamen Assistenzarztes verhindern. Vgl. dazu verschiedene Berichte in: GLA 294/3204. Sein Kollege Solbrig setzte durch, daß die neu zu besetzende Assistentenstelle der Erlanger Anstalt nicht öffentlich ausgeschrieben wurde, sondern er das Recht zur Stellenbesetzung erhielt; Bericht vom 2. Januar 1849, in: Staatsarchiv Nürnberg [StAN] RegMf, K.d.I., Abg. 1932, 436/1.

57 Zu der Ministertätigkeit Reigersbergs: Dirk Götschmann, Das bayerische Innenministerium 1825–1864. Organisation und Funktion, Beamtenschaft und politischer Einfluß einer Zentralbehörde in der konstitutionellen Monarchie, Göttingen 1993, S. 271–276.

58 Bericht vom 15. November 1858, in: Geheimes Hausarchiv [GHA], Nachlaß [NL] Max II., 75/5/21c.

59 Zu Auseinandersetzungen zwischen Arzt und Anstaltsgeistlichen vgl. beispielsweise Müller, S. 66.

60 Bericht vom 14. Januar 1836, S. 108, in: GLA 236/4948; siehe ferner Müller, S. 60 ff.

61 Vgl. das Statut für die Heil- und Pflegeanstalt Illenau, abgedruckt in: AZP 1 (1844), S. 229–251, sowie stellvertretend für die gleichlautenden Bestimmungen der übrigen bayerischen Kreisanstalten – die Satzungen für die Kreisirrenanstalt Erlangen, in: Königlich Bayerisches Intelligenzblatt für Mittelfranken, Nr. 60, 1846, S. 356–365.

62 Dem Heidelberger Arzt Christian Roller gelang es innerhalb kurzer Zeit, beim badischen Innenministerium die Entlassung des ihm nicht genehmen Verwalters durchzusetzen. Anders entwickelte sich die Situation für seinen bayerischen Kollegen Friedrich Hagen: Dieser sah sich immer wieder den Angriffen des Irseer Verwalters ausgesetzt und mußte sein Handeln wiederholt bei der aufsichtführenden Kreisregierung rechtfertigen. Siehe Staatsarchiv Augsburg [StAAG] RA 8257.

63 Auch Rollers Kollege Christoph Hirsch am Bayreuther Irrenhaus erhielt nur zwei Drittel des Gehalts eines bayerischen Landgerichtsarztes, vgl. BayHStA MInn 62017, Schreiben vom 7. Juli 1824.

64 Siehe den Bericht des Innenministeriums vom 21. September 1822, in: BayHStA MInn 62083.

65 Der Irrenarzt des Würzburger Juliusspitals Anton Müller verdiente zu bestimmten Zeiten weniger als der Gärtner. Siehe die Tabelle bei Alfred Wendehorst, Das Juliusspital in Würzburg, Bd. 1: Kulturgeschichte, Würzburg 1976, S. 109–111. Zu Roller vgl. die entsprechenden Hinweise bei Middelhoff, S. 37.

66 Siehe Kreuter, Bd. 1, S. 573.

67 Vgl. die Hinweise in BayHStA MInn 15399 sowie entsprechende Ausführungen bei Müller, S. 154 f.

68 Schreiben der Kreisregierung vom 22. Mai 1845, in: BayHStA MInn 62100.

69 GLA 233/31274; Engstrom, S. 118.

70 Siehe verschiedene Berichte in GLA 236/3641.

71 In Baden erfolgte diese Einbindung der Ärzte in allen zwischen 1800 und 1860 eingerichteten Irrenanstalten. Etwas anders sah die Situation in Bayern aus: Eine Zusammenarbeit mit den Irrenhausärzten läßt sich in der Reformzeit nur für die 1804 eröffnete Irrenanstalt zu München, dem – noch unter preußischer Herrschaft zur Musteranstalt umgestalteten – Bayreuther Irrenhaus sowie der Würzburger Irrenabteilung nachweisen. Zu München siehe David Lederer, Reforming the Spirit: Society, Madness and Suicide in Central Europe, 1517–1809, New York 1995, S. 463–465. Über die preußischen Reformbemühungen in Bayreuth berichten ausführlicher: Kaufmann, S. 169–177, sowie Gunther Herzog, Krankheits-Urteile. Logik und Geschichte der Psychiatrie, Rehburg-Loccum 1984, S. 127–142. Über Würzburg informiert Müller, S. 96–112.

72 1835 ermahnte das bayerische Innenministerium beispielsweise in dieser Angelegenheit die mittelfränkische Kreisregierung; außerdem erfolgten nach 1850 die Visitationen der Irseer Anstalt durch die zuständige Regierung zu Schwaben-Neuburg offensichtlich nicht mit der vom Innenministerium gewünschten Regelmäßigkeit. Schreiben in: BayHStA Minn 62113 und StAAG RA 8257.

73 Dienstsuspensionen wegen unzureichender Diensterfüllung oder anderweitiger Vergehen hat es während des Untersuchungszeitraums weder in Baden und Bayern gegeben. Lediglich der Würzburger Assistenzarzt der Irrenabteilung Ernst Schmidt wurde wegen einer öffentlichen Kritik der ministeriellen Irrenpolitik zum Gegenstand der behördlichen Diskussion. Allerdings war es nicht das von ihm kritisierte Innenministerium, sondern

die unterfränkische Kreisregierung, die – allerdings erfolglos – Sanktionen einforderte. Siehe die entsprechenden Schreiben in: BayHStA MInn 61955.

74 Im Gegensatz dazu hatte sich noch 1820 der Heidelberger Anstaltsdirektor Friedrich Groos um die Legitimation seines ärztlichen Amtshandelns bemüht, indem er die badische Sanitätskommission wegen einer in der damaligen psychiatrischen Praxis durchaus üblichen Schädelverbrennung konsultierte. Vgl. dazu Walter Stemmer, Das Irren- und Siechenhaus Pforzheim und seine Ärzte, in: AZP 71 (1914), S. 289–307, 304.

75 Vgl. u. a. die Beschwerden bei Georg Heermann, Über das Studium der psychischen Medicin auf Universitäten, als das nächste Erfordernis ihrer Förderung, in: Medicinische Annalen 3 (1837), S. 443–496, 456–460.

76 § 1 der Instruktion für den Oberarzt und Vorstand der Königlichen Kreisirrenanstalt zu Erlangen vom 25. Mai 1855, in: StAN RegMfr, K.d.I., Abg. 1952, Nr. 204.

77 Zu Giesing siehe BayHStA GR F 2716 Nr. 608; zu Pforzheim den Verwaltungsbericht vom Dezember 1804, in: GLA 171/1231.

78 Bericht des bayerischen Innenministeriums über die Ergebnisse der Erlanger Kreisirrenanstalt vom 10. Februar 1850, in: BayHStA MInn 62091; Bericht über die Kreisirrenanstalt Irsee vom September 1851, Beilage zur Nr. 47 des Intelligenzblattes der Königlichen Regierung von Oberbayern vom Jahr 1851, S. 1–14; Bericht über die Ergebnisse der Heil- und Pflegeanstalt Illenau, in: AZP 9 (1852), S. 166 f.

79 Als beispielsweise der Pforzheimer Anstaltsarzt Johann Roller 1810 vom badischen Innenministerium aufgefordert wurde, seine therapeutischen Grundsätze schriftlich niederzulegen, erklärte der Arzt, daß er sich dazu nicht in der Lage sehe: »Schon die Motive zur Behandlung der psychisch Kranken sind leider so unbestimmt und so wenige Ärzte wissen immer, warum sie so und nicht anders handeln, daß es für viele eine schwere Anforderung wäre, ihren Glauben desfalls zu Papier zu bringen und höhere Prüfungen vorzulegen, was in der Regel auch nicht von Staatsärzten verlangt wird«. Zit. nach: Walter Stemmer, Das Irren- und Siechenhaus Pforzheim und seine Ärzte, in: AZP 71 (1914), S. 289–307, 297.

80 Diese Beobachtung gilt sowohl für die frühen Irrenhäuser zu Pforzheim, Heidelberg, Giesing, Schwabach und Bayreuth als auch – ab den sechziger Jahren – für die Reformanstalten in Illenau, Erlangen und Irsee.

81 Aufgrund von Raummangel konnten in einigen Anstalten Neuaufnahmen nur eingeschränkt oder aber lediglich anhand einer Expektantenliste erfolgen, Insassen mit unterschiedlichen Krankheitsbildern mußten zusammen untergebracht, Pfleglinge lokal versorgt oder aber in andere Lokalitäten überwiesen werden. Zu diesem Problem vgl. u. a. einen Bericht des Heidelberger Irrenhausleiters Friedrich Groos vom 27. April 1828, in: GLA 236/4948; den Jahresbericht 1852/53 des Erlanger Kreisirrenanstaltsdirektors August Solbrig, in: BayHStA MInn 62091, sowie die Publikation von Christian F. W. Roller/Franz Fischer, Das Projekt des Neubaus einer zweiten Heil- und Pflegeanstalt im Großherzogthum Baden vor den Landstanden und den beiden medicinischen Facultäten. Mit allgemeinen Bemerkungen über die Errichtung von Irrenanstalten und über psychiatrischen Unterricht, Karlsruhe 1865, S. 2–6.

82 Über Unterbringungs- und Behandlungsprobleme aufgrund der ho-

hen Anzahl chronisch Kranker in der Heidelberger Anstalt berichtete Christian F. W. Roller, Nachrichten und Wünsche aus der badischen Landes-Irrenanstalt zu Heidelberg, in: Annalen der Staatsarzneikunde 6 (1841), S. 539–572, hier vor allem S. 539–545. In den bayerischen Kreisirrenanstalten zu Erlangen, Karthaus-Prüll und Werneck belief sich noch 1857 der Anteil an unheilbar Kranken auf 40 bis 50 Prozent der Insassen. Siehe dazu den Bericht des bayerischen Innenministeriums vom 24. März 1857, in: BayHStA MInn 62102.

83 Die Mehrzahl der untersuchten Anstaltsärzte glaubte, durch regelmäßige Berichterstattung über die Anstalten sowie durch wiederholte Veröffentlichung der Aufnahmekriterien in Regierungsblättern, Fachzeitschriften und Tageszeitungen diesem Mißstand entgegenwirken zu können. Vgl. dazu u. a. Friedrich Hagen, Bericht über die Kreisirrenanstalt Irsee betreffend vom September 1851, in: Beilage zu Nr. 47 des Intelligenzblattes von Oberbayern 1851, S. 1–14, 7 f.

84 Siehe hierzu beispielsweise die Instruktion für den Oberarzt der Erlanger Anstalt vom 19. Juni 1855, in: StAN RegMF, K.d.I., Abg. 1952, Nr. 204.

85 Die Anstaltsärzte begründeten diese Verspätungen mit ihrer Doppelbelastung. Vgl. u. a. eine entsprechende Stellungnahme von Johann Roller vom 15. März 1812, in: GLA 171/1226, sowie spätere Hinweise der badischen Sanitätskommission, in: GLA 236/1904. Der Anstaltsleiter Friedrich Groos reagierte auf einen entsprechenden Verweis der Sanitätskommission mit dem Argument, daß es seiner Überzeugung nach »mehr aufs Handeln [...] als aufs Schreiben ankomme«, Schreiben vom 14. Januar 1820, in: GLA 236/16190.

86 Zu Baden vgl. verschiedene Berichte in: GLA 236/4954.

87 Mittelfristig traten die Anstaltspsychiater neben die staatlichen Medizinalkollegien und Medizinalreferenten, langfristig gesehen lösten sie diese ab. In der zweiten Jahrhunderthälfte waren es hauptsächlich Anstaltspsychiater, die für die jeweiligen Regierungen psychiatrische Gutachten ausarbeiteten. Über die Wahl des Standortes der zweiten schwäbisch-neuburgischen Kreisirrenanstalt entschieden beispielsweise drei bayerische und zwei ausländische Anstaltspsychiater. Vgl. dazu verschiedenen Berichte in: BayHStA MInn 62103.

88 »In einer tüchtigen Heilanstalt«, so argumentierte beispielsweise Christian Roller, »wird mancher geheilt werden, der jetzt dem Staat lebenslänglich zur Last fällt. [...] Wenn zehn Irre in jedem Jahr geheilt werden [...], so hätte der Staat nach 10 Jahren für 100 weniger zu sorgen und eine jährliche Ersparniß von 15.000 Gulden.« Schreiben Rollers aus dem Jahr 1829, in: GLA 236/4949.

89 Schreiben des Dekans Dr. Heyerfelder vom 19. März 1849, in: BayHStA MK 11488.

90 Zur Publikationstätigkeit Friedreichs vgl. Armin Haustein, J. B. Friedreich als Gerichtsmediziner, Erlangen 1971; Godehard Rutz, Johann Baptist Friedreich. Sein Leben und sein Einfluß auf die Gerichtsmedizin seiner Zeit, Würzburg 1974.

91 Dabei wurde vor allem den Anstaltsärzten die Schuld an dieser Entwicklung zugeschrieben. Diese hätten die Redaktionen »theils aus Mangel an Lust dazu und theils, weil sie mehr sogenannte Philosophen waren« –

wie der preußische Irrenarzt Friedrich Bird formulierte – nicht unterstützt; Friedrich Bird, Plan zur Stiftung einer Academie für die psychische Heilkunde, als eines wissenschaftlichen Vereins practischer psychischer Aerzte, in: Henke's Zeitschrift für Staatsarzneikunde 27 (1834), S. 304–329.

92 Die Mißerfolge dieser Zeitschriften stellen allerdings keine Ausnahme dar, sondern spiegeln vielmehr den allgemeinen Trend wider. Von den neun zwischen 1805 und 1844 in ganz Deutschland gegründeten psychiatrischen Zeitschriften existierte keine durchschnittlich länger als zweieinhalb Jahre. Dazu Alfred E. Angst, Die ersten psychiatrischen Zeitschriften in Deutschland, Würzburg 1975, passim, und Ulrich Trenckmann, Mit Leib und Seele. Ein Wegweiser durch die Konzepte der Psychiatrie, Bonn 1988, S. 53. Die Anstaltspsychiater suchten zum Teil anderweitige Veröffentlichungsforen für ihre Zwecke zu nutzen. So engagierte sich beispielsweise Christian Roller insbesondere bei der Gründung eines staatsärztlichen Vereins in Baden und publizierte einige seiner Grundsatzaufsätze in dessen Zeitschrift »Annalen für Staatsarzneikunde«. Vgl. Max Fischer, Christian F. W. Roller, in: Mein Heimatland 24 (1937), S. 259–262, 261 f.

93 Vgl. Heinrich Damerow, Pro Memoria. An Deutschlands Irrenärzte über die Herausgabe einer allgemeinen Zeitschrift für Psychiatrie, mit besonderer Berücksichtigung der Irrenanstalten und öffentlichen Irrenangelegenheiten, in: Medicinische Zeitung 10, Nr. 7, 17. Februar 1841, S. 33–42; ferner Heinrich Damerow, Einleitung, in: AZP 1 (1844), S. I–XLVIII, XLVI.

94 Vgl. Gundolf Keil, Deutsche psychiatrische Zeitschriften des 19. Jahrhunderts, in: Gerhardt Nissen/Gundolf Keil (Hg.), Psychiatrie auf dem Wege zur Wissenschaft. Psychiatrie-historisches Symposium anläßlich des 90. Jahrestages der Eröffnung der »Psychiatrischen Klinik der Universität Würzburg«, Stuttgart 1985, S. 28–35.

95 Friedrich W. Hagen, Aerztlicher Bericht aus der Kreis-Irrenanstalt Irsee, in: AZP 10 (1853), S. 1–72.

96 In den Miszellen der AZP finden sich regelmäßig Veröffentlichungen der neuesten Anstaltsstatistiken der bayerischen und der badischen Irrenhäuser.

97 Neben den regelmäßigen Kurzberichten in der AZP vgl. zu Baden: Die Heil- und Pflegeanstalt Illenau. Nebst einem Anhang: Die früheren Irren- und Siechenanstalten zu Heidelberg und Pforzheim, die jetzige Heil- und Pflegeanstalt zu Pforzheim, die Geisteskranken außerhalb der Anstalten, hg. von dem Handels-Ministerium, bearbeitet von der Direktion der Heil- und Pflegeanstalt Illenau und dem statistischen Bureau des Handels-Ministeriums, Karlsruhe 1866; zu Bayern: Friedrich Hagen (Hg.), Statistische Untersuchungen über Geisteskrankheiten. Nach den Ergebnissen der ersten fünfundzwanzig Jahre der Kreis-Irrenanstalt zu Erlangen. Unter Mitwirkung von deren Hülfsarzten, Erlangen 1876.

98 Zu den therapeutischen Auffassungen der frühen Psychiater: Thomas Rechlin, Psychotherapeutische Ansätze im 18. und 19. Jahrhundert, in: Rolf Baer (Hg.), Themen der Psychiatriegeschichte, Stuttgart 1998, S. 127–139.

99 Von besonderer Bedeutung sind in diesem Zusammenhang die Arbeiten des Winnenthaler Anstaltsarztes Wilhelm Griesinger. Griesinger wandte sich gegen den Leib-Seele-Dualismus; er definierte Geisteskrank-

heiten als Gehirnkrankheiten. Allgemein dazu: Dörner, S. 289–306, sowie Hans-Peter Schmiedebach, Mensch, Gehirn und wissenschaftliche Psychiatrie: Zur therapeutischen Vielfalt bei Wilhelm Griesinger, in: Glatzel/Haas/Schott (Hg.), S. 83–105.

100 Zit. nach Johann Bodamer, Die Entstehung der Psychiatrie als Wissenschaft im 19. Jahrhundert, in: Fortschritte der Neurologie, Psychiatrie und ihrer Grenzgebiete 21 (1853), S. 512–534, 518.

101 Christian F. W. Roller, Grundsätze für Errichtung neuer Irrenanstalten insbesondere der Heil- und Pflegeanstalt bei Achern im Großherzogthum Baden, Karlsruhe 1838, S. XIV f. Als einen geeigneten Raum für derartige Zusammenkünfte von Psychiatern schlug Roller die Versammlung der Gesellschaft Deutscher Naturforscher und Ärzte (GDNÄ) vor. Bei der 24. Versammlung der GDNÄ in Kiel 1846 kam es zur Einrichtung einer psychiatrischen Sektion, jedoch – wie sich in den folgenden Versammlungen zeigte – ohne breite Resonanz. Allgemein zur GDNÄ: Hermann Lampe, Die Entwicklung und Differenzierung von Fachabteilungen auf den Versammlungen von 1828 bis 1913, Hildesheim 1975; siehe ferner Frank Pfetsch, Zur Entwicklung der Wissenschaftspolitik in Deutschland, 1750–1914, Berlin 1974, S. 252–313. Vgl. Carola Herold, Untersuchungen zur Organisationsgeschichte der Psychiatrie in Deutschland, Marburg 1972, S. 5–9.

102 Herold, S. 33–36; Bodamer, S. 522 f.

103 Herold, S. 37 f.; 1868 und 1878 gab es weitere Tagungen des Lokalvereins in Heidelberg und Karlsruhe.

104 Siehe dazu Engstrom, vor allem S. 357–369.

Martina Henze

Handlungsspielräume im Strafvollzug

Die Beschwerden von Gefangenen im hessen-darmstädtischen Zuchthaus Marienschloß 1830–1860

In der historischen Forschung wächst in den letzten Jahren das Interesse an Selbstzeugnissen, die darüber Auskunft geben, wie Individuen elementare Veränderungen in Wirtschaft, Staat und Gesellschaft aufnahmen und verarbeiteten. Das Augenmerk richtet sich dabei, so Winfried Schulze, besonders auf jene sozialen Schichten, die sich üblicherweise nicht artikulierten.[1] Zu dieser schweigenden Masse gehörte auch das Gros der Strafgefangenen des 19. Jahrhunderts, die nur in wenigen Fällen Zeugnisse über ihre Haftzeit hinterließen.[2] Hingegen existieren unter den Quellen des hessen-darmstädtischen Landesgefängnisses Marienschloß einige teilweise umfangreiche Akten mit dem Titel: Beschwerden von Gefangenen. Sie enthalten Bitten und Wünsche, Anträge und eben auch Beschwerden von Sträflingen und zeigen den Zustand der Anstalt allgemein und ihre Beaufsichtigung durch die unterschiedlichen Instanzen aus Sicht der unmittelbar betroffenen Menschen.[3] Dieser Befund wirft die Frage auf, welche Möglichkeiten und Rechte den Sträflingen zustanden, ihren Anliegen Gehör zu verschaffen und ihre Situation zu verändern.

Die Forschung hat bis heute weder die Rechtsstellung von Strafgefangenen noch das Beschwerderecht in Theorie und Praxis des 19. Jahrhunderts angemessen untersucht. Berthold Freudenthal beklagte 1910, es sei zwar über die Rechte und Pflichten der Staatsbürger eine fast unübersehbare Literatur vorhanden, um so weniger aber bisher die Frage erörtert worden, wie sich die besondere verfassungsrechtliche Stellung derjenigen Staatsbürger gestalte, die eine Freiheitsstrafe verbüßten.[4] Von sozialgeschichtlicher Seite griff man diese Thematik bisher kaum auf und arbeitete hauptsächlich den teils fürsorglichen, teils repressiven und disziplinierenden Charakter der verschiedenen staatlichen Anstalten heraus.[5] In der juristischen Forschung überwiegen gegenwartsbezogene Darstellungen, die allenfalls kurz auf den historischen Kontext eingehen.[6] Das Verhältnis von Staat und Sträfling zueinander bezeichnete die Rechtswissenschaft bis vor wenigen Jahren als »besonderes Gewaltverhältnis«,[7] für das Michael Ronellenfitsch bis in die zweite Hälfte unseres Jahrhunderts hinein folgende Charakteristika aufzählt: Im besonderen Gewaltverhältnis gelten weder der Grundsatz der Gesetzmäßigkeit der Verwaltung noch die Grundrechte; Anordnungen ergehen in Form von Verwaltungsvorschriften und können nicht gerichtlich angegriffen werden.[8] Drastischer formulierte dies Ludwig Wenninger 1982 in seiner begriffsgeschichtlichen Untersuchung. Bei Strafgefangenen ergebe sich die »intensivste Unterworfenheit«, der Gefangene des 19. Jahrhunderts befinde sich in einem reinen Vollzugsverhältnis des Rechts, in dem nur Zwang herrsche, das Recht habe diesen Bereich ohne Garantien und Schutzmittel dem Einbrechen staatlicher Gewalten überlassen.[9]

Im folgenden soll anhand der genannten Akten untersucht werden, ob dies für Hessen-Darmstadt und insbesondere für die Strafanstalt Marienschloß zwischen 1830 und 1860 zutrifft, welche Handlungsspielräume die Strafgefangenen in dieser Zeit hatten und inwieweit sie ihre Anliegen in der Praxis durchsetzen konnten.

I. Gefangenenrechte in der Theorie

Der gefängniskundliche und strafrechtliche Diskurs des 19. Jahrhunderts legitimierte zunächst das Recht des Staats zu strafen. Karl Binding definierte das Strafrecht 1885 als »das Recht des Staates, einem Delinquenten [...] Rechte oder Rechtsgüter zu nehmen«. Strafe hatte gerecht zu sein, also in einem angemessenen Verhältnis zu der begangenen Rechtsverletzung zu stehen. Als Reaktion auf eine solche Rechtsverletzung fügte die Strafe dem Straftäter eine »stets beabsichtigte empfindliche Schädigung«[10] zu. Die vorherrschende und allenthalben anerkannte Strafform war der Freiheitsentzug.[11]

Weitergehende rechtliche Folgen einer Freiheitsstrafe in bezug auf die staatsbürgerlichen Rechte der Straftäter wurden allerdings kaum benannt oder gar kontrovers diskutiert. In den ersten Jahrzehnten des 19. Jahrhunderts ging es den meisten Autoren der Gefängniskunde[12] zunächst darum, Mißstände wie gesundheitsgefährdende Unterbringung und Verpflegung zu beseitigen. Der Strafvollzug sollte keine weiteren Schädigungen als die im Urteil ausgesprochenen nach sich ziehen, weswegen Verbesserungen vor allem hinsichtlich der Lokalitäten, der Ernährung und Gesundheitspflege allenthalben gefordert wurden. Wilhelm Sauerwein sprach sich 1830 sogar für die Fixierung von »Pflichten gegen Gefangene« aus, denn: »Warum denn besteht keine Vorschrift, die genau angibt, wie das Gefängniß beschaffen und eingerichtet sein müsse, daß es eben nicht mehr und nicht weniger sei als ein Ort, wo man Leute festhalten und von dem Verkehr mit Anderen abscheiden kann? warum besteht denn keine Vorschrift, die genau angibt, in wie weit der Gefangene seine persönliche Freiheit verloren hat, und in wie fern er auch zwischen Gitter und Riegel als ein selbstständiges Wesen geachtet und behandelt werden müsse?«[13] Andere Autoren forderten dagegen lediglich allgemein eine menschenwürdige Behandlung von Strafgefangenen.[14] Die Wahl der Strafen müsse unter »einer erleuchteten Berücksichtigung des Menschenwerthes geschehen«, so etwa der schwedische Kronprinz Oskar 1841.[15] Der bayerische Reformer Georg Michael Obermaier war zudem überzeugt, daß nur durch eine humane Behandlung der Sträflinge das für ihn wichtigste Ziel des Strafvollzugs, die Besserung, zu erreichen sei.[16] Mit dem Hinweis auf die Menschenwürde sprachen sich führende Strafrechtler und Gefängniskundler wie etwa Ludwig von Jagemann, Friedrich Nöllner, Karl Joseph Anton Mittermaier oder Karl David August Röder gegen die Leibesstrafen aus,[17] welche als Strafschärfungen zu einer Freiheitsstrafe hinzutreten konnten. Auch disziplinarische Körperstrafen wie Stock- oder Peitschenhiebe wurden vielfach abgelehnt,[18] andererseits, so etwa im Criminallexikon von 1854,[19] aber auch als legitimes Mittel angesehen, die Hausordnung durchzusetzen.

Nur sehr vereinzelt waren weitergehende Forderungen wie die Friedrich Christian von Arnolds 1854: »Die Staatsgenossenschaft kann verlangen, daß die Strafgewalt den Sträfling nicht nur nicht verwilderter als er gewesen, sondern vielmehr möglichst gebessert [...] in die Staatsgesellschaft zurückgebe: der Sträfling hat ein Recht darauf, daß der Staat [...] ihm die Möglichkeit gewähre, sich zu einem nützlichen Glied der menschlichen Gesellschaft auszubilden«.[20] Emanuel Ullmann spezifizierte 1873 dieses »Recht des Sträflings, der durch den Vollzug der Strafe unmöglich noch grösserem sittlichen Verfall preisgegeben werden«[21] dürfe: Der Staat habe sich nicht auf die negative Aufgabe der Sicherung der Staatsordnung zu beschränken, sondern positiv die Lücke in der moralischen und intellektuellen Erziehung des Verbrechers zu schließen. Anders ausgedrückt sollte Sträflingen also durch moralische, berufliche und schulische Bildung die Rückkehr in die Gesellschaft ermöglicht werden.

Über ein Beschwerderecht für Strafgefangene finden sich nur verstreute Bemerkungen in gefängniskundlichen Schriften. So enthielt eine 1824 veröffentlichte Verordnung des Zentralgefängnisses Kaiserslautern einen Passus über den Wirkungskreis der Aufsichtskommission, die »über Beschwerden der Sträflinge wegen zu großem Arbeitsmaaß, oder wegen zu harter, dem gesetzlichen Zwecke der Strafe nicht angemeßener Arbeiten, nach vorgängiger Untersuchung und nach Vernehmung des Inspectors zu entscheiden« habe.[22] Ähnlich erwähnte Ludwig von Jagemann 1850, daß in Baden den Sträflingen bei regelmäßig stattfindenden Visitationen das Recht zustehe, »Bitten und Beschwerden« vorzubringen.[23] Carl August Diez sprach sich 1857 des weiteren für ein Rekursrecht der Gefangenen bei gegen sie verhängten Disziplinarstrafen aus: »Es wird dadurch allerdings der Sträfling einerseits gegen etwaige [...] verübte Ungerechtigkeiten geschützt und andererseits dadurch demselben eine weitere Bürgschaft gegeben, daß er auch in der Strafanstalt nicht recht- und schutzlos ist [...]; allein auf der andern Seite ist dieses Recht doch nur ein illusorisches, da der Aufsichtsrath den Vorsteher nicht wohl durch Abänderung seines Erkenntnisses kompromittiren kann«.[24] Erst kurz vor der Jahrhundertwende zählte das Handbuch des Gefängniswesens von 1888 zusammenfassend »Allgemeine Rechte für Gefangene« auf: Demnach durften Sträflinge eine vorschriftsmäßige Behandlung in bezug auf Ernährung, Kleidung, Unterbringung, Arbeit sowie Gesundheitsfürsorge beanspruchen. Darüber hinaus aber sollte ihnen ein Beschwerderecht »wegen ungesetzlicher oder unhausordnungsmässiger Behandlung oder gegen Disziplinarstraferkenntnisse«[25] zustehen.

Insgesamt wurden in den ersten zwei Dritteln des 19. Jahrhunderts die Rechte der Gefangenen allgemein wie auch das Beschwerderecht im besonderen nur am Rande thematisiert. Korrespondierend dazu bildete auch die Ausgestaltung der Aufsicht über die Strafanstalten durch die Staatsbehörden einen von der Gefängniskunde vernachlässigten Gegenstand. Dieser Befund ist insofern überraschend, als Klagen über die Vollzugspraxis, etwa über schlechte Lebensumstände, ungerechte Strafen oder willkürliche Beamte, häufig die Einleitung zu einschlägigen Schriften bildeten. Die Anzeige und die Beseitigung derartiger Mißstände wurden, abgesehen von den genannten wenigen Ausnahmen, fast ausschließlich den reformatorischen Bemühungen der Vollzugs- und höheren Staatsbeamten überlassen. Im Denken der Gefängniskundler waren Strafgefangene somit meist passive Subjekte staatlichen Handelns und der vollziehenden Staatsgewalt unterworfen.

II. Die Rechtsstellung der Gefangenen in Hessen-Darmstadt

1820 oktroyierte Großherzog Ludwig I. die hessische Verfassung, um die drei Provinzen des Großherzogtums, Oberhessen, Starkenburg und das auf dem Wiener Kongreß neu hinzugekommene Rheinhessen, rechtlich aneinander zu binden. Die Urkunde vom 17. Dezember sicherte in Titel III »Von den allgemeinen Rechten und Pflichten der Hessen«[26] den männlichen volljährigen Inländern den Genuß aller bürgerlichen Rechte zu. Nach Artikel 23 durfte die Freiheit von Person und Eigentum nur aufgrund gesetzlicher Bestimmungen eingeschränkt werden. Damit war insbesondere das Strafrecht gemeint, das in den beiden althessischen Provinzen noch auf die Carolina, ergänzt durch zahlreiche Verordnungen und Reskripte, zurückging, während in Rheinhessen der französische Code pénal galt.[27] Das 1842 verabschiedete Strafgesetzbuch[28] setzte dieser Rechtsungleichheit im Großherzogtum ein Ende. Es umfaßte von der Todesstrafe bis zum gerichtlichen Verweis dreizehn Strafarten und schaffte, übereinstimmend mit der Gefängniskunde der Zeit, die Körperstrafen als Strafschärfung ab. Die Kodifikation kannte vier verschiedene Freiheitsstrafen: Man konnte zu

Zuchthaus, Korrektionshaus, Gefängnis oder Festung verurteilt werden. Nur die beiden erstgenannten Strafen wurden im Zuchthaus Marienschloß vollzogen. Ein Schuldspruch zog folgende rechtliche Einschränkungen nach sich: Die Korrektionäre verloren die Fähigkeit, Geschworene zu sein, alle öffentlichen Ämter, Ruhegehalte und das passive Wahlrecht. Das Gesetz nahm den Zuchthäuslern zusätzlich noch alle Orden und Titel sowie die Fähigkeit, Vormund oder Kurator zu sein, ausgenommen über die eigenen Kinder.[29] Abgesehen von diesen gesetzlich vorgeschriebenen Rechtsfolgen einer Verurteilung blieb die Ausgestaltung des Strafvollzugs mittels Verordnungen der Verwaltung überlassen.[30]

Höchster Beamter des hessen-darmstädtischen Landesgefängnisses Marienschloß war der Zuchthausdirektor, welcher unter der direkten Aufsicht der Mittelbehörde in Gießen stand. Die oberste Leitung aller Strafanstalten oblag hingegen dem Ministerium des Innern und der Justiz, seit der Ressorttrennung 1848 allein dem Innenministerium.[31]

Zur Ordnung des Anstaltslebens erließ die Mittelbehörde mit Zustimmung des Ministeriums verschiedene Regelwerke. Bei Gründung der Anstalt wurden zunächst einzelne Instruktionen formuliert, 1811 für den Direktor und die Geistlichen, 1812 für den Verwalter und 1836 für die Ärzte.[32] Diese Dienstanweisungen wurden in den kommenden Jahrzehnten um solche für die Aufseher ergänzt und nach den aktuellen Bedürfnissen modifiziert. Sie hatten vor allem die Aufgabe, die Kompetenzen des Personals und dessen Verhältnis untereinander und zu den vorgesetzten Behörden festzulegen. Auf der anderen Seite standen die sogenannten Zimmerordnungen oder Verhaltungsregeln für die Gefangenen.[33] Sie waren die Essenz aus den Hausordnungen von 1830 und 1859,[34] welche generell den Aufenthalt der Sträflinge von ihrem Eintritt bis zur Entlassung regelten, sie legten die täglichen Pflichten und Vorschriften fest, hingen in allen Zimmern aus und wurden zusätzlich regelmäßig vorgelesen. Dasselbe galt für die 1844 erlassenen sogenannten Strafbestimmungen,[35] die Verstöße mit Disziplinarstrafen bedrohten.

Die Marienschlosser Dienst- und Hausordnungen, das zeigt diese kurze Übersicht, waren ein Regelflickwerk, das nicht planvoll entworfen, sondern bei akutem Bedarf erstellt oder an neue Bedürfnisse angepaßt wurde. Alle Sträflinge, unabhängig davon, ob es sich um Züchtlinge oder Korrektionäre handelte, unterlagen in gleicher Weise den Ordnungen. Inhaltlich schrieben sie zunächst unbedingten Gehorsam und Ehrerbietung der Gefangenen gegenüber den Angestellten und Zimmeraufsehern vor. Weiter reglementierten sie das gesamte Verhalten der Züchtlinge, von der Pflicht, ihren Körper reinzuhalten, ihr Arbeitspensum zu erfüllen oder den Gebeten andächtig zu lauschen bis zu Verboten, ohne Erlaubnis ein Fenster zu öffnen, Gegenstände zu tauschen oder unnötig zu sprechen. Auch Kontakte zur Außenwelt wurden nur sehr begrenzt zugelassen und unterstanden dann der Kontrolle der Direktion.

Bereits die erste erhaltene Zimmerordnung regelte in den Artikeln II bis IV gleich hinter der Gehorsamspflicht Beschwerdemöglichkeiten. »Beschwerden gegen Beamte und Mitgefangene, hat er [der Gefangene] bei dem Direktor, gegen den Direktor bei dem zeitigen Provinzialcommissär vorzubringen, weshalb er den Verwalter bitten muß, bei den genannten Obern vorgeführt sein zu wollen. [...] Aufschiebbare Wünsche werden bei dem gewöhnlichen Rapporte, wöchentlich zweimal vorgebracht. [...] In dringenden Fällen ist es dem Inhaftirten erlaubt, den Direktor bitten zu lassen, in dem einschlägigen Zimmer zu erscheinen«.[36] Die Strafbestimmungen von 1844 ergänzten diese Palette noch. Sie verpflichteten den Strafanstaltsdirektor, bei einer gegen ihn gerichteten Beschwerde »den Wunsch des Gefangenen, von der höheren Behörde vernommen zu werden, zu Protokoll zu nehmen und das Protokoll binnen der ersten 24 Stunden einzusenden«.[37] Außerdem mußte bei Disziplinarstrafen für jeden einzelnen Fall eine summarische Untersuchung erfolgen und ein kurzes Protokoll aufgenommen werden, das zur Kenntnis der Aufsichtsbehörde gelangte. Gegen eine solche Strafe konnten Gefangene fortan Rekurs einlegen.

Die Möglichkeit, Widerspruch beim Provinzialkommissär gegen eine vom Direktor verhängte Strafe zu erheben, wurde allerdings von der Zuchthausleitung bekämpft. So bat der Direktor Ludwig Venator schon 1846 darum, den Rekurs aufzuheben oder wenigstens zu beschränken, wurde aber abgewiesen. Der Provinzialkommissär bezeichnete es zwar auch als Nachteil, daß dadurch die Strafe dem Vergehen nicht auf dem Fuße folgen könne, wollte die Sträflinge aber noch weniger »ganz der Willkühr der Direktion Preiß«[38] geben. Auch Venators Nachfolger Johann Ernst Friedrich Albert Calmberg scheiterte 1850 mit dem Anliegen, das Rekursrecht zumindest einzuschränken.[39] Als die Mittelbehörde 1859 die »Verhaltungs-Regeln« erließ, wurden das Rekursrecht und auch alle anderen genannten Beschwerdemöglichkeiten nochmals grundsätzlich bestätigt; gleichzeitig aber verbot man Sammelbeschwerden und stellte »völlig unbegründete, beziehungsweise frivole Beschwerden, ebenso falsche Anklagen gegen Vorgesetzte oder Mitgefangene« ausdrücklich unter Strafe.[40]

Leider geben die Akten keinerlei Auskunft darüber, warum und auf wessen Initiative hin die Gefangenen mit den geschilderten Handlungsmöglichkeiten ausgestattet wurden. Es kann nur vermutet werden, daß wie beim Rekursrecht die Furcht vor Amtsmißbrauch der Beamten vor Ort eine Rolle gespielt hat. Den Marienschlosser Sträflingen stand insgesamt ein gestaffeltes Instrumentarium zur Verfügung, ihre Wünsche und Beschwerden vorzubringen. Gegen Mitgefangene sollte das Anstaltspersonal, gegen Beamte der Direktor, gegen den Direktor selbst die Gießener Aufsichtsbehörde helfen. Korrespondierend dazu sahen die Dienstpflichten der Beamten regelmäßige Rundgänge der Aufseher, des Verwalters und des Direktors vor. Dem Provinzialkommissär seinerseits oblagen vierteljährliche Visitationsbesuche, die durch die Berichtspflicht des Direktors ergänzt wurden. Versagte allerdings die Mittelbehörde als Entscheidungsinstanz über Beschwerden, waren die rechtlichen Möglichkeiten der Sträflinge erschöpft. Sie konnten sich weder selbst an das Ministerium als oberste Aufsichtsbehörde noch an die Gerichte wenden.[41] Trotzdem bleibt festzuhalten, daß die Vorschriften Hessen-Darmstadts im Vergleich zu den dürftigen Vorgaben der Gefängniskunde differenzierte Beschwerdemöglichkeiten für die Gefangenen vorsahen.

III. Die Beschwerdepraxis in Marienschloß

Die Akten des Staatsarchivs Darmstadt enthalten über zwei Dutzend Einzelbeschwerden zwischen 1828 und 1880; der Schwerpunkt liegt auf den Jahren zwischen 1839 und 1850. Dies sagt jedoch wenig darüber aus, wie viele Sträflinge tatsächlich den Beschwerdeweg nutzten. Offenbar gab es sogenannte Rapportlisten »über Gefangene, die sich zur Vorsprache beim Zuchthausdirektor gemeldet haben mit Angabe ihres Anliegens sowie der darauf erteilten Bescheide«.[42] Leider sind für den Untersuchungszeitraum nur zwei solche Listen erhalten. Die eine von 1849 enthält zwölf, die zweite von 1861 immerhin vierundzwanzig Einzelersuchen. Geht man davon aus, daß die Beamten vorschriftsmäßig handelten, hatten die Gefangenen zweimal wöchentlich die Gelegenheit, beim Direktor vorzusprechen und immerhin noch viermal jährlich beim Gießener Aufsichtsbeamten. So liegt der Schluß nahe, daß die Anzahl der tatsächlichen Gesuche um ein Vielfaches höher lag, als die vorhandenen Akten andeuten. Wahrscheinlich handelt es sich dabei nur um einen kleinen Teil aller Eingaben, der teils zufällig erhalten blieb, teils wegen seiner besonderen Bedeutung einen Schriftverkehr erforderte und deshalb überliefert ist. Abgesehen von der Quantität der Beschwerden muß man auch fragen, ob die Anliegen der Sträflinge ernsthaft untersucht und gegebenenfalls in ihrem Sinne entschieden wurden. Die wichtigsten, im folgenden darzustellenden Beschwerden beschäftigten sich mit dem Rekurs, d. h. der Beschwerde über eine Disziplinarstrafe, der Begnadigung, der Arbeit, dem großen Bereich von Unterbringung, Ernährung und Gesundheit, einigen Einzelfragen und schließlich mit umfassenden Klagen über die Anstalt.

Kein einziger Rekurs eines Sträflings befindet sich bei den Akten. Trotzdem ersieht man aus der Korrespondenz der Behörden, daß es viele Rekurse gegeben haben muß. Direktor Calmberg begründete nämlich 1850 sein Gesuch um Einschränkung dieser Beschwerdemöglichkeit damit, daß fast alle Sträflinge davon Gebrauch machten. Zwar nehme die vorgesetzte Behörde seine Maßnahmen selten zurück, der Vollzug der Strafe werde dadurch aber doch aufgeschoben. Der Züchtling zeige so dem Direktor, daß er selbst dem obersten Beamten der Anstalt hindernd entgegentreten könne.[43] Offenbar stellte sich die Mittelbehörde aber selbst dann hinter die Zuchthausleitung, wenn diese im Unrecht war. Als 1844 nämlich Direktor Venator dienstordnungswidrig den Züchtling Heinrich Volbert mit einem Stock schlug, mißbilligte die Gießener Behörde zwar das aufbrausende Verhalten des Direktors, aber sie bestätigte die Strafe gegen Volbert und verfügte noch eine zusätzliche Kerkerhaft.[44] Insgesamt muß man also davon ausgehen, daß das Rekursrecht Makulatur war.

Eine weitere Gruppe von Gesuchen betraf die Bitte um Begnadigung. Dazu wandten die Sträflinge sich über den Direktor, den Provinzialkommissär und das Ministerium an den Landesherrn als Inhaber des Begnadigungsrechts. Offenbar gab es zahlreiche Gesuche um Gnade, denn eine Ministerialverfügung vom 16. Februar 1837 suchte die Zahl der »meist unbegründeten Straferlaßgesuche« einzudämmen. »Ein großer Teil dieser Gesuche entsteht durch den vielverbreiteten, aber durchaus irrigen Glauben, man müsse eine Bitte, die bereits abgeschlagen, nur wiederholen und werde alsdann doch Gewährung erhalten [...]. Wir bringen daher zur Kenntniß [...], daß überhaupt nur aus besonderen Gründen eine Milderung der erkannten Strafen im Wege der Gnade zu erwarten ist, daß jedoch, wenn ein Gesuch einmal abgeschlagen worden ist, solche Wiederholungen [...] ohne weitere Entschließung lediglich zu den Acten genommen werden soll«.[45] Die Mittelbehörde erhielt somit weitreichende Entscheidungskompetenzen und eine Art Filterfunktion. In der Praxis leitete der Gießener Provinzialkommissär z. B. 1838 von zwölf Gesuchen sechs gar nicht weiter.[46] Die Tatsache, daß die Hälfte der Haftzeit noch nicht abgebüßt war, die Einschätzung des verurteilenden Richters, aber auch das Wohlverhalten des Betreffenden waren dabei wichtige Entscheidungskriterien. So erreichte wohl nur ein geringer Teil aller Gnadengesuche überhaupt die höchste Instanz. Da einschlägige Akten dazu fehlen, sind über den Erfolg solcher Eingaben beim Großherzog keinerlei Aussagen möglich.

Die verschiedenen Aspekte der für alle Häftlinge verpflichtenden Arbeit bildeten ein weiteres Thema von Eingaben. Bei der Verteilung der Tätigkeiten äußerten Sträflinge wiederholt den Wunsch, zu den Außenarbeiten zugelassen zu werden. Dies mußte der Direktor genehmigen, seine Zustimmung war von der Strafdauer und dem Wohlverhalten des jeweiligen Petenten abhängig. Ausnahmsweise konnten auch Gesundheitsrücksichten den Ausschlag geben. Deswegen wandten sich zwei Züchtlinge 1839 mit ihrer Bitte offenbar zunächst an den Zuchthausarzt, der sie unterstützte. Beide Male lehnte der Direktor aber das Begehren aus »polizeilichen Gründen« ab.[47] Nach der Rapportliste von 1849[48] bat ein weiterer Sträfling darum, in seinem Gewerbe, der Bürstenbinderei, beschäftigt zu werden. Ausdrücklich blieb in derartigen Fällen die Entscheidung dem Direktor überlassen. Anders verhielt es sich bei einer

Beschwerde dreier Gefangener über das Arbeitspensum. Die Männer klagten 1845 bei einer Gießener Visitation, täglich 20 Ellen Nesseltuch zu weben, sei zu viel.[49] Direktor Venator, zum Gutachten aufgefordert, antwortete, einer der Sträflinge habe vor der ganzen Zimmermannschaft gesagt, die Landstände hätten die Zwangsarbeit abgeschafft und er, der Züchtling, verstehe besser als der Direktor, was von ihm gefordert werden dürfe. Venator war überzeugt, daß die Beschwerde sich »auf reine Frivolität« gründe, weswegen er auf Bestrafung wegen unziemlicher und ungegründeter Beschwerdeführung antrage. Zugleich wollte Venator zukünftige Fälle ohne die vorgesetzte Behörde regeln. Er führte aus: »Bei ähnlichen Klagen müßten Euer Hochwohlgeboren die Technologie sämtlicher Professionen studieren, was bei euerm hohen Standpunkt und wegen des Arbeitsaufwands wohl untunlich, oder über jeden speziellen Fall Bericht anfordern, welches meine Schreiberei untragbar steigern würde«.[50] Der Provinzialkommissär wies zwar diese Autonomiebestrebung des Direktors entschieden zurück, gab ihm aber in der Sache recht.[51] Folgerichtig wurden die Beschwerdeführer nach dem Ermessen des Direktors gestraft. Der dritte Konfliktpunkt bezüglich der Arbeit betraf den Arbeitsverdienst. Seit 1839 wurde allen Gefangenen ein Fünftel des durch ihre Arbeit erzielten Geldes auf ein Konto gutgeschrieben und nach ihrer Entlassung ausgezahlt.[52] Eine Ministerialverfügung vom 28. Juli 1843[53] legte genau die Modalitäten fest, nach denen aus dem Guthaben ausnahmsweise auch die bedürftige Familie Zahlungen erhalten konnte. In den Akten befinden sich mehrere derartige Gesuche von Sträflingen, etwa ihre Mutter finanziell unterstützen zu dürfen. Solche Eingaben wurden regelmäßig an den Provinzialkommissär weitergeleitet, der Erkundigungen über die tatsächliche Bedürftigkeit der Betroffenen einholte, die Gesuche dann aber ausnahmslos befürwortete.[54]

Die meisten überlieferten Beschwerden befassen sich mit der Unterbringung, Kleidung, Ernährung und der Gesundheitsfürsorge der Sträflinge. So wandten sich 1838 weibliche Züchtlinge mit der Bitte um passende und warme Kleidung an den Direktor, der daraufhin den Verwalter anwies, entsprechende Stücke zur Verfügung zu stellen.[55] Ähnlich problemlos bewilligte der Direktor einem anderen Bittsteller 1861 ein erbetenes Paar Stiefel.[56] Derartige Anliegen wurden also innerhalb der Anstalt vorgebracht, überprüft und öfters auch zugunsten der Sträflinge entschieden.

Zusammensetzung und Menge der Kost waren genau vorgeschrieben.[57] Trotzdem gab sie öfter Anlaß zu Beschwerden. So kam dem Provinzialkommissär Ende 1834 zu Ohren, der Züchtling Georg Heddinger habe bemängelt, »daß in Erbsen und Linsen keine Kartoffeln gekocht und das Gemüse schlecht geschmalzt würde«.[58] Der Aufsichtsbeamte wies die Klage nach Befragung des Direktors und anderer Gefangener als unbegründet zurück. Wenig später, im März 1835, kritisierte der entlassene Sträfling von Thumb in einem Bericht an das Ministerium allgemein die hohe Sterblichkeit in Marienschloß und machte dafür ungeeignete Räumlichkeiten, Vernachlässigungen bei der ärztlichen Behandlung und schlechte Kost verantwortlich.[59] Das Ministerium beauftragte daraufhin am 29. April den Geheimen Medizinalrat August Maria Franz von Ritgen damit, den Zustand der Nahrungsmittel und was sonst an Verpflegung auf die Gesundheit Einfluß habe zu untersuchen. Nach eingehenden Nachforschungen kam er zu dem Schluß, daß die Raumverhältnisse tatsächlich zu beengt und die Räume teilweise feucht und ungesund waren.[60] Dem wurde durch einen schon länger geplanten Neubau in der Folge abgeholfen.

Hinsichtlich der medizinischen Versorgung führte die Beschwerdeschrift von Thumbs zu Nachforschungen und partiellen Verbesserungen. So wurde die Medikamentenversorgung neu geregelt, und der Wundarzt Heinrich Schneider erhielt wegen Vernachlässigung seiner Dienstobliegenheiten einen Verweis.[61] Medizinalrat von Ritgen wollte zudem an seiner Stelle einen jungen Mann, zugleich Chirurg und Arzt, anstellen, der den vielfältigen Aufgaben in Marienschloß besser gewachsen sei. [62] Der Provinzialkommissär befürwortete gegenüber dem Ministerium diesen Vorschlag, und im Frühjahr 1836 wurde darauf ein neuer Assistenzarzt eingestellt.[63] Zukünftig gab die ärztliche Versorgung keinen Anlaß mehr zu Klagen.

Die Beanstandungen von Thumbs hinsichtlich der Kost wurden von Mittelbehörde und Ministerium unterschiedlich bewertet: Während dem Gießener Beamten »außer der schon bei der Heddingerschen Beschwerde gerügten und in den neuesten Zeiten nicht mehr statt gefundenen zu häufigen Mehlverwendungen mir nie deßhalb Beschwerden zu Ohren gekommen sind«,[64] ergab sich für das Ministerium, »daß das Brod öfters schlecht ist und die Speißung nicht stets tadelfrei erfolgt«.[65] Beide Instanzen einigten sich schließlich auf einzelne Verbesserungen hinsichtlich der Aufbewahrung und Zubereitung der Lebensmittel und verschärften die Kontrollpflicht des Direktors.[66]

Klagen über Kleidung, Unterbringung und Nahrung wurden auch bei der umfassenden Untersuchung der Strafanstalt von 1848 erwähnt. Der hierbei federführende Richter Friedrich Nöllner bemühte sich um Beseitigung der anerkannten Mängel etwa durch strenge Maßregeln bezüglich der Reinlichkeit und besseren Lüftung der Räume. Hinsichtlich der »mangelhafte[n], unreinlich zubereitete[n] oder doch im Vergleich zu einer anstrengende[n] Beschäftigung ungenügenden *Kost*«[67] versprach Nöllner Besserung u. a. durch die geplante Verlegung der Küche ins Innere der Anstalt. Für den Folgezeitraum finden sich tatsächlich keine Beschwerden mehr über die Verpflegung.

Ein besonderes Problem bildete das Essen der inhaftierten Juden. 1839 erhielt Direktor Venator vom Provinzialkommissär die Erlaubnis, jüdische Gefangene nicht mehr von außerhalb mit koscherer Kost, sondern wie alle anderen Sträflinge aus der Anstaltsküche zu verpflegen. Die Qualität der »Judenkost«, so Venator, sei so schlecht gewesen, daß elf der jüdischen Häftlinge selber darauf angetragen hätten.[68] Doch schon im April 1840 erbaten die israelitischen Züchtlinge, »das bevorstehende Osterfest nach den Vorschriften des mosaischen Gesetzes zu feiern«.[69] Ungewöhnlich ist hierbei der Weg, den diese Bitte nahm. Offenbar wandten sich die Sträflinge nämlich zunächst an den evangelischen Geistlichen, welcher die Bitte an den Gießener Rabbiner weiterleitete. Dieser schrieb daraufhin an den Provinzialkommissär, der den Vorgang schließlich dem Zuchthausdirektor »zur geeigneten Verfügung«[70] überließ. Venator bewilligte zwar Matzen und koschere Kost für das Fest, doch blieb die Wiedereinführung besonderer Verpflegung weiter Gegenstand von Bitten in- und außerhalb der Anstalt. Obwohl sich 1842 bei einer Befragung elf der sechzehn jüdischen Sträflinge für »gereinigtes Essen für Israeliten aussprachen«,[71] blieb die Gießener Behörde ablehnend: Es sei nicht möglich, in Rockenberg einen jüdischen Speisewirt zu finden, und eine Sonderregelung wirke störend auf den Geschäftsgang. Mit derselben Begründung lehnte auch Friedrich Nöllner 1848 den Wunsch nach koscherer Kost endgültig ab.[72]

Geradezu eine Protestwelle löste eine Ministerialverfügung

aus, die nicht die Grundverpflegung, sondern Genußmittel wie Tabak und alkoholische Getränke betraf. Ab 1. Januar 1839 durften nur noch Gefangene, die Ersttäter und älter als vierzig Jahre waren, für eigenes Geld sogenannte Luxusbedürfnisse kaufen. Der Direktor verhörte zunächst die fünf Beschwerdeführer, die sich im Namen aller gemeldet hatten, und schickte das Protokoll darüber dem Provinzialkommissär. Die Sträflinge seien der Meinung, die neuen Anordnungen seien nicht »aus reiner Quelle entsprungen«,[73] unmöglich habe die höchste Behörde Ausnahmen für die älteren Sträflinge zulassen und die Rückfälligen von allen Benefizien ausschließen können. Außerdem gebe es eine Bevorzugung der Zimmeraufseher und einzelner im Büro beschäftigter Sträflinge durch die Direktion. Venator forderte seinen Vorgesetzten in einem Begleitbrief zu einer genauen Untersuchung auf, um »nach Befinden mich, oder die Beschwerdeführer, streng zu bestrafen«.[74] Als Antwort kündigte Knorr eine Visitation an,[75] über die leider keine Unterlagen existieren. Der Stein des Anstoßes, die Verfügung über die sogenannten Luxusgüter, blieb jedoch offenbar in Kraft. Auch Friedrich Nöllner lehnte 1848 Gesuche um Schnupf- oder Kautabak oder zusätzliche Lebensmittel ab: Eine Strafanstalt dürfe »*nur nothwendige* materielle Genüsse«[76] gewähren und müsse jede Genußsucht unterdrücken.

Eine weitere Gruppe von Gesuchen betraf persönliche Anliegen von Gefangenen. So bat ein weiblicher Sträfling 1846 den Direktor, die ihrem kürzlich in der Haft verstorbenen Mann zustehende Militärpension ihr oder ihren Kindern zugute kommen zu lassen. Auch wenn sich in der Folge herausstellte, daß der Mann durch die Verurteilung seine Pensionsansprüche verwirkt hatte, wurden die Angaben der Witwe doch zunächst ernstlich geprüft.[77] In anderen Einzelfällen wünschten sich Gefangene 1849 die Anschaffung von Büchern aus dem eigenen Vermögen, was im Falle einer französischen Grammatik bewilligt, bei nicht näher bezeichneten Romanen jedoch verweigert wurde.[78]

Den letzten Themenbereich bildeten Beschwerden, welche die ganze Strafanstalt und ihr Personal betrafen. Die bereits erwähnte Schrift des ehemaligen Hauptmanns von Thumb von 1835[79] stellte insofern eine Ausnahme dar, als sie erst nach verbüßter Strafe verfaßt wurde. Der Autor überging dabei die Mittelbehörde und sprach das Ministerium als oberste Aufsichtsbehörde direkt an. Von Thumb begründete dies ausdrücklich mit den schlechten Erfahrungen, die der bereits erwähnte Georg Heddinger ein Jahr früher mit einer Beschwerde bei der Provinzialbehörde gemacht habe. Inhaltlich erhob der frühere Sträfling nicht nur die bereits behandelten Vorwürfe in bezug auf die Behandlung und Unterbringung der Sträflinge, er belastete auch die Beamten und Angestellten von Marienschloß schwer. Der Direktor setze sich selbst zum Erben verstorbener Züchtlinge ein, der Speisewirt übervorteile die Anstalt, ohne daß der Direktor einschreite, der Rechner sei dem Trunk ergeben, alle Angestellten trieben betrügerischen Handel mit den Gefangenen, veruntreuten Anstaltseigentum usw. Das Ministerium schickte zunächst den Medizinalrat von Ritgen nach Marienschloß und informierte erst danach, »jedoch nur *vertraulich* und nicht zum *officiellen* Gebrauch«, den Provinzialkommissär in Gießen. Letzterem überließ die höchste Aufsichtsbehörde es denn auch, ob er von den »Beschuldigungen gegen die Dienerschaft irgend einen Gebrauch zu machen oder solche bei mangelnden Verdachtsgründen einstweilen noch unberücksichtigt lassen zu müßen glaube«.[80] Der Beamte berichtete daraufhin lapidar an das Ministerium, daß gegen die Angestellten nichts vorliege, was eine Untersuchung begründen könne.[81]

Immer wieder finden sich in den sachbezogenen Beschwerden der kommenden Jahre Spuren des Mißtrauens gegen die Leitung vor Ort und die Gießener Aufsichtsbehörde. So äußerten auch die Sträflinge, die 1839 ihre »Luxusbedürfnisse« behalten wollten, sie hätten in die Mittelinstanz kein Vertrauen mehr, und forderten eine Untersuchungskommission aus Darmstadt. Der Provinzialkommissär lehnte diesen Antrag ab, weil dadurch sein amtliches Ansehen kompromittiert werde.[82] Auch der Züchtling Jakob Neuwahl gab 1841 unter anderem an, alle Gefangenen wünschten eine solche Kommission aus der Landeshauptstadt. Der Direktor lasse durch schlechte Wirtschaft die Gefangenen hungern und gehe »mit einem braunen, dicken Stock« in der Anstalt umher. Dessen Vorgesetzter bei seinen Visitationen aber »trifft nun um neun Uhr ein, frühstückt bei dem Director und geht um zehn Uhr wieder weg, in die Anstalt selbst geht er nicht«,[83] bei Klagen gebe er doch nur dem Direktor recht. Neuwahls Beschwerde war vom Hofgericht Darmstadt, wo er in einem Verfahren aussagte, direkt ans Ministerium gelangt, welches wiederum den Provinzialkommissär um Stellungnahme bat. Der Gießener Beamte führte daraufhin aus, daß sowohl die Klagen Neuwahls allgemein als auch die gegen seine Person vorgebrachten Anschuldigungen völlig unwahr seien: Er stehe keinesfalls in einem vertrauten Freundschaftsverhältnis mit Venator und erfülle seine Aufsichtspflicht gewissenhaft.[84] Das Ministerium bezeichnete daraufhin den Sträfling als ein »verrohtes Subject«,[85] das nur aus Milde keine Anzeige wegen Denunziation erwarten müsse.

Auch wenn darüber keine Akten vorliegen, müssen in den folgenden Jahren weiterhin Beschwerden über allgemeine Mißstände bis zum Ministerium gedrungen sein. Am 15. April 1848 schrieb nämlich der Innenminister Heinrich von Gagern seinem Amtskollegen im Justizministerium, er halte »das Absenden einer Kommission zur Untersuchung der Beschwerden, die zum Teil gegen die Behörde unmittelbar gerichtet sind, für nötig«. Er bitte darum, ihm »einen Beamten aus dem Richterstand, dem Ansehen und erforderliche Umsicht nicht abgehen«,[86] vorzuschlagen. Den ihm daraufhin empfohlenen Hofgerichtsrat Friedrich Nöllner beauftragte von Gagern am 22. Mai, »eine Untersuchung hinsichtlich der von Züchtlingen vorgebrachten Beschwerden an Ort und Stelle vorzunehmen und dabei auch alle Wahrnehmungen und Erfahrungen zu sammeln, welche sich ihnen über den Zustand der Zuchthausanstalt im ganzen und einzelnen darbieten«.[87] Friedrich Nöllner hatte Aufsätze zur Gefängniskunde veröffentlicht, mehrere in- und ausländische Strafanstalten besucht und im Vorjahr ein allgemeines Gutachten zur Gefängnisreform im Großherzogtum erstellt.[88]

Im folgenden hielt er sich mehrere Wochen in Marienschloß auf und untersuchte zunächst die Beschwerden der Gefangenen. Am 24. August teilte er dem Ministerium erste Ergebnisse mit. Ausdrücklich von ihm dazu ermuntert, hatten 173 Sträflinge sehr unterschiedliche Anliegen zu Protokoll gegeben. Unter »Wünsche und Bitten« faßte Nöllner Gesuche um Revision oder Gnade und die Anschaffung von Genußmitteln zusammen, die er weiterleitete bzw. ablehnte. Seiner Meinung nach begründete Beschwerden betrafen die Kost, Kleidung oder auch den fehlenden Unterricht. Den größten Raum aber nahmen Beschwerden gegen die Beamten und Angestellten ein, denen Ungerechtigkeit und Mißbrauch zur Last gelegt wurde. Während Nöllner den Arzt und einen Gefangenenwärter entlastete, entließ er als erste Konsequenz einen korrupten Werkmeister und leitete gegen den Verwalter Bauer eine Disziplinaruntersuchung ein. Am gravierendsten jedoch wogen die Vorwürfe gegen den Direktor Venator. Er besuche die Gefangenen nur höchst unregelmäßig, seine Buchführung insbesondere beim Arbeitsverdienst sei unordentlich, er behandle die Sträflinge ungleich und ungerecht, strafe bei Beschwerden, statt ihnen nachzugehen, schlage Züchtlinge entgegen der Disziplinarordnung selbst usw.[89] Daneben untersuchte Nöllner ebenfalls verschiedene Vorwürfe gegen Venator, die seine Dienstführung allgemein sowie den Umgang mit den Finanzen der Stafanstalt betrafen.[90] Das abschließende Urteil des Gießener Richters fiel vernichtend aus: In zwei umfangreichen Gutachten stellte er fest, in nahezu allen Bereichen der Anstalt fänden sich große Mißstände, die Schuld daran aber trage der völlig unfähige Direktor, dessen Amtsentsetzung und Bestrafung er forderte.[91]

Das Ministerium sah zwar von einer Geldstrafe ab, folgte aber ansonsten den Anträgen Nöllners.[92] So wurden letztlich auf die Beschwerden der Züchtlinge hin der Direktor sowie ein Werkmeister[93] aus Marienschloß entfernt. In den Akten der Folgejahre befinden sich keine gegen das Personal oder die Einrichtung der Anstalt allgemein gerichteten Beschwerden mehr.

IV. Fazit und Vergleich

Wie nun sind die soeben dargestellten Eingaben der Sträflinge zusammenfassend zu beurteilen? Inhaltlich betrafen sie alle Lebensbereiche der Anstalt. Der Schwerpunkt lag auf Fragen des täglichen Lebens wie Ernährung und Arbeit, während weitergehende Forderungen etwa nach besserer Seelsorge, Bildung oder Außenkontakten mit Verwandten Randerscheinungen blieben. Offenbar waren die Sträflinge – wie in der Zimmerordnung vorgeschrieben – über ihr Beschwerderecht und die Möglichkeit, Rekurs einzulegen, informiert, denn sie beriefen sich des öfteren explizit darauf. Auch von der Möglichkeit, sich an die Mittelbehörde zu wenden, machten die Gefangenen regen Gebrauch. Als Mittelsmänner für ihre Anliegen dienten dabei auch der Arzt und der Anstaltsgeistliche. Die höchsten Instanzen, das Ministerium und der Großherzog, waren für Sträflinge nach den Zimmerordnungen nur auf Vermittlung zuerst des Direktors und dann des Provinzialkommissärs erreichbar. Trotzdem suchten und fanden die Gefangenen öfters Wege, ihre Anliegen am Instanzenweg vorbei dem Ministerium vorzutragen. Für den entlassenen Sträfling von Thumb war es leicht, seinen Bericht direkt zu adressieren. Ein andermal nutzte ein Sträfling seine Vorführung vor Gericht zu einer Beschwerde. In den 1840er Jahren wurde dann der Versuch aktenkundig, einem zu entlassenden Mithäftling einen Brief an die höchste Landesbehörde mitzugeben. Auch wenn dies scheiterte, erreichten doch offenbar eine größere Anzahl ähnlicher Beschwerden ihr Ziel: Der Innenminister berief sich 1848 ausdrücklich auf Sträflingseingaben, die ihn zur Entsendung von Nöllner veranlaßt hatten. Insgesamt nutzten die Sträflinge alle sich ihnen bietenden Möglichkeiten auch am vorgeschriebenen Instanzenweg vorbei, um sich zu artikulieren. Sie zeigten dabei ein erstaunliches Selbstbewußtsein, etwa wenn sie sich beim Tabakverbot auf vermeintliche Rechte, bei der Arbeit auf die Landstände, beim eigenhändigen Schlagen des Direktors auf dessen dienstwidriges Verhalten beriefen.

Die Ergebnisse und Folgen von Beschwerden waren unterschiedlich. Einzelne Gesuche etwa um Begnadigung, Zuteilung von Arbeit oder Verwendung des Verdienstes hatten relativ gute Erfolgschancen, vor allem aber blieben sie bei Ablehnung ohne negative Folgen für die Bittsteller. Hingegen waren Rekurse offenbar selbst dann erfolglos, wenn andere Sträflinge zugunsten des Gestraften aussagten oder dessen Unschuld erwiesen werden konnte. Sie verursachten aber ebenfalls keine erkennbaren disziplinarischen Konsequenzen. Bei allen weitergehenden Beschwerden aber, die sich gegen die Einrichtung der Anstalt oder gar gegen die Beamten richteten, konnten die Folgen weitaus unangenehmer sein. Vielfach beanstandeten Gefangene, daß frühere Eingaben nicht nur unbeachtet geblieben, sondern bestraft worden waren. Es muß also davon ausgegangen werden, daß das Unterstrafestellen von sogenannten unbegründeten Beschwerden 1859 nur eine längst bestehende Praxis rechtfertigte, derartige Gesuche ohne Untersuchung abzulehnen und disziplinarisch zu ahnden. Erst massive oder direkt beim Ministerium vorgebrachte Klagen führten dazu, daß weitergehende Anliegen überhaupt ernsthaft geprüft wurden.

Den Umgang mit Beschwerden von Gefangenen kann man

auch als Indikator für den Reformwillen der vorgesetzten Behörden interpretieren. Verbesserungen der zum Teil krassen Mißstände wie ungenießbares Essen, willkürliche Strafen und korruptes Personal gingen hauptsächlich vom Ministerium aus. Allerdings war auch die höchste Behörde vor 1848 kaum an der gründlichen Untersuchung und Beseitigung solcher Zustände interessiert, sondern beschränkte sich auf punktuelles Einschreiten. Noch negativer muß das Urteil über die Wirksamkeit des Gießener Provinzialkommissärs ausfallen. Auf die meisten weiterführenden oder gegen Beamte gerichteten Beschwerden reagierte er gar nicht oder unterstützte die Anstaltsleitung. Offenbar teilte das Ministerium das Mißtrauen der Sträflinge gegen die Mittelbehörde: Sowohl 1835 als auch 1848 betraute es zunächst nicht den direkten Vorgesetzten, sondern einen Medizinalbeamten und einen Richter, also Außenstehende mit der Untersuchung.

Das dienstwidrige Verhalten des Marienschlosser Gefängnisdirektors Venator und die langjährige Untätigkeit der aufsichtführenden Behörden sind nur mit dem Bild erklärbar, das alle Beamte gleichermaßen von den Sträflingen hatten. Allzu leicht wurden Beschwerden als Ruhestörung und Querulantentum abgetan. In den Akten tauchen öfter Begriffe wie »Auswurf der Menschheit« oder »verkommenes Subject« auf, mit denen Beschwerdeführer belegt wurden. Selbst Friedrich Nöllner war der Meinung, Marienschloß enthielte »gewissermaßen einen *Auszug der höchsten Nichtswürdigkeit im Staate*«,[94] und die Gefangenen bezweckten mit ihren Beschwerden zumeist nicht etwa die moralische und rechtliche Verbesserung ihrer Lage, sondern materielle Genüsse.

Es bleibt festzuhalten, daß den Marienschlosser Gefangenen einerseits ein relativ umfangreiches Rekurs- und Beschwerderecht zur Verfügung stand, welches sie auch nutzten. Auf der anderen Seite ließen es die zuständigen Beamten an ernsthafter Untersuchung und Beseitigung berechtigter Vorwürfe oft fehlen. Geschah dies, standen den Sträflingen keine weiterführenden Rechtsmittel mehr zur Verfügung. Trotzdem konnten sie durch beharrliche Interventionen in der Praxis wichtige Verbesserungen erreichen. Ihr sichtbarster Erfolg war die durch Sträflingsbeschwerden angestoßene Untersuchung der gesamten Strafanstalt von 1848, welche Reformen vor allem hinsichtlich des Personals und des Arbeitsbetriebs in Gang setzte. Dabei ist allerdings zu berücksichtigen, daß erst der durch die revolutionären Ereignisse in sein Amt gelangte Innenminister von Gagern diesen Reformprozeß in die Wege leitete. Die Marienschlosser Sträflinge waren insgesamt nicht, wie die eingangs zitierte These Wenningers nahelegt, völlig recht- und schutzlos gegenüber den Vollzugsbehörden.

Ein kurzer Vergleich mit einer anderen Strafanstalt, dem Münchener Zuchthaus, zeigt, daß auch nach den dortigen Ordnungen Sträflinge ihre Anliegen sowohl der Anstaltsleitung als auch der Mittelbehörde vorbringen durften. [95] Es gibt jedoch keinerlei eigene Beschwerdeakten, sondern nur vereinzelte Hinweise darauf, daß diese Möglichkeiten auch in Bayern genutzt wurden, etwa bei Begnadigungen,[96] gegen Disziplinarbestimmungen[97] oder hinsichtlich der Kost.[98] Nach den Akten wurden derartige Anliegen überwiegend nicht vom Ministerium, sondern von der Regierung von Oberbayern entschieden. Umfassende Beschwerden gegen die Einrichtung oder Beamte der Anstalt fehlen ganz. Daß Beschwerden von Gefangenen in München offenbar eine geringe Rolle spielten, ist erklärungsbedürftig. Nicht auszuschließen ist hierbei ein Überlieferungszufall. Ferner könnten die Anliegen von Gefangenen in Bayern durch strengere Aufsicht nicht nach außen, schon gar nicht bis ins Ministerium gelangt sein. Wahrscheinlicher ist allerdings, daß dort insgesamt weniger Mißstände herrschten als in Marienschloß. Dafür spricht, daß nach den vorliegenden Akten das Münchener Zuchthaus erheblich besser organisiert und strukturiert war als das hessen-darmstädtische. Auch in Hessen-Darmstadt gingen nach 1850 die – überlieferten – Eingaben in dem Maß zurück, wie Reformen einsetzten. Dementsprechend können Beschwerden von Gefangenen also als ein Spiegel der Lebensumstände in Strafanstalten und von deren Reformierung betrachtet werden.

Anmerkungen

1 Winfried Schulze, Ego-Dokumente: Annäherung an den Menschen in der Geschichte?, in: Ders. (Hg.), Ego-Dokumente, Annäherung an den Menschen in der Geschichte, Berlin 1996, S. 11–30, 13.

2 Joseph Matthias Hägele, Erfahrungen in einsamer und gemeinsamer Haft sammt unmassgeblicher Gedanken über das Gefängnisswesen, Leip-

zig 1857; Otto von Corvin, Die Einzelhaft und das Zellengefängniß in Bruchsal. Ein Kapitel aus den demnächst erscheinenden »Erinnerungen aus meinem Leben«, Hamburg 1857; Georg Friedrich Schlatter, Das System der Einzelhaft in besonderer Beziehung auf die neue Strafanstalt in Bruchsal. Stimme eines Gefangenen über Zuchthäuser, Mannheim ^{2}1856. Alle Autoren entstammten allerdings dem Bürgertum und waren wegen politischer Vergehen inhaftiert. Weitere Beispiele: Eduard Heilfron, Das Gefängnis in der Literatur. Die Schriftwerke der Gefangenen, in: Strafvollzug in Preußen, hg. vom Preußischen Justizministerium, Mannheim 1928, S. 63–73.

3 Die genannten Beschwerden wurden im allgemeinen nicht von den Gefangenen selber niedergeschrieben, sondern durch Beamte vor Ort, also durch den Direktor, den Gießener Provinzialkommissär oder den Untersuchungsbeamten des Ministeriums aktenkundig gemacht.

4 Berthold Freudenthal, Die staatsrechtliche Stellung des Gefangenen, Jena 1910, zitiert nach dem Neudruck dieser Rede, in: Zeitschrift für Strafvollzug (1955), S. 157–166, 158. 1915 charakterisierte der Autor die Gefangenschaft als »Rechtsverhältnis des öffentlichen Rechts« wie folgt: »Die Rechtsstellung des in Gefangenschaft befindlichen Staatsbürgers ist gleich der des Staatsbürgers schlechthin, abzüglich der Rechte, die durch den Vollzug der Freiheitsstrafe kraft Rechtens in Wegfall kommen«, Ders., Gefängnisrecht und Recht der Fürsorgeerziehung, in: Joseph Kohler (Hg.), Enzyklopädie der Rechtswissenschaft in systematischer Bearbeitung, Bd. 5, München ^{7}1915, S. 75–113, 80.

5 So z. B. Hannes Stekl, Österreichs Zucht- und Armenhäuser 1671–1920, Wien 1978; Bernhard Stier, Fürsorge und Disziplinierung im Zeitalter des Absolutismus. Das Pforzheimer Zucht- und Waisenhaus und die badische Sozialpolitik im 18. Jahrhundert, Sigmaringen 1988; Ulrich Eisenbach, Die nassauischen Zucht-, Arbeits- und Waisenhäuser im 18. Jahrhundert, Wiesbaden 1994.

6 Carsten Hoffmeyer, Grundrechte im Strafvollzug. Verfassungsrecht als kriminalpolitischer Beitrag zur Reform des Strafvollzugs, Heidelberg 1979, geht gar nicht auf die historische Perspektive ein. Götz Chudoba erwähnt nur kurz, daß sich ab 1871 ein Beschwerderecht in allen Vollzugsvorschriften der Länder finde, Ders., Der Gefangene und sein Rechtsschutz, in: Max Busch/Gottfried Edel (Hg.), Erziehung zur Freiheit und Freiheitsentzug, Neuwied 1969, S. 129–138, 131. K. F. Engelhardt konstatierte 1932 lediglich, daß seit Beginn des 20. Jahrhunderts zwar Beschwerdebefugnisse in den Bestimmungen der Länder und des Reiches vorhanden waren, diese aber »nur Umrisse oder Grundzüge, aber keinen umfassenden Ausbau des Gefangenenbeschwerderechts« darstellten, K. F. Engelhardt, Das Beschwerderecht des Strafgefangenen der deutschen Länder. Ein Stück Rechtspflege und Volkserziehung in vergleichender Darstellung, in: Blätter für Gefängniskunde 63 (1932), S. 81–126, 83.

7 Der Begriff wurde erst im ausgehenden 19. Jahrhundert geprägt. Zur Begriffsgeschichte vgl. als ein neueres Beispiel Joachim Anslinger, Die Sonderverordnung, Diss. jur. Tübingen 1991, S. 44–46. Die neuere Forschung bezeichnet das ehemalige besondere Gewaltverhältnis nunmehr meist als Sonderstatusverhältnis. Vgl. z. B. den gleichnamigen Artikel in: Münchener Rechts-Lexikon, Bd. 3, München 1987, S. 381–382.

8 Michael Ronellenfitsch, Das besondere Gewaltverhältnis – ein zu früh totgesagtes Rechtsinstitut, in: Die öffentliche Verwaltung 34 (1981), S. 933–941, 935. Er kommt zu dem Ergebnis, daß das besondere Gewaltverhältnis noch immer von Bedeutung sei, sich aber von einer verfassungsrechtlichen zu einer verwaltungsrechtlichen Kategorie gewandelt habe. Zur Kritik daran: Ders., Das besondere Gewaltverhältnis im Verwaltungsrecht, in: Die öffentliche Verwaltung 37 (1984), S. 781–788, 781, Fn. 4.

9 Ludwig Wenninger, Geschichte der Lehre vom besonderen Gewaltverhältnis, Köln 1982, S. 57–59.

10 Karl Binding, Handbuch des Strafrechts, Bd. 1, Leipzig 1885, S. 484 f.

11 Zur Durchsetzung der Freiheitsstrafe: Robert von Hippel, Beiträge zur Geschichte der Freiheitsstrafe, in: Zeitschrift für die gesamte Strafrechtswissenschaft 18 (1898), S. 419–494, 608–666.

12 Den Begriff »Gefängniskunde« prägte der preußische Arzt Nikolaus Heinrich Julius: Ders., Vorlesungen über die Gefängniß-Kunde, oder über die Verbesserung der Gefängnisse und die sittliche Besserung der Gefangenen, entlassenen Sträflinge [...], Berlin 1828. Zu den Anfängen des gefängniskundlichen Diskurses vgl. Thomas Nutz (in diesem Band).

13 Wilhelm Sauerwein, Die Gefängnisse und die Gefangenen, Ein Wort zur Beförderung der Humanität, Offenbach 1833, S. 4 f. Seine Forderung nach einer Fixierung der Pflichten gegen Gefangene wurde allerdings im gefängniskundlichen Diskurs nicht aufgegriffen.

14 Z. B. zählte Friedrich Christian von Arnold Gerechtigkeit zusammen mit Humanität zu den unerläßlichen Bedingungen einer jeden Strafart: »Gerecht ist die Strafe nur, wenn sie im Verhältniß zur Verschuldung steht: human muß sie sein, wenn sie nicht statt Abscheu vor dem Verbrechen, Abscheu vor dem Gesetz erregen soll [...]«, Ders., Die Strafarten, in: Archiv des Criminalrechts (1854), S. 537–553, 539.

15 Kronprinz Oskar von Schweden, Ueber Strafe und Strafanstalten. Mit einer Einleitung und Anmerkungen von Nikolaus Heinrich Julius, Leipzig 1841, S. 4.

16 Diese Überzeugung zieht sich durch die drei Schriften des bayerischen Gefängnisdirektors Georg Michael Obermaier: Ders., Anleitung zur vollkommenen Besserung der Verbrecher in den Strafanstalten, Kaiserslautern 1835 (Neudruck Hamburg 1925); Ders., Die amerikanischen Pönitentiarsysteme in Vergleichung mit der im Centralgefängnisse zu Kaiserslautern eingeführten Besserungsweise, und ihre gegenseitigen Folgen, Kaiserslautern 1837; Ders., Die Verhandlungen über Gefängnißreform in Frankfurt am Main im September 1846 oder die Einzelhaft mit ihren Folgen, München 1848.

17 Zu von Jagemann vgl. Hemma Fasoli, Zum Strafverfahrensrecht und Gefängniswesen im 19. Jahrhundert. Der Jurist Ludwig von Jagemann (1805–1853). Seine Rolle in Deutschland unter Berücksichtigung der Entwicklungen in England, Frankreich und USA, Kehl 1985, S. 56; Friedrich Nöllner, Das Verhältniss der Strafgesetzgebung zur Ehre der Staatsbürger. Ein Beitrag zur Reform der deutschen Strafsysteme vom philosophischen und praktischen Standpunkte, Frankfurt a. M. 1846; Karl Joseph Anton Mittermaier, Die Gefängnisverbesserung insbesondere die Bedeutung und

Durchführung der Einzelhaft im Zusammenhange mit dem Besserungsprinzip nach den Erfahrungen der verschiedenen Strafanstalten, Erlangen 1858, S. 138; Karl David August Röder, Ueber die nothwendige Rückwirkung der Einführung der Einzelhaft auf die Gesetzgebung, in: Ders., Der Strafvollzug im Geist des Rechts. Vermischte Abhandlungen, denkenden Rechtspflegern gewidmet, nebst einigen Aufsätzen W. H. Suringar's, Leipzig 1863, S. 82–113, 103.

18 Gegen Schläge argumentierten: C. Magg, Ueber Disciplinarstrafen und deren Anwendung in Strafanstalten, in: Zeitschrift für deutsches Strafverfahren 1 (1841), S. 489–507; Friedrich Christian von Arnold, Die körperliche Züchtigung und das Zuchthaus zu München, in: Archiv des Criminalrechts (1844), S. 437–442; [Friedrich Nöllner], Aufhebung der körperlichen Züchtigung im Strafverfahren des Grossherzogthums Hessen, in: Zeitschrift für deutsches Strafverfahren 4 (1847), S. 326–328; Ludwig von Jagemann, Die Grundsätze der Hauszucht in Strafanstalten, in: Zeitschrift für deutsches Strafverfahren 4 (1847), S. 141–175.

19 S. den Artikel »Disciplinarstrafen«, in: Criminallexikon. Nach dem neuesten Stande der Gesetzgebung in Deutschland bearbeitet von Ludwig von Jagemann und fortgesetzt von Wilhelm Brauer, Erlangen 1854 (Neudruck Köln 1976), S. 208–209. Dagegen führte der Strafanstaltsdirektor Elvers, nach eigenen Angaben »kein Anhänger des Prügelsystems«, aus, er teile »mit wohl allen Praktikern, [...] die schon früher durch eine langjährige Erfahrung im Criminal- und Polizeifache erlangte Ueberzeugung, daß die körperliche Züchtigung unter Umständen, natürlich mit gehöriger Vorsicht und Auswahl und legal angewandt, zur Zeit noch eine, wenn auch traurige Nothwendigkeit und das gänzliche Verschwinden derselben aus der Reihe der Strafen erst in künftigen ›sanfteren‹ Jahrhunderten möglich sei«, Elvers, Zur Frage über die körperliche Züchtigung, zunächst in den Strafanstalten. Die Criminalgesetzgebung seit 1848, in: Allgemeine Deutsche Strafrechtszeitung (1861), Sp. 756–760, 757.

20 Friedrich Christian von Arnold, Zur Gefängnisfrage, in: Der Gerichtssaal 12 (1860), S. 526–540, 529.

21 Emanuel Ullmann, Ueber die Fortschritte in der Strafrechtspflege seit dem Ende des 18. Jahrhunderts, Innsbruck 1873, S. 16.

22 Verordnung über die Organisation, Verwaltung und innere Einrichtung des Zentral-Gefängnisses zu Kaiserslautern, Speyer 1824, S. 6.

23 Ludwig von Jagemann, Ueber den Vollzug der Freiheitsstrafen, in: Der Gerichtssaal 2 (1850), S. 98–111, 197–207, 501–562, 203; ähnlich auch in einem früheren Artikel: Ders., Bemerkungen über Beaufsichtigung des Gefängnißwesens, in: Jahrbücher der Gefängniskunde und Besserungsanstalten 2 (1843), S. 254–265, 261.

24 Carl August Diez, Ueber Verwaltung und Einrichtung der Strafanstalten mit Einzelhaft und die Verbesserungen deren diese Haftart bedürftig und fähig ist, Karlsruhe 1857, S. 191. Auch das Criminallexikon (wie Fn. 19) erwähnt ein Rekursrecht gegen Disziplinarstrafen.

25 Franz von Holtzendorff/Eugen von Jagemann (Hg.), Handbuch des Gefängniswesens, 2 Bde., Hamburg 1888, Bd. 2, S. 65.

26 Die Verfassungsurkunde ist abgedruckt u. a. in: Wilhelm van Calker,

Hessische Verfassungsgesetze mit Einführung und Erläuterungen, Gießen 1906, S. 89–158, 98–111.

27 Zur Situation vor 1842: Hugo Blaß, Die Entwicklung des Strafverfahrens in Hessen-Darmstadt im 19. Jahrhundert, Diss. jur. Breslau-Neukirch 1934.

28 Vgl. Heinrich Christ, Entstehung und Grundgedanken des Strafgesetzbuchs für das Großherzogtum Hessen vom 1. April 1842, Diss. jur. Marburg 1968.

29 Art. 22 u. 23, Strafgesetzbuch für das Großherzogthum Hessen, nebst den damit zusammenhängenden Gesetzen, Darmstadt 1841, S. 7 f.

30 Dies ist eines der eingangs angeführten Merkmale des besonderen Gewaltverhältnisses. Das Fehlen gesetzlicher Regelungen wurde von Gefängniskundlern vor allem im Hinblick auf die Einführung der Einzelhaft kritisiert: »Es ist zu bedauern, daß in neuerer Zeit in einzelnen Staaten die Regierung beliebig die Vollstreckung der Freiheitsstrafen und die Einrichtung der Strafanstalten als Sache der Verwaltung betrachtet, ohne gesetzliche Bestimmungen bald die Einzelhaft, bald nur versuchsweise in einzelnen Anstalten, bald die Gemeinschaftshaft einführt [...]. Wir sind überzeugt, daß in den Kreis der *Gesetzgebung* die Feststellung gehört, welches System, in welchem Umfang, und mit welchen Einrichtungen es durchgeführt werden soll [...]«. So Karl Joseph Anton Mittermaier, Der gegenwärtige Zustand der Gefängnißfrage mit Rücksicht auf die neuesten Leistungen der Gesetzgebung und Erfahrungen über Gefängnißeinrichtung mit besonderer Beziehung auf Einzelhaft, Erlangen 1860, S. 74 (Hervorhebung im Original). Über die Bemühungen, in Hessen-Darmstadt die Einzelhaft gesetzlich zu verankern: Ernst Emil Hoffmann, Das Gefängniswesen in Hessen. Seine geschichtliche Entwicklung und jetzige Lage, Mannheim 1899, S. 30–37. Erst nach der Reichsgründung gab es in Deutschland immer wieder scheiternde Pläne für ein umfassendes Vollzugsgesetz; dazu Wolfgang Mittermaier, Gefängniskunde. Ein Lehrbuch für Studium und Praxis, Berlin 1954, S. 9 ff.; Heinz Müller-Dietz, Strafvollzugsgesetzgebung und Strafvollzugsreform, Köln 1970, S. 1 ff.

31 Beide Ministerien wurden 1879 wieder zusammengelegt. Zur Ressorteinteilung s. Eckhart Franz, Hessen-Darmstadt 1815–1933, in: Klaus Schwabe (Hg.), Die Regierungen der deutschen Mittel- und Kleinstaaten 1815–1933, Boppard 1983, S. 103–112.

32 Die genannten Instruktionen sowie ihre Neuauflagen und Erweiterungen befinden sich in den Beständen des Hessischen Staatsarchivs Darmstadt (im folgenden StaDa abgekürzt): Instruction des Direktors vom 2. 9. 1811, in: StaDa, G 21A, Nr. 2254/4; Instruction des Verwalters vom 28.7.1811, in: StaDa, G 30, Nr. A 486; Instruction des lutherischen und katholischen Geistlichen vom 9.11.1811, in: StaDa, G 21A, Nr. 2247/3; Instruction des Assistenzarztes o. D. (1836), in: StaDa, G 21A, Nr. 2243/4.

33 Zimmer-Ordnung o. D. (zwischen 1837 und 1843), in: StaDa, G 21A, Nr. 2150/1. Diese Ordnung liegt gedruckt vor; in einem Begleitschreiben an das Ministerium vom 10.5.1843 in derselben Akte führte der Direktor aus, bei seinem Amtsantritt 1837 sei die frühere, geschriebene Zimmerordnung durch den Zahn der Zeit zerstört worden, er habe darauf die anliegende, auf die Hausordnung gestützte drucken und aufhängen lassen. Verhal-

tungs-Regeln für die Sträflinge in dem Landeszuchthause Marienschloß vom 30.12.1859, in: StaDa, G 30, Nr. A 54.

34 Haus-Ordnung für die Marienschlosser Zucht- und Besserungs-Anstalt vom 9.2.1830, in: StaDa, G 21A, Nr. 2150/1; Hausordnung für das Großherzogliche Landes-Zuchthaus Marienschloss vom 30.12.1859, in: StaDa, G 30, Nr. A 769.

35 Diese Strafbestimmungen waren zunächst am 18.8.1843 für die Korrektionshäuser des Großherzogtums erlassen worden, ihre Gültigkeit wurde aber ein Jahr später auf Marienschloß ausgedehnt. Beide gleichlautenden Bestimmungen in: StaDa, G 21A, Nr. 2150/1. Die bereits genannten Verhaltungs-Regeln vom 30.12.1859 (StaDa, G 30, Nr. A 54) bildeten gleichzeitig die Ergänzung zu diesen Strafbestimmungen.

36 Zimmerordnung o. D., in: StaDa, G 21A, Nr. 2150/1.

37 Strafbestimmungen vom 18.8.1843, in: ebd.

38 In einem Bericht an das Ministerium des Innern und der Justiz vom 9.5.1846 nahm der Provinzialkommissär in Gießen ausführlich zu den Klagen des Direktors Stellung, die Strafbestimmungen von 1844 seien zu mild, um die Ordnung aufrecht zu erhalten, weswegen er die Aufhebung des Rekursrechts fordere. Vorhanden in: StaDa, G 21A, Nr. 2150/1.

39 Die Korrespondenz zwischen dem Direktor und der Mittelbehörde befindet sich in: StaDa, G 30, Nr. A 390. Der Gießener Beamte lehnte die Vorschläge Calmbergs auch deswegen ab, weil dazu eine umfassende Änderung der Strafbestimmungen nötig gewesen wäre, ermunterte ihn aber zu einer solchen Gesamtrevision.

40 Verhaltungs-Regeln vom 30.12.1859, in: StaDa, G 30, Nr. A 54.

41 Dies entspricht einem wichtigen, eingangs genannten Kriterium zur Definition des besonderen Gewaltverhältnisses.

42 So der Titel der Akte, die eine Liste vom 13.4.1861 enthält, in: StaDa, G 30, Nr. A 593. Das zweite erhaltene »Verzeichniss derjenigen Züchtlinge, welche sich bei der heutigen Anwesenheit des Herrn Provinzial-Dirigenten [Friedrich August] Küchler von Gießen zum Rapport gemeldet haben, vom 14. Dezember 1849«, in: StaDa, G 30, Nr. A 675.

43 Bericht des Direktors Calmberg an die Regierungskommission Gießen vom 31.1.1850, in: StaDa, G 30, Nr. A 390.

44 Bericht des Provinzial-Commissärs zu Gießen an das Ministerium des Innern und der Justiz vom 9.12.1844. Das Ministerium bestätigte diese Entscheidung, wies aber Venator am 18.12.1844 zurecht, es sei mit seiner »Stellung als Direktor durchaus unverträglich, förmliche körperliche Züchtigungen selbst vorzunehmen und wir erwarten, daß Sie zukünftig alle auferlegten Strafen mit Ruhe dictiren und durch untergeordnete Dienste vollziehen lassen«; beide Schreiben in: StaDa, G 21A, Nr. 2261/4.

45 Großherzoglich Hessisches Regierungsblatt, Nr. 10 vom 16.2.1837, S. 121 f.

46 Provinzial-Commissär zu Gießen an die Zuchthausdirektion vom 25.10.1838, in: StaDa, G 30, Nr. A 248. Über die restlichen sechs »Wünsche der Züchtlinge« leitete der Gießener Beamte weitere Verhandlungen ein. Es ist unklar, ob es sich hierbei ausschließlich um Gnadengesuche oder auch um andere Anliegen handelte, da weitere Korrespondenz fehlt. Ein ähnliches Schreiben des Provinzialkommissärs an die Zuchthausdirektion vom

29.3.1843 über verschiedene, u. a. auch den Straferlaß betreffende Gesuche befindet sich in derselben Akte.

47 Im ersten Fall hatte der Züchtling Heinrich Rapp noch eine zu lange Reststrafzeit von zwei Jahren zu verbüßen, während generell zu Außenarbeiten nur kurz vor der Entlassung stehende Sträflinge verwendet werden sollten (Schreiben des Direktors Venator an den Assistenzarzt Dr. Hermann Steinberger vom 18.7.1839 und dessen Antwort o. D.); im zweiten Fall lehnte Venator in einer Notiz an den Arzt vom 26.9.1839 das Ersuchen Konrad Beckers »wegen der Länge seiner Strafzeit« ab. Beide Schreiben in: StaDa, G 30, Nr. A 248.

48 Liste vom 14.12.1849, in: StaDa, G 30, Nr. A 675.

49 Schreiben des Provinzial-Commissärs zu Gießen an die Zuchthausdirektion vom 27.9.1845, in: StaDa, G 30, Nr. A 248.

50 Bericht der Zuchthausdirektion an den Provinzial-Commissär zu Gießen vom 9.10.1845, in: ebd.

51 Schreiben des Provinzial-Commissärs zu Gießen an die Zuchthausdirektion vom 15.10.1845, in: ebd.

52 Entschließung des Ministeriums des Innern und der Justiz an die Großherzogl. Provinzial-Commissariate dahier und zu Giessen, und sämmtliche Großherzogl. Kreisräthe vom 22.8.1838, in: StaDa, G 21A, Nr. 2133: »Man hat, um auf moralische Besserung der Züchtlinge hinzuwirken und namentlich den Trieb zur Arbeitsamkeit bei denselben zu wecken und zu befördern, die Einrichtung getroffen, daß vom *1. Januar 1839* an für die Züchtlinge zu Marienschloß eine Quote des [...] Verdienstes zurückgelegt und ihnen zusammen erst bei ihrer definitiven Entlassung [...] verabfolgt [...] werden soll« (Hervorhebungen im Original). Über die vorhergehenden Verhandlungen und die Umsetzung der Entschließung allgemein: StaDa, G 21A, Nr. 2252/1 u. Nr. 2178/1.

53 Entschließung des Ministeriums des Innern und der Justiz an die Großherzogl. Provinzial-Commissariate dahier und zu Giessen, und sämmtliche Großherzogl. Kreisräthe vom 28.6.1843, in: StaDa, G 21A, Nr. 2133.

54 Beispielsweise billigte der Provinzialkommissär zu Gießen in einem Schreiben an die Zuchthausdirektion vom 29. 3. 1843 einzelne Unterstützungen an Angehörige »unter den gegenwärtigen Verhältnissen« (StaDa, G 30, Nr. A 248). Am 10. 6. 1848 sprach er sich beim Ministerium des Innern und der Justiz für die Bewilligung eines solchen Gesuchs zugunsten einer bezeugt armen und würdigen Witwe aus, obwohl es nicht den Bestimmungen vom 28. 6. 1843 entsprach. Das Ministerium genehmigte die Unterstützung daraufhin in einem Schreiben vom 2. 8. 1848 (StaDa, G 21A, Nr. 2259/10).

55 Schreiben des Direktors Venator an den Verwalter Heinrich Nispel vom 18.1.1838, in: StaDa, G 30, Nr. A 248.

56 Rapportliste vom 13.4.1861, in: StaDa, G 30, Nr. A 593.

57 Zur Kost allgemein: StaDa, G 21A, Nr. 2190 u. 2258.

58 Bericht des Provinzial-Commissärs zu Gießen an das Ministerium des Innern und der Justiz vom 30.12.1834, in: StaDa, G 21A, Nr. 2261/1.

59 Der einunddreißigseitige Bericht mit Vorbericht und Begleitbrief

vom 31.3.1835 trägt den Titel: Die Kehrseite der Straf- und Besserungs-Anstalt zu Marienschloß. Der Verfasser wollte damit Tatsachen liefern, »die zur Hoffnung berechtigen, daß die höchste Staatsbehörde energisch eingreifen und zu deren Abänderung die geeigneten Wege einschlagen werde; um den Unglücklichen ein erträgliches Loos herbeizuführen und die empörenden Verbrechen – deren ähnliche keiner der Gefangenen, auch des größten Verbrechers daselbst, beschuldigt werden kann, gerecht zu ahnden« (StaDa, G 21A, Nr. 2261/3).

60 In seinem Bericht vom 9.5.1835 an das Ministerium des Innern und der Justiz erwähnte Medizinalrat von Ritgen den Auftrag, der nicht beiliegt. Sein Bericht und die weitere Korrespondenz dazu in: ebd.

61 Dies geschah auf Anregung des Medizinalrats »unter Androhung schärferer Bestrafung bei künftiger Vernachlässigung« (Bericht des Provinzial-Commissärs zu Gießen an das Ministerium des Innern und der Justiz vom 30.6.1835, in: ebd.).

62 Laut Bericht des Provinzial-Commissärs zu Gießen an das Ministerium des Innern und der Justiz vom 1.10.1835, in: ebd.

63 Entschließung des Ministeriums des Innern und der Justiz an den Provinzial-Commissär zu Gießen vom 30.3.1836, in der die Versetzung Schneiders mitgeteilt und die mögliche Einstellung des praktischen Arztes Dr. Flor angekündigt wird, in: ebd.

64 Bericht des Provinzial-Commissärs zu Gießen an das Ministerium des Innern und der Justiz vom 15.6.1835, in: ebd.

65 Antwort des Ministeriums des Innern und der Justiz an den Provinzial-Commissär zu Gießen vom 25.6.1835, in: ebd.

66 Entschließung des Ministeriums des Innern und der Justiz an den Provinzial-Commissär zu Gießen vom 8.8.1835 auf dessen Bericht vom 30.7.1835, beide in: ebd.

67 Bericht Nöllners an das Ministerium des Innern vom 24.8.1848, in: StaDa, G 21A, Nr. 2239/4 (Hervorhebung im Original).

68 Bericht der Zuchthausdirektion an den Provinzial-Commissär zu Gießen vom 3.10.1839, in: ebd.

69 Brief des evangelischen Geistlichen Wilhelm Bichmann an den Rabbiner Dr. Benedikt Samuel Levi in Gießen vom 2.4.1840, in: ebd.

70 Schreiben des Provinzial-Commissärs zu Gießen an den Zuchthausdirektor vom 25.4.1842, in: ebd.

71 Bericht des Verwalters Christian Bauer an den Direktor vom 10.5.1842. Die Umfrage erfolgte auf die an das Ministerium des Innern und der Justiz gerichtete Bitte der Familie des Inhaftierten Löb Goldschmidt um »gereinigtes Essen« vom 12.4.1842; beide Schreiben in: ebd.

72 Bericht Nöllners an das Ministerium des Innern vom 24.8.1848, in: StaDa, G 21A, Nr. 2239/4.

73 Protokoll über die Vernehmung der fünf Beschwerdeführer vom 30.3.1839, in: StaDa, G 30, Nr. A 248. Die Verfügung selber liegt nicht bei.

74 Direktorial-Bericht (an den Provinzial-Commissär zu Gießen) vom 30.3.1839, in: ebd.

75 Antwort des Provinzial Commissärs an die Zuchthausdirektion vom 1.4.1839, in: ebd.

76 Bericht Nöllners an das Ministerium des Innern vom 24.8.1848, in: StaDa, G 21A, Nr. 2239/4 (Hervorhebung im Original).

77 Die Korrespondenz darüber, an der auch das Finanzministerium und der Mainzer Generalstaatsprokurator beteiligt waren, befindet sich in: StaDa, G 21A, Nr. 2274/10.

78 Rapportliste vom 14.12.1849, in: StaDa, G 30, Nr. A 675.

79 Wie Fn. 59.

80 Ministerium des Innern und der Justiz an den Provinzial-Commissär zu Gießen vom 3.6.1835, in: StaDa, G 21A, Nr. 2261/3 (Hervorhebungen im Original).

81 Antwort des Provinzial-Commissärs an das Ministerium des Innern und der Justiz vom 15.6.1835, in: ebd.

82 Vernehmungsprotokoll des Zuchthausdirektors vom 30.3.1839 und Antwort des Provinzial-Commissärs an den Direktor vom 1.4.1839, in: StaDa, G 30, Nr. A 248.

83 Vernehmungsprotokoll des Jakob Neuwahl (o. D.), in: StaDa, G 21A, Nr. 2261/1.

84 Bericht des Provinzial-Commissärs zu Gießen an das Ministerium des Innern und der Justiz vom 25.3.1841, in: ebd.

85 Antwort des Ministeriums des Innern und der Justiz an den Provinzial-Commissär zu Gießen vom 15.4.1841, in: ebd.

86 StaDa, G 21A, Nr. 2261/4. Dort auch die Antwort des Justizministeriums an das Innenministerium vom 27.4.1848.

87 Ministerium des Innern an Hofgerichtsrath Nöllner vom 22.5.1848, in: ebd.

88 Leider gibt es zu Nöllners Leben und Werk kaum Literatur. Eine kurze Würdigung findet sich bei Hoffmann, Gefängniswesen, S. 17–24, der auch seine Reisen in die Strafanstalten von Baden, Bayern, Württemberg, Österreich, Sachsen, Preußen, Hamburg, Hannover und Braunschweig erwähnt. Nöllner publizierte vornehmlich über Fragen des Strafrechts und der Gefängniskunde und war Mitherausgeber verschiedener Zeitschriften; so arbeitete er mit Ludwig von Jagemann 1841–1849 an der Zeitschrift für deutsches Strafverfahren (seit 1847 mit dem Zusatz: einschließlich des Gefängnißwesens); mit Nikolaus Heinrich Julius und dem Frankfurter Arzt Georg Varrentrapp zeichnete er 1842–1848 für die Jahrbücher der Gefängnißkunde und Besserungsanstalten verantwortlich. Das Gutachten vom 1.12.1847 umfaßt 427 Seiten und ist handschriftlich erhalten in: StaDa, G 21A, Nr. 2131/1.

89 Bericht Nöllners an das Ministerium des Innern vom 24.8.1848, in: StaDa, G 21A, Nr. 2239/4.

90 Derartige Vorwürfe wurden auch öffentlich in Zeitschriften erhoben, so z. B. in: Der jüngste Tag, eine freie Zeitung aus dem Hessenland, Nr. 49 vom 1.5.1848, S. 197, u. Nr. 90 vom 19.6.1848, S. 366. Einmal ging es um die Begünstigung von Venators Sohn bei Geschäften mit der Strafanstalt, dann wurde ihm vorgeworfen, Kartoffellieferungen entgegen der gewöhnlichen Praxis nicht an den Wenigstfragenden versteigert, sondern zu teuer an einen jüdischen Händler vergeben zu haben; ferner betreibe Venator selbst Handel mit der Anstalt zuungunsten der Staatskasse. Eine ganze Serie von

Artikeln in der Darmstädter Zeitung, die offenbar von Bürgermeister Streb und Ortsdiener Weil in Rockenberg stammten, veranlaßten Venator zu einer Verleumdungsklage, die jedoch erfolglos blieb. Siehe dazu die Korrespondenz in: StaDa, G 21A, Nr. 2274/11.

91 I. Theil: Die Ergebnisse der Untersuchung der *Strafanstalt* nebst deren Prüfung vom 20.9.1848 (297 S.), II. Theil: Die *Beamten* des Zuchthauses und deren *Wirksamkeit* vom 8.10.1848 (187 S.), S. 171 f.: »Rekapitulirt man die Summe aller dieser Erscheinungen, [...] so gelangt man zu der sicheren Ueberzeugung, daß der Director seine Pflichten nicht nur nicht erfüllt, sondern ihnen sogar vielfach entgegengehandelt hat und daß so lange *ihm* die Leitung der Anstalt verbleibt, *nimmermehr* deren Zweck erfüllt werden kann. [...] Die Gerechtigkeit verlangt aber auch gebieterisch eine *strenge* Ahndung jener Pflichtverletzungen und diese sind [...] so grav und so zahlreich, daß zugleich die *höchste disciplinaire Geldbuße* und eine Verurtheilung zur Zahlung der in den einzelnen Untersuchungen entstandenen Kosten geboten sein dürfte«; StaDa, G 21A, Nr. 2227/2 (Hervorhebungen im Original).

92 In einem Schreiben vom 7.2.1849 führte das Innenministerium aus, die Kosten für Venators Pensionierung seien zwar zu beklagen, dieser Schritt aber mit Rücksicht auf die höheren Interessen der Anstalt unvermeidbar (StaDa, G 21A, Nr. 2239/?)

93 Bereits in seinem ersten Bericht an das Ministerium vom 26.7.1848 wies Nöllner darauf hin, daß Werkmeister Böß gestanden habe, seit Jahren an einzelne Züchtlinge gegen Geld Tabak verabreicht und dadurch verbotenen Tauschhandel herbeigeführt zu haben; offenbar entließ der Untersuchungsbeamte ihn daraufhin sofort (StaDa, G 21A, Nr. 2239/4).

94 Bericht Nöllners an das Ministerium des Innern vom 24.8.1848, in: StaDa, G 21A, Nr. 2239/4 (Hervorhebung im Original).

95 Dienst- und Haus-Ordnung für die kg. bayer. Strafanstalt München, o. O. 1845, §§ 136, 156; Königlich Allerhöchste Verordnung, Die Hausordnung für die Zuchthäuser betr., München 1862, §§ 48, 60, 70.

96 Zur Behandlung von Begnadigungsgesuchen: Staatsarchiv München (StaM), RA Oberbayern 5, Nr. 28887; JVA München, Nr. 1148–1150.

97 Bekanntmachung vom 29.6.1865 (an die Sträflinge), in: StaM, JVA München, Nr. 1082.

98 Offenbar wurde den Sträflingen 1861 die Bierausgabe gegen Bezahlung aus ihrem Arbeitsverdienst untersagt, was zu Protesten führte; dazu StaM, JVA München, Nr. 1183.

Petra Overath

Bayerische Schwurgerichte und die Todesstrafe

Handlungsspielräume von Laienrichtern in der zweiten Hälfte des 19. Jahrhunderts

Im Januar 1850 kam es zu einer Auseinandersetzung zwischen dem bayerischen Justizminister Karl Joseph von Kleinschrod und König Maximilian II. Den Anlaß für den Konflikt bot das Begnadigungsverfahren im Fall des Matthias K., den ein bayerisches Schwurgericht wegen Mordes zum Tode verurteilt hatte. Der Justizminister setzte sich für die Umwandlung des Todesurteils in eine Freiheitsstrafe ein; der König dagegen verlangte die Hinrichtung des Matthias K.[1]

Im Verlauf der Auseinandersetzung stellte der Justizminister erneut einen Begnadigungsantrag an den König und argumentierte wie folgt: Matthias K. sei in einer der ersten im rechtsrheinischen Bayern abgehaltenen Schwurgerichtsverhandlungen verurteilt worden. Die verantwortlichen Laienrichter hätten das widerspenstige, respektlose Auftreten des Delinquenten in der öffentlichen Verhandlung extrem abstoßend gefunden und ihn vor allem deshalb schuldig gesprochen.[2] Nun werde, so fürchtete der Justizminister, ein Mensch unschuldig sterben und »durch einen – auf diese Art möglichen – Justizmord nicht blos dem allgemeinen Rechtsgefühle, sondern auch dem neuen Strafverfahren eine tiefe Wunde geschlagen, den Gerichten aber auf lange Zeit das ihnen so nothige Vertrauen entzogen [...]«.[3] Diese eindringliche Erklärung überzeugte den König schließlich; er nahm den Antrag seines Ministers an und wandelte das Todesurteil in eine Freiheitsstrafe um.[4]

Der Fall des Matthias K. zeigt, daß die Einführung von Schwurgerichten in Bayern, wie sie im Jahre 1848 erfolgt war,[5] zwei Probleme aufwarf: Erstens brachte die Beteiligung von

Laienrichtern in Strafverfahren für den Staat ein Element der Unberechenbarkeit mit sich, da die Entscheidungen der Laienrichter aus der Sicht der Juristen überraschend ausfallen konnten. Zweitens reagierten die Repräsentanten des Staats auf die Urteile der Geschworenen unterschiedlich, so daß, wie gezeigt, Konflikte innerhalb der Regierung entstehen konnten. Dementsprechend erschien es fraglich, ob die Berufsjuristen langfristig die Entscheidungen von Geschworenen akzeptieren würden.

Letzteres galt besonders für die Fälle, in denen es um die Todesstrafe ging. Denn die Todesstrafe löste in Bayern, wie in Deutschland insgesamt, seit mehr als 80 Jahren – und gerade in der Revolution von 1848 – immer wieder heftige Diskussionen aus. Einige deutsche Staaten schafften die Todesstrafe um die Jahrhundertmitte sogar kurzzeitig ab.[6] Für den bayerischen Staat war die Verhängung und Vollstreckung von Todesurteilen vor diesem Hintergrund politisch äußerst brisant. Ansehen und Erfolg der bayerischen Justiz hingen deshalb maßgeblich von dem umsichtigen Umgang mit der Todesstrafe ab.

Ob und inwieweit Laienrichter in der zweiten Hälfte des 19. Jahrhunderts Einfluß in Strafverfahren gewannen, haben die historische und die rechtshistorische Forschung bislang kaum systematisch untersucht.[7] Dementsprechend ist auch unklar, ob die Geschworenen bei der Entscheidung über Leben und Tod eines Delinquenten in Bayern einen maßgeblichen Faktor darstellten. Dieser Frage geht der vorliegende Beitrag nach, der die Zeit von der Einführung der Schwurgerichte bis zur Reichsjustizreform des Jahres 1877 umfaßt. Erstens geht es um die staatlichen Reformziele bei der Einführung von Schwurgerichten und die Maßnahmen zur Auswahl der Geschworenen (I). Es folgt zweitens die Untersuchung der Handlungsspielräume der Geschworenen vor Gericht und ihrer Haltung zur Todesstrafe (II). Daran schließt sich drittens die Frage nach den Reaktionen des Staats auf die Entscheidungen der Schwurgerichte an (III). Abschließend werden die Ergebnisse zusammengefaßt (IV).

I. Ziele und Maßnahmen der Justizreformen von 1848/49

Vor dem Hintergrund der revolutionären Unruhen leitete die bayerische Regierung unter Ludwig I. im Jahre 1848 eine Reihe von einschneidenden Reformen ein. Diese dienten zum einen dazu, feudale Strukturen zu beseitigen. Zum andern mußte der König in die Einschränkung seiner Rechte und damit seiner Macht einwilligen; ein Beispiel hierfür bildet das Verfassungsgesetz zur Ministerverantwortlichkeit. Parallel zu diesen Maßnahmen wurden die Partizipationsmöglichkeiten der Bevölkerung, entsprechend den verstärkten Forderungen nach Mitsprache, erweitert. Dies geschah mit Hilfe eines neuen Wahlgesetzes zum Landtag[8] und nicht zuletzt durch die Einführung von Schwurgerichten und deren Besetzung mit Laienrichtern,[9] wie sie auch in anderen deutschen Staaten erfolgte.[10] Zwar hatte schon Minister Montgelas in der Reformzeit die Vereinheitlichung des Rechtssystems in der Rheinpfalz und im rechtsrheinischen Bayern geplant. In diesem Kontext war auch bereits die Einführung von Schwurgerichten diskutiert worden. Zu ihrer Einrichtung kam es aber schließlich zu dieser Zeit noch nicht.[11]

Auch wenn Schwurgerichte in Bayern seit langem geplant waren, stieß ihre Einführung im Rahmen der Reformen von 1848 nicht allenthalben auf Zustimmung.[12] Vor allem König Maximilian II. wandte sich dagegen. Sein Vater Ludwig I. hatte eine Reihe von Gesetzen in einer politischen Zwangslage unterzeichnet und damit vor seiner Abdankung die Beschränkung seines eigenen politischen Einflusses ebenso möglich gemacht wie die seines Nachfolgers.[13] Aus der Perspektive Maximilians II. unterliefen die Reformen von 1848 – und allen voran die öffentlich-mündlichen Schwurgerichtsverhandlungen – das monarchische Prinzip. Die Beteiligung von Laienrichtern im Strafverfahren bewertete er negativ, vermutlich weil er sie als »demokratische Unterwanderung« der Rechtsprechung einschätzte; deshalb wünschten er und ein Teil der konservativ-königstreuen Elite alsbald schon nach seiner Thronbesteigung die Abschaffung der gerade eingeführten Schwurgerichte.[14]

Auf Befürwortung stießen die Reformen dagegen bei zahlreichen Mitgliedern der hohen Beamtenschaft;[15] diese verband mit der Einführung von Schwurgerichten vor allem bürokratisch-rationale Interessen. Sie sah dieselben als adäquate Maßnahme gegen den Reformdruck, der durch die Überlastung des bayerischen Justizwesens entstanden war. Die Verurteilung von Verbrechen vor Schwurgerichten benötigte, nach Meinung der Beamten, im Zusammenhang mit weiteren Justizreformen, wie etwa der Einführung von Staatsanwaltschaften,[16] weniger Zeit als das Prozedere vor 1849. Die Staatsdiener versprachen sich daher erstens die Möglichkeit, ein hohes Arbeitsaufkommen zügig zu bewältigen und damit die Effizienz der Strafgewalt zu steigern.[17] Gestützt wurde diese Hoffnung durch die Erfahrungen der bayerischen Rheinpfalz, wo sich Schwurgerichte bereits, wie erwähnt, seit der Napoleonischen Zeit bewährt hatten.[18] Zweitens sollte die Beteiligung von Laienrichtern das Vertrauen der Bevölkerung in die Justiz verbessern sowie allgemein deren Legitimation stärken. Drittens kamen Schwurgerichte liberalen Forderungen entgegen, die Stellung des Individuums durch die Herstellung von Öffentlichkeit im Strafverfahren und damit durch eine neuartige Kontrolle der Justiz zu sichern. Insbesondere galt es, bei politischen Verbrechen und Schwerverbrechen das Vertrauen der Bevölkerung in die Justiz zu stärken.[19]

An die Einrichtung von Schwurgerichten mit Laienrichtern knüpften ihre Befürworter demnach eine Reihe von Hoffnungen. Die Ausarbeitung der entsprechenden Gesetze für die Geschworenengerichte erfolgte rasch, nämlich bis zum August 1848,[20] so daß kurz darauf die ersten Strafverfahren mit Laienrichtern – unter anderem das gegen Matthias K. – durchgeführt werden konnten.

Allerdings stand nicht allen Bewohnern Bayerns die Übernahme des Geschworenenamts, und damit die potentielle Mitentscheidung über Leben und Tod, offen. Vielmehr mußten die Geschworenen in Bayern, wie in anderen deutschen Staaten, bestimmte Kriterien erfüllen. Von Staat zu Staat bestanden unterschiedliche Kriterien. Das bayerische Modell ließ breitere Bevölkerungskreise zur sogenannten Urliste zu – also der schriftlichen Aufzählung aller potentiell zum Geschworenenamt Befähigten – als etwa das französische Vorbild, das lediglich den Höchstbesteuerten eines Départements die Möglichkeit eröffnete, als Geschworene aufzutreten. Die preußische Variante schloß die Unterschicht und den Mittelstand nahezu aus.[21] In Bayern konnten alle Staatsbürger über 30 Jahre, die in den letzten zwölf Jahren das Amt eines Bürgermeisters, Magistratrats oder Gemeindevorstehers bekleidetet hatten, oder den Doktorgrad bzw. einen anderen Universitätsabschluß vorweisen konnten, oder mindestens 20 Gulden direkte Steuern im Jahr entrichteten, Laienrichter werden.[22] Diese Regelung hatte zur Folge, daß in Bayern zahlreiche Vertreter des oberen Mittelstands, also Großbauern, wohlhabende Bäcker, Metzger und Kaufleute neben Bürgermeistern, Gemeinderäten, Ökonomen, und Professoren auf der Richterbank saßen.[23]

In München konnten zum Beispiel knapp zwei Prozent der Einwohner das Amt eines Laienrichters ausüben. München zählte im Jahre 1854 87.880 Einwohner. Davon waren 1855 1.623 in der sogenannten Urliste eingetragen, die all jene umfaßte, die die genannten Kriterien erfüllten.[24]

Die Auswahl der Personen, die von der Ur- in die sogenannten Haupt- und Dienstlisten kamen, erfolgte in Bayern in einem komplexen Verfahren. Zuständig für die Auswahl waren die Gemeindevorstände, die Abgeordneten zur Volksvertretung des deutschen Bundes bzw. Landtagsabgeordnete, Präsidenten der Kreisregierungen und Landräte.[25] Trotz gewisser Kontrollmöglichkeiten der Bürger kam es bei der Erstellung der Listen immer wieder zu Manipulationsversuchen.[26] Sie betrafen in erster Linie die Auswahl von Geschworenen für politische Prozesse, namentlich Verstöße gegen das Pressegesetz.[27]

Für Verhängung und Vollzug der Todesurteile brachte die Einführung von Laienrichtern weitreichende Konsequenzen mit sich. Bis zur Justizreform im Jahre 1848 hatte die Entscheidung über Leben und Tod der Delinquenten fest in der Hand des Staats, namentlich der Berufsrichter, des Königs und des Justizministers, gelegen: Nachdem die Berufsrichter ein Todesurteil ausgesprochen hatten, beschloß der König, der verfassungsmäßige Entscheidungsträger, unter Beratung des Justizministers über die Begnadigung.[28] Seit der Einführung des Strafgesetzbuches von 1813 sank die Zahl der Todesurteile nahezu kontinuierlich.[29] Den Ausschlag gab für diese Entwicklung zum einen die Reduzierung der Straftatbestände im Gesetzbuch, die eine Todesstrafe nach sich zogen.[30] Zum anderen stellte das Strafgesetzbuch extrem hohe Anforderungen an die Beweisführung.[31] In den acht Jahren vor der Justizreform, also von 1840 bis 1847, gab es daher nur noch wenige, und zwar durchschnittlich 6,5 Todesurteile im Jahr.[32] Die Verhängung der Todesstrafe stellte sich aus der Sicht der bayerischen Justiz damit als grundsätzlich berechenbar dar.

Parallel dazu sank die Zahl der Hinrichtungen. In den vierziger Jahren wurde für die Dauer von fünf Jahren in ganz Bayern keine Todesstrafe vollstreckt; ansonsten wurden höchstens ein bis zwei Hinrichtungen pro Jahr vollzogen.[33] Für die weitgehende Berechenbarkeit der Entscheidungsträger gab es vor allem zwei Gründe. Erstens war die Todesstrafe inzwischen außerordentlich umstritten.[34] Zweitens übten die Unterbehörden, namentlich die Landgerichte, massiven Druck auf die Oberbehörden aus, weil sie sich bei der Durchführung von öffentlichen Hinrichtungen mit gravierenden Sicherheitsproblemen konfrontiert sahen.[35] Der Druck, den die Gegner der Todesstrafe und die Unterbehörden ausübten, wenn auch aus gänzlich unterschiedlichen Motiven, veranlaßte die Regierung, den öffentlichen Vollzug der Todesstrafe zu reduzieren.

In dieses feste »Gefüge«, in dem über Verhängung und Vollzug der Todesstrafe entschieden wurde, brachen um die Jahrhundertmitte Laienrichter ein. Mit den Reformen von 1848 und der skizzierten Machtverschiebung verlagerten sich die Entscheidungsbefugnisse bei der Verhängung von Kapitalstrafen. Geschworene, und nicht mehr allein Berufsrichter, urteilten von nun an über die Schuldfrage. Damit kam ein neues Element in den Justizapparat, und es entstand ein Unsicherheitsfaktor, der die Verhängung und Anwendung der Todesstrafe insgesamt weniger berechenbar machte.

II. Handlungsspielräume der Laienrichter

Die Auswirkungen des veränderten Verfahrens auf die Rechtsprechung allgemein und auf die Todesstrafe insbesondere hing maßgeblich von den Einflußmöglichkeiten ab, die den Laienrichtern im Gesetz und in der Praxis zugestanden wurden. In Bayern urteilten die Schwurgerichte über Verstöße gegen das Pressegesetz und über Fälle, in denen eine Zuchthaus-, Ketten- oder Todesstrafe verhängt werden konnte.[36] Mit der Todesstrafe ahndete man vor allem Tötungsdelikte.[37]

Der Schwurgerichtspräsident ermittelte zu Beginn eines Verfahrens per Los zwölf Geschworene,[38] die auf einer vierzehn Tage vor Prozeßbeginn eingeschränkten Hauptliste verzeichnet und im Vorfeld benachrichtigt worden waren.[39] Auf der Hauptliste befanden sich die Namen von 45 Personen plus neun Ersatzgeschworene, die man ebenfalls im Losverfahren ermittelt hatte. Sowohl der angeklagten Person als auch dem Staatsanwalt stand das Recht zu, eine gleiche Anzahl von Geschworenen abzulehnen, bis »in der Urne nur noch so viele Namen übrig [waren], als zur vollzähligen Bildung des Schwurgerichts erfordert werden«.[40] Gründe durften Angeklagte und Staatsanwälte für ihre Ablehnung nicht nennen.[41]

In der Zuständigkeit der Geschworenen lag das Urteil über die sogenannte Tatfrage, also darüber, ob die angeklagte Person eine strafbare Handlung begangen hatte oder nicht. Die Rechtsfrage, also ob das Delikt des Mordes oder des Totschlags gegeben war, klärten anschließend die Berufsrichter; letztere legten auch das Strafmaß fest.[42] In Bayern formulierten die Schwurgerichtspräsidenten die Frage an die Geschworenen mit den entsprechenden Rechtstermini.[43] Dies warf weniger Probleme auf als die umständliche Umschreibung der Schuld- und Tatbestandsmerkmale, wie sie in anderen Staaten aus Mißtrauen vor der laienrichterlichen Kompetenz vorgenommen wurde.[44] In Preußen etwa hielten sich die vorsitzenden Richter der Schwurgerichtsverhandlungen häufig an die gesetzliche Vorgabe, daß die Fragen an die Geschworenen, sofern sie Rechtsbegriffe enthielten, neu formuliert werden mußten, so daß sie auch ohne Rechtskenntnisse verständlich waren.[45] Offensichtlich führte die umständliche Umschreibung der Tatumstände jedoch in einigen Fällen dazu, daß die Geschworenen die Fragen kaum verstanden.[46] Dies konnte die Laienrichter in ihren Entscheidungen verunsichern.

In Preußen versuchte die Regierung darüber hinaus, den Einfluß der Geschworenen einzudämmen, indem sie sich selbst die maßgebliche Kompetenz bei der Bildung der Geschworenenliste sicherte.[47] Zudem entzog die Regierung den preußischen Schwurgerichten zeitweise gänzlich die Möglichkeit, über politische Verbrechen zu urteilen.[48] In anderen Staaten, wie etwa Sachsen, wurden die Schwurgerichte in den fünfziger Jahren abgeschafft.[49]

Auch in Bayern gab es Tendenzen, den Einfluß der Laienrichter zu beschneiden. Zunächst behielt die geheim durchgeführte Voruntersuchung, in der Zeugen und Delinquenten befragt sowie Beweise gesammelt wurden, große Bedeutung.[50] Sie untergrub das Prinzip der Transparenz des Strafverfahrens. Darüber hinaus vergrößerte sie die Gefahr, daß sich beim Schwurgerichtspräsidenten, also dem vorsitzenden Berufsrichter, eine Voreingenommenheit im jeweiligen Fall ausbildete, die Auswirkungen auf die öffentliche Verhandlung haben konnte.[51] So vermochte er die öffentliche Beweisaufnahme – etwa durch eine gezielte Auswahl der geladenen Zeugen, die eine Aussage zum jeweiligen Fall machen konnten – derart zu dominieren, daß die Geschworenen sich schwerlich ein freies Urteil bilden konnten.[52] Allerdings befürchtete man, die bayerischen Geschworenen plädierten bei Delinquenten für einen Freispruch, sofern sie den Eindruck gewannen, die angeklagte Person sei in der Voruntersuchung unter Druck gesetzt worden.[53] 1862 wurde schließlich die Bedeutung der Voruntersuchung per Gesetz zurückgedrängt.[54]

Dessen ungeachtet bestanden weitere Möglichkeiten, den Handlungsspielraum der Laienrichter einzuschränken. Dies vermochte etwa der Schwurgerichtspräsident mit seiner Fragestellung an die Geschworenen zu bewirken. Obwohl der Präsident per Gesetz dazu angehalten war, den Geschworenen Fragen zu verschiedenen Straftatbeständen, etwa sowohl zum Tatbestand des Mordes als auch des Totschlags zu stellen,[55] kam er dieser Verpflichtung nicht immer nach. In einzelnen Fällen stellte er an die Laienrichter lediglich die Frage, ob der Delinquent des Mordes schuldig sei, und berücksichtigte nicht die Möglichkeit des Totschlags.[56] In dieser Situation hatten die Laienrichter zwei Möglichkeiten: Entweder sie bejahten die Frage, die auf Mord abzielte, und führten somit die Verurteilung zum Tode herbei. Oder sie konnten den Delinquenten, entgegen ihrer Überzeugung, daß er ein strafbares Tötungsdelikt begangen habe, für »nicht schuldig« erkennen und schufen damit die Voraussetzung für dessen Freispruch. Es gab Fälle, in denen beide Möglichkeiten unbefriedigend erschienen, also die Verurteilung wegen Totschlags oder Körperverletzung mit Todesfolge zutreffend gewesen wäre.

In der Spruchpraxis zeichnete sich der Trend ab – wenn die Laienrichter sich in einem solchen Dilemma befanden –, daß sie eher auf Mord schuldig sprachen, als einen Freispruch herbeizuführen.[57] Jedoch fügten sie dann ihrer Entscheidung, dem sogenannten Wahrspruch, meist noch Formulierungen hinzu, um den vom Schwurgerichtspräsidenten präjudizierten Tatbestand auf diese Weise abzuändern. Beispielsweise versuchten sie, mit der Antwort »Schuldig, aber ohne Überlegung« den Tatbestand des Mordes implizit zu verneinen und darauf hinzuweisen, daß es sich lediglich um Totschlag handele.[58] Dies blieb allerdings ohne Einfluß auf das Urteil. Ihr Verhalten beweist jedoch, daß die Laienrichter selbstbewußt als Gerichtsmitglieder agierten; sie versuchten durchaus, ihre Ansichten deutlich zu machen.[59]

Darüber hinaus lassen sich an dieser Stelle Aussagen über die Einstellung von Laienrichtern zur Todesstrafe treffen. Daß die Geschworenen in schwierigen Fällen eher auf Mord schuldig sprachen als die Voraussetzungen für einen Freispruch zu schaffen, läßt die Vermutung zu, daß sie zu strengen Urteilen neigten. Erhärtet wird diese Annahme durch den eingangs geschilderten Fall des Matthias K., bei dem Minister Kleinschrod sogar einen »Justizmord« für möglich hielt. Seine Warnung zeigt, daß er den Wahrspruch der Laienrichter nach dem Strafverfahren gegen Matthias K. als bedenklich und hart einschätzte. Weitere Anhaltspunkte bestätigen die Beobachtung, daß Laienrichter streng urteilten. Mit Einführung der Schwurgerichte stieg die Zahl der Todesurteile, nahezu unabhängig von der Kriminalitätsrate, sprunghaft an. In den fünf Jahren nach der Reform führten die Laienrichter fast fünfmal so viele Todesurteile herbei, und zwar durchschnittlich etwa 31 pro Jahr, wie die Berufsrichter in den letzten Jahren vor der Reform.[60]

Der Anstieg ist zunächst auf zwei strukturelle Faktoren zurückzuführen. Nach eigener Aussage erreichte der bayerische Staat mit der Reform von 1848 erstens das Ziel einer gesteigerten Effizienz staatlicher Strafgewalt. Seit 1849 konnten, dies ist anhand der Geschäftstabellen des Justizministeriums nachweisbar, insgesamt wesentlich mehr Verbrechen abgeurteilt und damit Verfahren abgeschlossen werden als in den Jahren zuvor. 1854 stellte das Justizministerium in seinen Berichten zur Strafrechtspflege fest, daß mit dem neuen Strafverfahren die Zahl der Bestrafungen wegen Verbrechen und Vergehen insgesamt mehr als verdoppelt werden konnte.[61] Zweitens erklärt sich der Anstieg der Todesurteile mit dem neuen Beweisverfahren. Vor den Reformen war zur Verhängung der Todesstrafe ein Geständnis nahezu unerläßlich, was in zahlreichen Fällen zur Instanzentbindung (absolutio ab instantia), also zur vorläufigen Beendigung des gerichtlichen Verfahrens mangels hinreichenden Beweises der Schuld, führte.[62] Nach den Reformen konnten die Laienrichter die vorliegenden Beweise frei würdigen und damit ein Todesurteil aufgrund ihrer inneren Überzeugung – auch ohne Geständnis des Delinquenten – verhängen.[63]

Der Anstieg der Todesurteile deutet aber auch darauf hin, daß Laienrichter in der Regel streng urteilten. In der zeitgenössischen juristisch-politischen Literatur wurde zunächst die Auffassung vertreten, Laienrichter fällten extrem milde Schuldsprüche oder gelangten manchmal fälschlicherweise zum Ergebnis »nicht schuldig«.[64] Doch erweist sich das bei näherer Untersuchung als Vorurteil. Nach den Reformen von 1848/49, also nach Einführung der Schwurgerichte, gingen die Freisprüche in Bayern allgemein zurück.[65] Zudem ist keine grundsätzliche Opposition der Laienrichter gegen die Todesstrafe nachweisbar, wie sie in der Fachliteratur zuweilen unterstellt wurde.[66] Im Gegenteil: In einigen Fällen wünschten gerade die Laienrichter strenge Vergeltung, gegebenenfalls sogar eine Hinrichtung.[67]

Dies beweist wiederum beispielhaft der Fall des Matthias K. Offensichtlich ließen sich die Geschworenen von äußeren Eindrücken, namentlich dem gefährlich und aggressiv anmutenden Verhalten des Delinquenten in der öffentlichen Sitzung, beeinflussen. Dies führte dazu, daß sie dem K. durchaus zutrauten, ein schweres Verbrechen begangen zu haben, für das er nun büßen sollte.[68] Vermutlich bestärkten die zahlreich anwesenden Zuschauer diese Entscheidung, indem diese ihr Mißfallen gegenüber dem Delinquenten offen zeigten.[69]

Der Prozeß gegen Matthias K. war in verschiedener Hinsicht kein Einzelfall: Bis in die Zeit des Kaiserreichs hinein sahen erstens die Justizminister zahlreiche Wahrsprüche der Geschworenen als bedenklich und zu hart an.[70] Offensichtlich gab es immer wieder Fälle, in denen die Geschworenen eher zu strengen Schuldsprüchen neigten, auch wenn es dabei um die Verhängung eines Todesurteils ging. Dies legt den Schluß nahe, daß ein Teil der bayerischen Laienrichter die Todesstrafe in bestimmten Fällen befürwortete. Ansonsten hätte es weniger Fälle gegeben, in denen das Justizministerium den Wahrspruch als bedenklich einschätzte.

Zudem verliefen, genau wie bei Matthias K., die Verhandlungen häufig äußerst lebhaft, weil die Zuschauer sowohl ihre Sympathie als auch ihr Mißfallen gegenüber der angeklagten Person offen durch Zwischenrufe bekundeten.[71] Besonders intensiv war die Ablehnung, sobald es um Verbrechen ging, die Familienmitglieder gegeneinander verübt hatten, wie zum Beispiel in Fällen von Gatten- oder Vatermord.[72]

Die Zuschauer, neben den Laienrichtern »Repräsentanten« der bayerischen Bevölkerung, demonstrierten demnach in öffentlichen Schwurgerichtsverhandlungen deutlich, ob sie den Verhandlungsverlauf oder das Todesurteil guthießen oder nicht. Eine grundsätzliche Opposition gegen die Todesstrafe zeigten sie nicht. Vielmehr billigten sie einige Todesurteile nachdrücklich. Daher liegt der Schluß nahe, daß die umstrittene Todesstrafe nach der Jahrhundertmitte auch von der Bevölkerung, genau gesagt von einem Teil der Laienrichter und einem Teil der Zuschauer, befürwortet wurde.

III. Die Reaktion des Staats

Vor den Reformen von 1848 lag die Kontrolle über die Verhängung und den Vollzug der Todesstrafe ausschließlich, wie dargelegt, in der Hand des Staats. In Bayern zeichnete sich seit der Einführung des Strafgesetzbuches von 1813 ein deutlicher Abwärtstrend der Zahl von Todesurteilen und Hinrichtungen ab. Damit trugen die Verantwortlichen innerhalb des Staatsapparats den unterschiedlichen Befürchtungen, die mit der Todesstrafe verbunden waren, Rechnung.[73] Es fragt sich vor diesem Hintergrund, wie der Staat mit dem plötzlichen Anstieg der Todesurteile nach 1848 umging, der den eingeleiteten Bemühungen um »Eindämmung« der Todesstrafe zuwiderlief. Nutzte die reaktionäre Regierung in den fünfziger Jahren – dieser Gedanke liegt nahe – die zahlreichen Todesurteile aus, um nach der Revolution von 1848/49 Stärke zu demonstrieren?[74] Wie reagierten die Berufsjuristen, also die Richter sowie die Referenten im Justizministerium, und der König im einzelnen auf die Urteile der Laienrichter? Den Berufsrichtern stand eine gesetzliche Handhabe zur Verfügung, um gegen Entscheidungen der Laienrichter vorzugehen. Nachdem die Laienrichter ihren Wahrspruch mit mindestens acht Stimmen Mehrheit gegen den Angeklagten gefällt hatten,[75] mußten die Berufsrichter das Urteil sprechen.

Es fragt sich, wie die Berufsrichter auf zweifelhafte Wahrsprüche der Laienrichter reagierten. Sie besaßen in Bayern das gesetzlich verankerte Recht, bedenkliche Entscheidungen der Geschworenen auszusetzen und an ein anderes Schwurgericht zur erneuten Verhandlung zu verweisen.[76] Obwohl einige Schuldsprüche, so wie unter anderen der im Fall des Matthias K., für die Richter überraschend waren,[77] machten sie äußerst selten Gebrauch von diesem Recht.[78] In Preußen ging die Entscheidung der gesamten Schuldfrage sofort auf die Berufsrichter über, sobald die Geschworenen keine absolute Mehrheit zum Nachteil des Angeklagten fanden.[79] In Bayern existierte eine solche Regelung nicht. Damit wurde hier den Laienrichtern im Prozeß ein größerer Einfluß eingeräumt. Daß die bayerischen Berufsrichter die Todesurteile der Geschworenen im wesentlichen akzeptierten, mag daran liegen, daß sie die darin liegenden Überzeugungen meistens teilten. Sie wußten aber auch, daß jede Aussetzung eines Urteils als massiver Angriff gegen die Geschworenen oder sogar als Versuch, Entscheidungen der Laienrichter zu unterlaufen, gewertet werden konnte.[80] Deshalb schien es aus politischen Gründen ratsam, vorsichtig zu agieren.

Ferner konnte jeder zum Tode verurteilte Delinquent vom König begnadigt werden.[81] Im Gegensatz zu anderen Strafurteilen war sogleich nach der Verhängung eines Todesurteils von Amts wegen die Frage nach Begnadigung oder Hinrichtung zu behandeln.[82] Möglicherweise berücksichtigten die Berufsrichter bei bedenklichen laienrichterlichen Wahrsprüchen, die ein Todesurteil nach sich zogen, daß die Umwandlung des Urteils auf dem Gnadenwege weniger Probleme aufwarf als die Aussetzung einer laienrichterlichen Entscheidung ihrerseits. In jedem Falle setzten die bayerischen Berufsrichter den Geschworenen und ihren Entscheidungen selten Widerstand entgegen.

Deshalb fragt sich, wie die Vertreter des Staats, die im Begnadigungsverfahren entschieden, auf den Anstieg der Todesurteile reagierten. Im Begnadigungsverfahren von Amts wegen verfaßte zuerst der zuständige Staatsanwalt ein Gutachten zur Frage der Strafvollstreckung. Anschließend vergewisserte sich der Generalstaatsanwalt, daß kein Nichtigkeitsgrund in dem jeweiligen Fall vorlag, und teilte dem Justizministerium in der Regel ebenfalls seine Ansicht zur Begnadigungsfrage mit. Schließlich schrieb ein Referent des Justizministeriums in Zusammenarbeit mit dem Justizminister ein Gutachten, das anschließend dem König vorgelegt wurde.[83]

Das Begnadigungsrecht lag zwar verfassungsgemäß beim König; die Stellungnahme des Justizministeriums erwies sich jedoch bei der Entscheidung über Gnade oder Hinrichtung, besonders nach der personellen Erweiterung und sachlichen Differenzierung des Ministeriums 1848, als ausschlaggebend.[84] Die Zustimmung des Königs dagegen war in den meisten Fällen eher eine Formsache. Als professionelle Fachbehörde versuchte sich das Justizministerium, bei Unstimmigkeiten – die es beispielsweise auch im Fall des Matthias K. gab – gegenüber dem König durchzusetzen.[85]

In den Anträgen der Justizminister auf eine Begnadigung, die sie in der Zeit von 1849 bis 1877 an den König stellten, fällt folgendes auf: In etwa einem Drittel aller Fälle verwandten sie unter anderem das Argument, der Wahrspruch der Laienrichter sei bedenklich oder sogar »irrig«.[86] Dabei argumentierten die Justizminister nicht immer so scharf wie im Fall des Matthias K., in dem sogar von einem »Justizmord« die Rede war. Vielmehr verwiesen die Justizminister auf unklare Momente im Tathergang oder auf fehlende Geständnisse. Lücken in der Beweiskette führten sie entweder zu dem Schluß, der Wahrspruch der Laienrichter sei nicht nachvollziehbar; oder sie umgingen diesen Vorwurf, in dem sie aufgrund des lückenhaften Beweismaterials eine Hinrichtung für unzulässig erklärten. Denn im Falle neuer Erkenntnisse, so ihr Argument, erlaube die Todesstrafe keine Wiedergutmachung oder Neubewertung des Falls mehr.[87]

Diese Haltung nahmen Justizminister sowohl in konservativen als auch in liberalen Regierungsphasen ein.[88] Gemeinsam war ihnen ein Unbehagen gegenüber möglichen Justizskandalen, die dem Ansehen des Staats schaden konnten. Da die Todesstrafe in Bayern seit Jahren von einigen Juristen und Philosophen massiv kritisiert wurde,[89] konnte man sich keine Fehler leisten. Dieses Unbehagen legitimierte es aus der Sicht der Justizminister, die Wahrsprüche der Geschworenen als Begnadigungsgrund anzuführen. Sie stellten sich damit weder gegen die Institution des Schwurgerichts noch auf die Seite der Delinquenten; vielmehr traten sie für die Interessen des Staats und die Durchsetzung des Reformziels ein, eine effiziente Justiz einzurichten. Justizskandale jedoch schadeten dem Ruf der bayerischen Justiz und hätten damit dem Reformziel entgegengewirkt.

Die Argumente für eine Hinrichtung standen dagegen selten in einem Zusammenhang mit dem Verhalten der Laienrichter. In einzelnen Fällen reagierte das Justizministerium auf die »Volksstimmung«, oder es zog sie zur Bekräftigung der eigenen Position heran. Unter der »Volksstimmung« verstanden die Justizminister in der Regel die Äußerungen von Bewohnern eines Dorfes oder einer Stadt über ein Verbrechen, wie sie in Ermittlungsprotokollen festgehalten wurden. Auch Zwischenrufe der Zuschauer von öffentlichen Gerichtsverhandlungen führte das Justizministerium als Ausdruck der »Volksstimmung« an. Spektakuläre Gerichtsverfahren, in denen die allgemeine Stimmung sich extrem gegen den Delinquenten wandte, zogen jedenfalls im Vergleich häufiger eine Hinrichtung nach sich als andere Fälle.[90] Damit wird deutlich, daß die Atmosphäre bei Gerichtsverhandlungen, sofern sie in den Akten ausführlich überliefert war, die Entscheidung der Minister beeinflussen konnte. Häufig ordneten Justizminister und König den Vollzug eines Todesurteils mit dem Argument an, daß es sich hier um einen besonders verkommenen Menschen und eine äußerst »todeswürdige« Tat handele.[91] Der Ermessensspielraum, der solchen Definitionen innewohnte, erschien dabei gerade den Gegnern der Todesstrafe als ein Moment der Willkür.[92]

Insgesamt sprachen sich im Untersuchungszeitraum mehr Anträge des Justizministeriums an den König gegen als für eine Hinrichtung aus und plädierten für eine Begnadigung. Justizminister und König reagierten damit taktierend auf den Anstieg der Todesurteile nach Einführung der Schwurgerichte.

Die hohe Zahl von Todesurteilen in den fünfziger Jahren führte zwar zu einer ausgedehnten Begnadigungspraxis; dennoch ist um die Jahrhundertmitte ein Anstieg der Hinrichtungsrate zu verzeichnen: In den fünf Jahren vor der Justizreform lag die Hinrichtungsrate bei etwa sieben Prozent;[93] in der ersten Hälfte der fünfziger Jahre stieg sie auf knapp 20 Prozent an.[94]

Bislang ist der Anstieg der Zahl von Hinrichtungen nach 1850, wie er etwa auch in Preußen nachweisbar ist, vornehmlich mit der konservativen Regierungsphase der fünfziger Jahre erklärt worden: Die reaktionären Regierungen hätten mit dem vergleichsweise häufigen Vollzug der Todesstrafe Stärke und Macht demonstriert – vor allem gegenüber der liberalen Bewegung.[95]

Für Bayern ist diese Erklärung vor allem aus zwei Gründen nicht ausreichend. Erstens ist der extreme Anstieg der Zahl der

Todesurteile nach 1848 darauf zurückzuführen, daß sich die Reformmaßnahmen in hohem Maße bewährten. Die Zahl der Verurteilungen für alle Delikte, aber auch die Zahl der Strafvollstreckungen allgemein, erhöhte sich. Es wurden nicht nur mehr Todesurteile, sondern vor allem auch mehr Freiheitsstrafen verhängt, weil die Justiz nach der Durchsetzung des Reformpakets schneller arbeiteten konnte.[96] Dementsprechend kam es nicht nur zu einer vermehrten Verurteilungs- und Vollstreckungsrate von Freiheitsstrafen, sondern auch von Todesstrafen. Insofern ist der Anstieg der Hinrichtungsrate auch eine Folge der Reformen von 1848.

Vor allem aber lag es zweitens nicht im Interesse der hohen Beamtenschaft und damit auch nicht des Justizministeriums, die Entscheidungen der Laienrichter kurz nach Einführung der Schwurgerichte auf dem Gnadenwege konsequent zu unterlaufen. Immerhin hatte sich doch gerade die hohe Beamtenschaft für die Schwurgerichte eingesetzt.[97] Insofern wäre es unvernünftig gewesen, sämtliche von den Laienrichtern verhängten Todesurteile umzuwandeln. Die Laienrichter bescherten dem Justizministerium noch zusätzliche Probleme, weil sie zahlreiche Todesurteile unterstützten und sowohl den Justizminister als auch den König zu einer anderen Haltung in der Frage der Todesstrafe, als diese sie vor 1848 eingenommen hatten, herausforderten. Offensichtlich sprachen die Schwurgerichte – das belegt wiederum beispielhaft der eingangs genannte Fall des Matthias K. – mehr Todesurteile aus, als es den Justizministern aufgrund ihres Rechtsempfindens angenehm war. Wären die Hinrichtungen ausschließlich als Symbol von Macht und Autorität des bayerischen Staats zu verstehen, dann fragt es sich, warum die Hinrichtungsrate nicht weitaus höher lag.

Die Laienrichter partizipierten indes nicht nur bei der Verhängung von Todesstrafen. Sie trugen gleichzeitig, aufgrund ihres selbstbewußten Agierens, auch zu ihrer Eindämmung auf der Ebene des Strafgesetzes bei. König Max II. plante kurz nach der Revolution, die Todesstrafe auf politische Verbrechen, unter anderem auf unterschiedliche Formen des Hochverrats, auszudehnen, um damit eine repressive Handhabe gegen politisch motivierte Delinquenten zu haben. Demnach beabsichtigte er, die Todesstrafe bei politischen Verbrechen als Symbol der Stärke der Regierung einzusetzen.

Die bayerischen Staatsräte stellten sich in einer Beratung entschieden gegen dieses Vorhaben, weil es zu einem Anstieg der Freisprüche führe, für die die Laienrichter die Voraussetzung schafften.[98] Das wiederum erscheine, so die Staatsräte, nicht für das Ansehen der Schwurgerichte, sondern für das der staatlichen Gesetze schädlich. Der staatlichen Repression, wie der König sie wünschte, waren damit in der Reaktionszeit Grenzen gesetzt, indem die Schwurgerichte indirekt die gesetzliche Ausweitung der Todesstrafe verhinderten. Die Laienrichter stellten damit einen politischen Faktor dar, den der Justizminister und die Staatsräte anerkannten und berücksichtigten. Der König ließ das Projekt schließlich fallen.

Neue Probleme bereitete die Todesstrafe dem Justizministerium in den sechziger Jahren, als die Hinrichtungsrate auf knapp 7 % sank und der bayerische Staat endgültig wieder an seinen vorsichtigen Umgang mit der Todesstrafe der vierziger Jahren anknüpfte.[99] 1862 war ein neues Strafgesetzbuch in Kraft getreten,[100] das die Zahl der Delikte, die eine Todesstrafe nach sich zogen, nochmals reduzierte. Dementsprechend erkannten die Schwurgerichte hauptsächlich nach Mord auf die Todesstrafe, und sprachen nunmehr weniger Todesurteile aus als zuvor.[101] Die Zahl der Todesurteile blieb zwar immer noch höher als in den vierziger Jahren; die Hinrichtungsrate bewegte sich dagegen wieder auf demselben Niveau wie vor 1849. Die Gnadenpraxis stieß dabei allerdings auf massive Kritik. Vor allem im Landtag provozierte sie wegen ihrer Undurchsichtigkeit heftige Mißbilligung; sie wurde als »Todeslotterie« beschimpft,[102] weil die Kriterien für Begnadigungen in den Augen der Gegner der Todesstrafe unklar und willkürlich wirkten.

Dem König kam langfristig die Gnadenpraxis des Justizministeriums entgegen. Aufgrund seiner geschwächten Stellung agierte er zunehmend repräsentativ, so auch bei Begnadigungen. Die Untertanen glaubten allerdings, wie die zahlreichen Gnadenschreiben beweisen, an die Barmherzigkeit des bayerischen Königs selbst. Diesen Glauben konnte Max II. in der Phase ausgreifender Gnadenpraxis stärken, weil Begnadigungen grundsätzlich in seinem Namen ergingen und somit auch auf ihn zurückfielen.[103] Dies verdeckte zugleich die Tatsache, daß das Justizministerium größeren Einfluß in der Begnadigungsfrage hatte als der König.

Das Justizministerium taktierte seinerseits, wie dargelegt, in der Frage der Todesstrafe zwischen den Interessen der Laienrichter, staatlichen Belangen, den Ansichten des Königs und eigenen Machtansprüchen als Fachbehörde.

Daß die Strafjustiz in Bayern insgesamt auf Akzeptanz stieß, beweist der Umstand, daß sich die Bevölkerung langfristig von den Schwurgerichten gut vertreten sah. Als es in den Beratungen zu den Reichsjustizgesetzen unter anderem um den Fortbestand der Schwurgerichte ging, sandten zahlreiche bayerische Bürger Unterschriftenlisten an den Justizminister mit der Forderung, sich für die Beibehaltung der Schwurgerichte in Bayern einzusetzen.[104] Die Rolle der Laienrichter wurde offensichtlich anerkannt, ihre Entscheidungen, somit auch Todesurteile, akzeptiert.

IV. Bilanz

1. Am Beispiel der Rechtsprechung von bayerischen Schwurgerichten zur Todesstrafe hat sich gezeigt, daß sich in der Reaktionszeit die Partizipation von Laienrichtern im Strafverfahren etablieren konnte und sich Justizverfassung und die Rechtsprechung derart wandelten, daß sich auch Kräfte von »unten« einzubringen vermochten.
2. Der Fall Bayern zeigt, daß die Schwurgerichte nicht nur einen Programmpunkt im Forderungskatalog der liberalen Bewegung darstellten; sie hatten vielmehr weitreichende Bedeutung für die Lösung der Probleme der bayerischen Justiz: Starke Zentralisierung und Überlastung der Justiz vor 1848 riefen in Bayern erheblichen und konkreten Handlungsbedarf hervor. Die Ministerialbürokratie nutzte ihre zunehmende Machtfülle,[105] um neben anderen Reformen die Einführung von Schwurgerichten zur Lösung der Probleme durchzusetzen. Die Schwurgerichte hatten damit die Möglichkeit, sich in einem konkreten Fall zu bewähren. Sie trugen dazu bei, daß die bayerische Justiz schneller arbeiten konnte. Deshalb überzeugten die Schwurgerichte, trotz der zu konstatierenden Mängel, selbst die konservativen Machthaber der fünfziger Jahre. Für sie waren daher die als liberal etikettierten Schwurgerichte als Herrschaftsinstrument tragbar.

3. Seit ihrer Einführung, dies zeigt bereits der Fall des Matthias K., stellten die Schwurgerichte die Regierung im Hinblick auf die Todesstrafe vor Probleme. Vornehmlich hingen diese mit der hohen Zahl der von Schwurgerichten verhängten Todesurteile zusammen. Zwar waren die bayerischen Justizminister ebenso wie der König für die Beibehaltung der umstrittenen Todesstrafe.[106] Die Justizminister versuchten jedoch, in gewissem Maße zwischen den verschiedenen Interessen, die mit der Todesstrafe verbunden waren, eine Balance herzustellen. In den Mittelpunkt stellten die Justizminister bürokratisch-rationale Interessen und ihre eigenen Machtansprüche. Der Verwendung der Todesstrafe als Symbol von Macht und Autorität, wie der König sie wünschte, trat beispielsweise der Staatsrat entschieden entgegen. Das Justizministerium knüpfte bereits frühzeitig nach den Reformen wieder an den vorsichtigen Umgang mit der Todesstrafe der vierziger Jahre an.
   Die Gnadenpraxis der sechziger Jahre führte zu tiefgreifenden Spannungen zwischen der Regierung und dem Landtag. Der Konflikt erklärt sich aus der inneren Widersprüchlichkeit der sogenannten liberalen Phase. In dieser vollzog das Justizministerium die Todesstrafe extrem selten. Gerade das Herausgreifen einzelner Delinquenten zur Hinrichtung wirkte jedoch aus der Sicht der Gegner der Todesstrafe besonders willkürlich und schien die Stellung der einzelnen Delinquenten im Begnadigungsverfahren zu verunsichern. Dies verstieß, so glaubte man, gegen liberale Grundsätze.
4. Die Laienrichter etablierten sich als ein wichtiger Faktor bei der Entscheidung über Leben und Tod: Zum einen verliehen sie den Todesurteilen neue Legitimation, zum anderen brachten sie sich auf unterschiedliche Weise selbstbewußt in den Justizapparat ein; mit ihnen war zu rechnen. Von der Bevölkerung erfuhren sie große Akzeptanz. Dementsprechend spielten die Laienrichter aus taktischen Erwägungen heraus auch in der Begründung von Begnadigungsanträgen eine wichtige Rolle. Dem Justizministerium ging es in den zahlreichen Begnadigungsplädoyers allerdings – das macht der Fall des Matthias K. deutlich – weniger um den einzelnen Delinquenten als vielmehr um das Ansehen des Staats.

Anmerkungen

1 Bayerisches Hauptstaatsarchiv München (im folgenden zitiert als BayHStA; MJu = Staatsministerium der Justiz; MInn = Innenministerium), MJu 18059, Antwort des Königs vom 27.12.1849 auf den Antrag des Justizministers vom 15.12.1849.

2 Ebd., Antrag des Justizministers an den König vom 3.1.1850.

3 Ebd.

4 Ebd., Antwort des Königs vom 22.1.1850 auf den Antrag des Justizministers vom 3.1.1850.

5 Zu Planung und Durchsetzung der Schwurgerichte im Rahmen der Justizreformen von 1848/49 vgl. unten I.

6 Bernhard Düsing, Die Geschichte der Abschaffung der Todesstrafe in der Bundesrepublik Deutschland unter besonderer Berücksichtigung ihres parlamentarischen Zustandekommens, Schwenningen/Neckar 1952, S. 29 ff. Zur Diskussion über die Todesstrafe allgemein: Martin Fleckenstein, Die Todesstrafe im Werk von Carl Joseph Anton Mittermaier (1787–1867). Zur Entwicklungsgeschichte eines Werkbereichs und seiner Bedeutung für Theorie und Methodenbildung, Frankfurt a. M. 1992, S. 29 ff.

7 Ausnahmen bilden z. B. Dirk Blasius, Der Kampf um die Geschworenengerichte im Vormärz, in: Hans-Ulrich Wehler (Hg.), Sozialgeschichte Heute. Festschrift für Hans Rosenberg, Göttingen 1974, S. 148–161. Peter Landau, Schwurgerichte und Schöffengerichte in Deutschland im 19. Jahrhundert bis 1870, in: Antonio Padoa Schioppa (Hg.), The Trial Jury in England, France, Germany 1700–1900, Berlin 1987, S. 241–304. Wolfram Hahn, Die Entwicklung der Laiengerichtsbarkeit im Großherzogtum Baden während des 19. Jahrhunderts. Unter Berücksichtigung des Laienrichtertums in Württemberg, Diss. jur. Berlin 1974. Schwurgerichtsakten wurden ausgewertet von Regina Schulte, Das Dorf im Verhör. Brandstifter, Kindsmörderinnen und Wilderer vor den Schranken des bürgerlichen Gerichts in Oberbayern 1848–1910, Hamburg 1989.

8 Marita Krauss, Herrschaftspraxis in Bayern und Preußen im 19. Jahrhundert. Ein historischer Vergleich, Frankfurt a. M. 1997, S. 64–67.

9 Gesetz über Einführung der Schwurgerichte vom 8.8.1848, in: Gesetz-Blatt für das Königreich Bayern, 1848, Nr. 22.

10 Dazu Landau, S. 268 ff.

11 Landau, S. 254. Zu Bewertung und Diskussion der Schwurgerichte in der Rheinpfalz vgl. BayHStA Staatsrat 2155, Übersicht der Geschäfts-Verwaltung des königlichen Staatsministeriums der Justiz während des Jahres 1817, Zusammenfassung der Visitationsergebnisse des Generaldirektors des Justizministeriums. Zur Einführung von öffentlichen Gerichtsverfahren bzw. Schwurgerichten im rechtsrheinischen Bayern vor 1848: BayHStA Staatsrat 459, Protokoll der Staatsratssitzung, Beilage I vom 9.3.1819. Ein einflußreicher Gegner der Schwurgerichte in Bayern war Paul Johann Anselm Feuerbach, vgl. dazu BayHStA Staatsrat 304, Protokoll der geheimen Rats-Sitzung vom 21. Januar 1813, Beilage III, Vortrag zu Darstellung des Geistes der Gesetzgebung über das Verfahren in Strafsachen oder des Zweiten Theils des Baierischen Strafgesetzbuches.

12 Zu den Justizreformen allgemein: Eberhard Weis, Die Trennung zwischen Justiz und Verwaltung bei den bayerischen Unterbehörden. Zur Vorgeschichte des Gerichtsverfassungsgesetzes von 1861, in: Ders., Deutschland und Frankreich um 1800. Aufklärung – Revolution – Reform, München 1990, S. 279–298, 292; Eduard Rottmann, Das bayerische Strafverfahren. Nach dem Systeme des Gesetzes vom 10.11.1848, Die Abänderung des zweiten Theiles des Strafgesetzbuches vom Jahre 1832 betreffend, unter Beibehaltung des Originaltextes, der Gesetzesartikel und einschlägigen Verordnungen, Erlangen ^{2}1852, S. 89 ff. – Einen Überblick über die Gerichtsorganisation Bayerns bietet Ludwig Hauff, Die Verfassung der königlich bayerischen Gerichte diesseits des Rheins in ihrer Gestaltung und nach dem Gesetze vom 1. Juli 1856. Ein Führer auf dem Gebiet der neuen Gerichts-Organisation sowohl für den Juristen als für jeden bayerischen Staatsbürger, Nördlingen 1857, S. 26 ff.

13 Krauss, S. 64 ff.

14 Geheimes Hausarchiv Bestand Max II., Nr. 76/6/36a, Politische Notizen zur Hebung des bayerischen Nationalgefühls/Mittel den Bauernstand zu erhalten und die Regierung zu fesseln vom 5.9.1852 und vom 28.4.1852. Carl Joseph Anton Mittermaier, Erfahrungen über die Wirksamkeit der Schwurgerichte in Europa und Amerika. Über ihre Vorzüge, Mängel und Abhülfe, Erlangen 1865, S. 247 f.

15 Die Initiative zur Einführung von Schwurgerichten war im April 1848 von Justizminister Karl Friedrich Heintz ausgegangen; sein Vorschlag wurde zügig realisiert. Dies stützt zusätzlich die Annahme, daß ein Großteil der bayerischen Staatsdiener Anhänger von Schwurgerichten waren. BayHStA Staatsrat 3330, Antrag des Justizministers an den König vom 10.4.1848 und die Antwort des Königs vom 15.4.1848.

16 Art. 25 des Gesetzes, die Abänderungen des zweiten Theiles des Strafgesetzbuches von 1813 betreffend, in: Gesetz-Blatt für das Königreich Bayern vom 23.11.1848, Nr. 25.

17 Dazu z. B. Karl Joseph von Kleinschrod, in: Die Königlich Bayerischen Staatsminister der Justiz in der Zeit von 1818–1918. Ihre Herkunft, ihr Werdegang und ihr Wirken, hg. vom Staatsministerium der Justiz, I. Teil, München 1931, S. 566 f.

18 Die positive Bilanz, wie sie für die Arbeit der linksrheinischen Schwurgerichte gezogen wurde, ist dokumentiert in: BayHStA MJu 13034, Auszug aus dem Bericht des Präsidenten des Assisengerichts an Justizministerium/König vom 12.3.1819. Dazu auch Weis, S. 293.

19 Theodor Hilgard, Der Kampf zwischen Schwurgerichten und ständigen Gerichten und Vorschlag einer Aussöhnung beider Systeme, in: Archiv des Criminalrechts, Neue Folge (1855), S. 216–260, 221 f.; Mittermaier, Erfahrungen, S. 7, 12 f.

20 Gesetz über Einführung der Schwurgerichte vom 8.8.1848.

21 Landau, S. 273. Zur Erstellung der Geschworenenlisten in der preußischen Rheinprovinz Blasius, S. 154.

22 Gesetz über die Einführung der Schwurgerichte vom 8.8.1848, Art. 1–3.

23 Stellvertretend für andere vgl. Geschworenenliste in: Staatsarchiv

Amberg (im folgenden zitiert als StA Amberg), Bestand Landgericht Amberg ältere Serie, Nr. 2, Johann Baptist W., Schwurgerichtsprotokoll vom 10.4.1858. Ein Beispiel für eine Dienstliste findet sich in: Staatsarchiv Landshut (im folgenden zitiert als StA Landshut) Rep. 167, Verz. 1, Nr. 2304, Auszug aus dem Protokoll vom 10.11.1873 über die Ziehung der Namen der Geschwornen für die auf Montag, den 24.11.1873 angesetzte Schwurgerichtssitzung im Kreis Niederbayern.

24 BayHStA MJu 13037, Tabelle vom 15.12.1855.

25 Gesetz über die Einführung der Schwurgerichte vom 8.8.1848, Art. 5 ff.

26 Ebd., Art. 4.

27 Beispielsweise kritisierte der Bürgerverein für Freiheit und Ordnung am 26.8.1848 gegenüber König und Justizminister, daß nicht alle potentiell zugelassenen Laienrichter auf der öffentlich ausliegenden Liste in München aufgeführt seien. Das Staatsministerium des Inneren ordnete daraufhin an, daß die vollständige Bildung der Liste kein Recht, sondern eine Pflicht und unbedingt korrekt durchzuführen sei. BayHStA MJu 13036, Abschrift der Anordnung vom 28.8.1848. In der Pfalz waren Manipulationsversuche der Regierung bereits in den dreißiger Jahren des 19. Jahrhunderts fehlgeschlagen; Landesarchiv Speyer Bestand H1, Nr. 2057, Schreiben des Landkommissärs an die Regierung des Rheinkreises vom 21.6.1833. Weitere Versuche, ungesetzlichen Einfluß auf die Bildung der Listen zu nehmen, sind dokumentiert in: BayHStA MJu 13036, Schreiben der Regierung von Mittelfranken, Kammer des Inneren, an Justizministerium/König vom 4. 10.1848. Ferner: BayHStA MJu 13036, Abschrift eines Schreibens des Innenministeriums an das königliche Regierungspräsidium vom 26.1.1851. In Preußen war das Auswahlverfahren dem französischen Vorbild nachempfunden, so daß u. a. die Regierung maßgeblichen Einfluß auf Erstellung der Listen hatte. Somit konnte sich die Regierung die Laienrichter nahezu nach Belieben zusammenstellen. Dies bemängelte z. B. Jodocus D. H. Temme, Augenzeugenberichte der deutschen Revolution 1848/49. Ein preußischer Richter als Vorkämpfer der Demokratie, neu hg. von Michael Hettinger, Darmstadt 1996, S. 201.

28 Verfassungsurkunde für das Königreich Bayern vom 26.5.1818, Titel VIII, § 4, in: Ernst Rudolf Huber, Dokumente zur deutschen Verfassungsgeschichte, Bd. 1, Deutsche Verfassungsdokumente von 1803–1850, Stuttgart 1961, S. 169.

29 BayHStA MJu 12575, Statistik zur Todesstrafe.

30 Die Todesstrafe drohte das Kreittmayrsche Strafgesetzbuch bei 55 Straftatbeständen an, Andreas Peitzsch, Kriminalpolitik in Bayern unter der Geltung des Codex Juris Criminalis Bavarici von 1751, Diss. jur. München 1967, S. 60 f. – Nach dem Bayerischen Strafgesetzbuch von 1813, I. Theil, München 1813, sollten folgende Handlungen mit der Todesstrafe geahndet werden: Mord (Art. 146 ff.), Wiederholter Kindsmord (Art. 158), Abtreibungshandlung Dritter mit Todesfolge der Mutter (Art. 173), Notzucht mit Todesfolge (Art. 189), Vergiftung eines Brunnens (Art. 150), Raub mit Todesfolge (Art. 239 f.), Brandstiftung mit Todesfolge (Art. 248), Verursachung einer Überschwemmung mit Gefahr für Leben (Art. 254), Anzünden von Pulverminen (Art. 255), Meineid, der zur Verhängung eines Todesurteils

führt (Art. 292), Majestätsbeleidigung I. Grades (Art. 310), Hochverrat und einfacher Staatsverrat (Art. 300 ff.) sowie Gewalttätiger Widerstand gegen die Obrigkeit (Art. 321 f.).

31 Beispielsweise sollte in der Regel kein Todesurteil allein aufgrund von Indizienbeweisen verhängt werden. Ausführlich dazu Clemens Blusch, Das Bayerische Strafverfahrensrecht von 1813. Die Reform des Bayerischen Strafverfahrensrecht am Anfang des 19. Jahrhunderts unter Paul Johann Anselm von Feuerbachs Mitwirkung, Frankfurt a. M. 1997, S. 126 f.

32 BayHStA MJu 12575, Statistik zur Todesstrafe.

33 Ebd.

34 Dies beweist bereits die hohe Anzahl bibliographisch ermittelter kontroverser naturrechtlich-rechtsphilosophischer Schriften zur Todesstrafe, die im Rahmen des Projekts »Naturrecht und Rechtsphilosophie im 19. Jahrhundert« erfaßt wurden. Dazu erscheint in Kürze eine Bibliographie von Diethelm Klippel.

35 So z. B. BayHStA MJu 13065, Schreiben des Innenministeriums an das Justizministerium vom 4.7.1847 anläßlich der Probleme, die das Landgericht Mitterfels bei der bevorstehenden Hinrichtung des Dominikus H. befürchtete.

36 Gesetz, die Abänderung des zweiten Theiles des Strafgesetzbuches von 1813 betreffend, vom 23.11.1848, Art. 51.

37 Vgl. Fn. 30.

38 Gesetz über die Einführung der Schwurgerichte vom 8.8.1848, Art. 30.

39 Ebd., Art. 17 ff.

40 Ebd., Art. 31 ff.

41 Ebd., Art. 33.

42 Ebd., Art. 173, 191, 203.

43 Stellvertretend für viele: StA Amberg, Landgericht Amberg ältere Serie, Nr. 10, Friedrich R., Frage- und Antwortprotokoll der Schwurgerichtssitzung vom 4.3.1875.

44 Die Art der Fragestellung an die Geschworenen war ein von Juristen kontrovers diskutiertes Thema. Aus Angst, den Geschworenen allzu große Kompetenz zu unterstellen, forderten einige Juristen, daß die Tatfrage gänzlich frei von gesetzlichen Straftatbeständen formuliert werden müsse, vgl. Mittermaier, Erfahrungen, S. 241 ff., 251. Mittermaier interpretierte das bayerische Gesetz dahingehend, daß die Geschworenen die Aufgabe hatten, durchaus über Fragestellungen mit Rechtstermini zu urteilen. Allerdings gab Mittermaier zu, daß das bayerische Gesetz mehrdeutig war und verschiedene Auslegungen zuließ, Ders., S. 243, 252.

45 Walter Böttges, Die Laienbeteiligung an der Strafrechtspflege. Ihre Geschichte und heutige Bedeutung, Diss. jur. Bonn 1979, S. 34.

46 Mittermaier, Erfahrungen, S. 235, 240.

47 Mittermaier, S. 17 f., 233.

48 Ebd., S. 6.

49 Böttges, S. 33.

50 Gesetz über die Einführung der Schwurgerichte vom 8.8.1848, Art. 30 ff. Die mangelnde Kontrollmöglichkeit über die Untersuchungsgerichte

wird kritisiert in: BayHStA MJu 12986, Bericht des Generalstaatsanwalts am Oberappellationsgericht an das Justizministerium, Johann O., Irregularitäten im Strafverfahren betreffend, vom 29.5.1852, Punkt 8.

51 Allerdings durfte der Untersuchungsrichter nicht in der Schwurgerichtsverhandlung als Richter auftreten; Gesetz, die Abänderungen des zweiten Theiles des Strafgesetzbuches vom Jahre 1813 betreffend, vom 23.11.1848, Art. 14.

52 Ausschlaggebend schien die Voreingenommenheit des Schwurgerichtspräsidenten z. B. im folgenden Fall: BayHStA MJu 17857, Johann E. u. a., Schreiben eines Advokaten an den König vom 1.3.1879.

53 Mittermaier, Erfahrungen, S. 242.

54 Ebd., S. 245. Allerdings behielt die Voruntersuchung in der Praxis, wie aus einer Denkschrift des Justizministeriums aus dem Jahre 1866 hervorgeht, dennoch einen großen Einfluß; BayHStA MJu 12987, Grundzüge eines Ausschreibens des Staatsministeriums der Justiz an sämtliche Gerichte und Staatsanwälte in den Landestheilen diesseits des Rheins vom Juni 1866, den Vollzug des Strafprozeßgesetzes vom 10.11.1848 betreffend.

55 Gesetz über die Einführung der Schwurgerichte vom 8.8.1848, Art. 171 f.

56 So z. B. bei BayHStA MJu 17844, Barbara D., Antrag des Justizministers an den König vom 1.9.1852. Dies geht ferner hervor aus MJu 12987, Grundzüge eines Ausschreibens, den Vollzug des Strafprozeßgesetzes vom 10.11.1848 betreffend.

57 So z. B. bei BayHStA MJu 18156, Michael O., Gnadengesuch des Verteidigers an den König vom 10.7.1861. MJu 17844, Barbara D., Antrag des Justizministers an den König vom 1.9.1852.

58 StA Augsburg Schwurgericht von Schwaben und Neuburg A3, Josepha M., Protokoll über die öffentliche Sitzung vom 4.6.1855.

59 Dafür sprechen ferner die Fälle, in denen die Laienrichter eigenmächtig ein »Schuldig, aber mit geminderter Zurechnungsfähigkeit« aussprachen. Dies konnte die Aufhebung eines Urteils nach sich ziehen, wie es bei dem Todesurteil gegen Margaretha B. der Fall war. Allerdings versuchte das Justizministerium, die Kompetenzerweiterung der Geschworenen, auch über die Zurechnungsfähigkeit des Delinquenten zu urteilen, zu beseitigen; BayHStA MJu 12986, Schreiben des Generalstaatsanwalts an das Justizministerium vom 31.3.1853. Zu diesem Aspekt vgl. auch Mittermaier, Erfahrungen, S. 259.

60 Die Zahlen ergeben sich aus: BayHStA MJu 12575, Statistik zur Todesstrafe. Ferner: Uebersicht der Ergebnisse der Strafrechtspflege im Königreiche Bayern während der Jahre 1850/51–1853/54, hg. von Justizministerium, München 1855, S. 24.

61 BayHStA MJu 12614, Vergleich des neuen Strafverfahrens von 1849–1854 mit dem älteren Verfahren von 1832–1848.

62 BayHStA Staatsrat 896, Protokoll der Sitzung vom 8.4.1848, Beilage X.

63 Gesetz über die Einführung der Schwurgerichte vom 8.8.1848, Art. 171. Ausführlicher zur freien Beweiswürdigung Rudolf Stichweh, Zur Subjektivierung der Entscheidungsfindung, in: André Gouron u. a. (Hg.), Sub-

jektivierung des justiziellen Verfahrens. Beiträge zum Zeugenbeweis in Europa und den USA (18.-20. Jahrhundert), Frankfurt a. M. 1994, S. 265–300, S. 283 ff. Damit sich die Geschworenen auf ihre Aufgabe vorbereiten konnten, wurden für sie sogenannte Geschworenen-Bücher verfaßt, z. B. vom Schwurgerichtspräsident Gottfried Widmann, Das Geschwornen-Buch oder die begriffene Ueberzeugung. Für die Geschworenen Deutschlands, Würzburg 1864.

64 Wilhelm Ferdinand Tippelskirch, Ueber den Beruf der Geschworenen. Die Conflicte des Wahrspruchs mit dem Begnadigungsrecht und ihre Lösung, in: Allgemeine Schwurgerichtszeitung für Deutschland und die Schweiz 4 (1859), S. 23–42, S. 39; Mittermaier, Erfahrungen, S. 7; Peter Kammerer, Schwurgerichte in Bayern. Vorzüge und Mängel derselben, München 1858, S. 12.

65 BayHStA MJu 12613, Ergebnisse der Strafrechtspflege, Band II, 1843–1854. Daß die bayerischen Geschworenen zu strengen Urteilen neigten, stellte auch Mittermaier, Erfahrungen, S. 247, fest. Zur Strenge der Laienrichter in Preußen: Ludwig Triest, Die Stärke des Gegendrucks, den die schwurgerichtliche Rechtspflege dem Verbrechen entgegensetzt, in: Allgemeine Schwurgerichtszeitung für Deutschland und die Schweiz 4 (1859), S. 225–247, 226.

66 Carl Joseph Anton Mittermaier, Die Todesstrafe. Der neueste Stand der Frage über Beibehaltung der Strafe und der Juristentag, in: Allgemeine Deutsche Strafrechtszeitung 2 (1862), Sp. 733–741, 736.

67 Peter Gay zitiert eine französische Studie aus dem Jahr 1872, die eine ambivalente Haltung der Mittelschicht gegenüber der Todesstrafe belegt. Einerseits war sie selbst bei geringfügigen Eigentumsdelikten grundsätzlich für Verhängung der Todesstrafe, andererseits weigerten sich Geschworene der Mittelschicht häufig, bei eindeutig überführten Dieben schuldig zu sprechen. Peter Gay, Kult der Gewalt. Aggressionen im bürgerlichen Zeitalter, München 1996, S. 161.

68 Ähnlich bei BayHStA MJu 18102, Joseph M., Antrag des Justizministers an den König vom 25.9.1870.

69 BayHStA MJu 18059, Antrag des Justizministers an den König vom 3.1.1850.

70 Zweifel über den laienrichterlichen Wahrspruch hegten die Justizminister z. B. in folgenden Fällen: BayHStA MJu 17912, 18229, 17948, 17875 u.v.m.

71 Die Zuschauer nahmen den Schuldspruch, der eine Todesstrafe nach sich zog, positiv auf bei BayHStA MJu 17874, Sebastian E., Gutachten des Staatsanwalts an Justizministerium/König vom 21.12.1866; MJu 17875, Johann Adam E., Gutachten des Staatsanwalts an Justizministerium/König vom 30.5.1865. Kaum negativ eingestellt gegen den Angeklagten zeigten sich die Zuschauer z. B. im Fall des Johann F., der in der Verhandlung große Reue zeigte, MJu 17914, Johann F., Gutachten des Staatsanwalts an Justizministerium/König vom 20.6.1868. Mitgefühl von Geschworenen und Zuschauern erhielten vor allem die Kindsmörderinnen, so z. B. MJu 18304, Christina S., Antrag des Justizministers an den König vom 29.6.1861.

72 So z. B. bei BayHStA MJu 18393, Maria W. u.a, Gutachten des Ober-

staatsanwalts an Justizministerium/König vom 21.12.1859; MJu 18112, Franz Xaver M. u. a., Bericht des Staatsanwalts an Justizministerium/König vom 1.8.1873. Für eine Hinrichtung sprach sich das Publikum im Fall des Anton B. aus, der seine Schwester ermordet hatte, MInn 46136, Schreiben der königlichen Regierung von Oberbayern, Kammer des Inneren an das Innenministerium vom 22.8.1853.

73 Vgl. oben I.

74 So Richard Evans, Rituals of Retribution. Capital Punishment in Germany (1600–1987), Oxford 1996, S. 897.

75 Gesetz über Einführung der Schwurgerichte vom 8.8.1848, Art. 192.

76 Ebd., Art. 212.

77 Fallbeispiele, in denen die Berufsrichter ähnlich überrascht auf das Urteil der Laienrichter reagierten wie bei Matthias K.: BayHStA MJu 18233, Johann Nepumuk R., Antrag des Justizministers an den König vom 21.8.1870. Die in der Verhandlung gegen Kreszenz E. u. a. anwesenden Berufsjuristen rechneten mit einem Freispruch der E. und waren überrascht über den Schuldspruch der Laienrichter, der eine Todesstrafe nach sich zog, MJu 17877, Kreszenz E. u. a., Gutachten des Staatsrats an Justizministerium/König vom 30.6.1850.

78 [Eduard] Steinle, Berichtigung eines irrthümlichen Geschworenenspruchs durch den Wahrspruch der zweiten Geschwornen, in: Allgemeine Schwurgerichtszeitung für Deutschland und die Schweiz 4 (1859), S. 176–183, 177. Zur erneuten Verhandlung ausgesetzt wurde ein Wahrspruch, der die Todesstrafe nach sich zog, z. B. bei BayHStA MJu 18393, Maria W. u. a., Gutachten des Oberstaatsanwalts an Justizministerium/König vom 21.12.1859. Max A. wurde erneut des Mordes schuldig gesprochen und am 25.2.1860 hingerichtet, siehe ebd., Hinrichtungsprotokoll vom 25.2.1860.

79 Rud[olf] Kräwel, Ueber die Einwirkung, welche dem Richter nach den deutschen Gesetzen auf den Wahrspruch der Geschworenen zusteht, in: Archiv des Criminalrechts, Neue Folge (1855), S. 309–339, 330 f.

80 Steinle, S. 176 f.

81 Vgl. Fn. 28.

82 Strafgesetzbuch von 1813, II. Theil, Art. 371 ff.

83 Einschlägige Ministerialentschließungen zu den Gutachten in Gnadensachen sind enthalten in: Zeitschrift für Gesetzgebung und Rechtspflege des Königreichs Bayern 4 (1858), S. 163–165, Nr. 20 f. – Zur Geschäftsverteilung des bayerischen Justizministeriums: Hermann Rumschöttel, Das Bayerische Staatsministerium der Justiz 1799–1966, München 1990, S. 13 f.

84 Dies ergab die Auswertung sämtlicher Akten zu Todesurteilen in der zweiten Hälfte des 19. Jahrhunderts im BayHStA, Bestand MJu. Zur Entwicklung des Justizministeriums Rumschöttel, S. 11.

85 Dieser Befund ergibt sich ebenfalls aus der Auswertung sämtlicher Akten zu Todesurteilen aus dem Bestand MJu im BayHStA.

86 Stellvertretend für viele: BayHStA MJu 17875, Johann Adam E., Antrag des Justizministers an den König vom 1.5.1865, MJu 18050, Nicolaus K., Antrag des Justizministers an den König vom 29.11.1864; MJu 18102, Joseph M., Gutachten des Generalstaatsanwalts an Justizministerium/König vom 25.9.1870; MJu 18299, Friedrich S., Bericht des II. Staatsanwalts an

das Justizministerium vom 17.10.1863; MJu 18229, Matthias R., Gutachten des Oberstaatsanwalts an Justizministerium/König vom 10.7.1858; MJu 18171, Christoph P., Antrag des Justizministers an den König vom 2.2.1877.

87 So z. B. bei BayHStA MJu 18138, Johann M., Antrag des Justizministers an den König vom 20.7.1870; MJu 18229, Matthias R., Gutachten des Oberstaatsanwalts an Justizministerium/König vom 10.7.1858; MJu 18303, Simon S., Antrag des Justizministers an den König vom 22.6.1854.

88 Vgl. Fn. Nr. 86 und 87.

89 Z. B. von Franz Joseph Felsecker, Worte an Bayern, betreffend die Abschaffung der Todesstrafe. Eine Kritik der vor kurzem erschienenen Schrift: »Die Todesstrafe«. Von dem Verfasser des Geistes der peinlichen Gesetzgebung Deutschlands, Nürnberg 1831. Nebst einem Versuche der Feststellung einer Strafrechtstheorie, Fürth 1831.

90 So z. B. bei BayHStA MJu 18393, Maria W. u. a., Gutachten des Oberstaatsanwalts an Justizministerium/König vom 21.12.1859; MJu 18151, Michael N. u. a., Gutachten des Justizministers vom 18.3.1850.

91 Stellvertretend für viele: BayHStA MJu 18112, Franz Xaver M. u. a., Stellungnahme an den Justizminister vom 29.8.1873; MJu 17761, Michael Matthias B. u. a., Antrag des Justizministers an den König vom 10.12.1875.

92 Verhandlungen der Kammer der Abgeordneten des Bayerischen Landtags in den Jahren 1866/67, Stenographische Berichte, 1. Band, Sitzung vom 22.3.1867, München [1867], S. 404.

93 Diese Hinrichtungsrate ergibt sich aus den 42 Todesurteilen und 3 Hinrichtungen in der Zeit von 1844–1848, vgl. BayHStA MJu 12575, Statistik der Mord- und Todesurteile.

94 Diese Hinrichtungsrate ergibt sich aus den 132 Todesurteilen und 26 Hinrichtungen in der ersten Hälfte der fünfziger Jahre, ebd. und Übersicht, S. 24. Für die Zeit von 1855 bis 1857 liegen allerdings widersprüchliche Angaben über die Zahl der Todesurteile und Hinrichtungen vor. Es ist davon auszugehen, daß sie mit jenen der Jahre 1850–1854 vergleichbar waren. 1858 wurden 14 Todesurteile verhängt und sechs Personen hingerichtet; 1859 betrug das entsprechende Verhältnis 24:5.

95 Evans, S. 897.

96 Vgl. oben, II.

97 Vgl. oben, I.

98 BayHStA Staatsrat 978, Protokoll der Sitzung des Staatsrats vom 25. und 28.8.1851. Daß die Ausdehnung der Todesstrafe auf weitere Delikte zu ausgreifenden Freisprüchen durch die Geschworenen führe, wurde mehrmals als Argument gegen die gesetzliche Ausweitung der Todesstrafe, wie sie der König wünschte, angeführt. So z. B. auch in Staatsrat 978, wie oben, Protokoll vom 28.8.1851. Hier ging es um die Ausdehnung der Todesstrafe auf Notzucht.

99 BayHStA MJu 12575, Statistik der Mord- und Todesurteile.

100 Das Strafgesetzbuch für das Königreich Bayern sammt dem Gesetze vom 10.11.1861. Zur Einführung des Strafgesetzbuches und Polizeistrafgesetzbuchs, Bd. 1, hg. von Ludwig Weis, Nördlingen 1863; Das Strafgesetzbuch für das Königreich Bayern vom 10.11.1861. Erläutert aus den Materialien der Rechtslehre und der Entscheidung der Gerichte, hg. von Melchior Stenglein, München 1869.

101 BayHStA MJu 12575, Statistik der Mord- und Todesurteile.

102 Vgl. oben Fn. 92.

103 Stellvertretend für viele andere BayHStA MJu 17914, Johann F., Gnadengesuch des Vaters Andreas F. und des Armenpflegschaftsrats vom 25.6.1881; MJu 18233, Johann Nepumuk R., Gnadengesuch der Gattin Viktoria R. vom 30.6.1870; MJu 18156, Michael O. u. a., Gnadengesuch der Tochter Regina J. vom 13.7.1861. Zur symbolischen Herrschaft des Königs siehe Krauss, S. 123.

104 BayHStA MJu 13109; z. B. schrieben am 19.4.1873 die Einwohner der Stadt Bamberg an das Justizministerium, die Schwurgerichte hätten sich bewährt, da sie die »persönliche und politische Freiheit in hohem Grade schützen«. Die Akte enthält zahlreiche Schriftstücke dieser Art. Allerdings gab es auch kritische Stimmen, die sich gegen die Laienrichter aussprachen, so z. B. Kammerer, Ueber Schwurgerichte, S. 12.

105 Dazu allgemein Krauss, S. 385.

106 Z. B. Kleinschrod, Die Königlich Bayerischen Staatsminister, S. 555. Vgl. auch oben III.

Über die Herausgeber

HELMUT BERDING, Prof. Dr. phil., geb. 1930; seit 1972 Professor für Neuere Geschichte der Justus-Liebig-Universität Gießen. Mitglied des Leitungsgremiums und (von 1994 bis 1998) Sprecher des Graduiertenkollegs »Mittelalterliche und neuzeitliche Staatlichkeit (10.–19. Jahrhundert)« der Justus-Liebig-Universität Gießen. 1985/86 Directeur d'Etudes an der Ecole des Hautes Etudes en Sciences Sociales in Paris. *Veröffentlichungen u. a.*: Rationalismus und Mythos, 1969; Napoleonische Herrschafts- und Gesellschaftspolitik, 1973; Moderner Antisemitismus, 1988; Aufklären durch Geschichte, 1990; Die Entstehung der Hessischen Verfassung. Eine Dokumentation, 1996. Mitherausgeber der Reihe »Kritische Studien zur Geschichtswissenschaft« und der Zeitschrift »Geschichte und Gesellschaft«.

DIETHELM KLIPPEL, Prof. Dr. iur., geb. 1943; seit 1995 Lehrstuhl für Bürgerliches Recht und Rechtsgeschichte der Universität Bayreuth. Mitglied des Leitungsgremiums des Graduiertenkollegs »Mittelalterliche und neuzeitliche Staatlichkeit (10.–19. Jahrhundert)« der Justus-Liebig-Universität Gießen. *Veröffentlichungen u. a.*: zur Rechts-, Verfassungs- und politischen Theoriegeschichte. Mitherausgeber der »Zeitschrift für Neuere Rechtsgeschichte«.

GÜNTHER LOTTES, Prof. Dr. phil., geb. 1951; seit 1993 Professor für Neuere Geschichte mit dem Schwerpunkt Frühe Neuzeit der Justus-Liebig-Universität Gießen. Mitglied des Leitungsgremiums des Graduiertenkollegs »Mittelalterliche und neuzeitliche Staatlichkeit (10.-19. Jahrhundert)« der Justus-Liebig-Universität Gießen. Sprecher des Sonderforschungsbereichs 434 »Erinnerungskulturen« der Deutschen Forschungsgemeinschaft. *Veröffentlichungen u. a.*: zur Sozial-, Verfassungs- und Ideengeschichte West- und Mitteleuropas.

Autorinnen und Autoren

Alexandra Chmielewski, M.A., geb. 1968; 1995–1996 Stipendiatin des Graduiertenkollegs »Mittelalterliche und neuzeitliche Staatlichkeit (10.-19. Jahrhundert)« der Justus-Liebig-Universität Gießen. 1996–1998 Stipendiatin in dem von der Volkswagen-Stiftung geförderten Forschungsprojekt »Politischer Diskurs und staatliche Praxis«. Promotionsvorhaben: Reformstaat und Psychiatrie. Die Beispiele Bayern und Baden (1800–1860). *Veröffentlichung:* Staat und Irrenfürsorge. Badische Psychiatriereformen im frühen 19. Jahrhundert, in: Zeitschrift für die Geschichte des Oberrheins 146 (1998), S. 437–454.

Joachim Eibach, Dr. phil., geb. 1960; seit 1993 Stipendiat bzw. Kollegiat im Graduiertenkolleg »Mittelalterliche und neuzeitliche Staatlichkeit (10.-19. Jahrhundert)« der Justus-Liebig-Universität Gießen, seit 1997 Wissenschaftlicher Angestellter am Historischen Institut der Universität Gießen und Koordinator des SFB »Erinnerungskulturen«, seit 1999 Mitarbeiter in dem von der Volkswagen-Stiftung geförderten Forschungsprojekt »Staat und Privatheit. Die Grenzen der Regulierung bürgerlichen Verhaltens (1750–1850)«. *Veröffentlichungen u. a.:* Der Staat vor Ort. Amtmänner und Bürger im 19. Jahrhundert am Beispiel Badens, 1994; Kriminalitätsgeschichte zwischen Sozialgeschichte und Historischer Kulturforschung, in: Historische Zeitschrift 263 (1996), S. 681–715; Städtische Gewaltkriminalität im Ancien Régime, in: ZHF 25 (1998), S. 359–82.

Ylva Greve, Ref. iur., geb. 1970; seit 1998 Stipendiatin des Graduiertenkollegs »Mittelalterliche und neuzeitliche Staatlichkeit (10.-19. Jahrhundert)« der Justus-Liebig-Universität Gießen. Promotionsvorhaben: Grundfragen des Strafrechts in der Criminalpsychologie des 19. Jahrhunderts. *Veröffentlichung:* Die Unzurechnungsfähigkeit in der »Criminalpsychologie« des 19. Jahrhunderts, in: Michael Niehaus/Hans-Walter Schmidt-Hannisa (Hg.), Unzurechungsfähigkeiten. Diskursivierungen unfreier Bewußtseinszustände seit dem 18. Jahrhundert, 1998, S. 107–132.

Martina Henze, M.A., geb. 1965; 1995–1996 Stipendiatin des Graduiertenkollegs »Mittelalterliche und neuzeitliche Staatlichkeit (10.-19. Jahrhundert)« der Justus-Liebig-Universität Gießen, seit 1996 Kollegiatin des Graduiertenkollegs und Stipendiatin in dem von der Volkswagen-Stiftung geförderten Forschungsprojekt »Politischer Diskurs und staatliche Praxis«. Promotionsvorhaben: Gefängnisreform in Bayern und Hessen-Darmstadt im zweiten Drittel des 19. Jahrhunderts.

THOMAS NUTZ, M.A., geb. 1969; seit 1996 Stipendiat des Graduiertenkollegs »Mittelalterliche und neuzeitliche Staatlichkeit (10.-19. Jahrhundert)« der Justus-Liebig-Universität Gießen. Promotionsvorhaben: Die Erfindung der Strafanstalt. Gefängniskunde und Gefängnisreform in Preußen 1770–1848. *Veröffentlichung:* Vergeltung oder Versöhnung? Strafvollzug und Ehre in Schillers »Verbrecher aus Infamie«, in: Jahrbuch der Deutschen Schillergesellschaft 42 (1998), S. 146–164.

PETRA OVERATH, M.A., geb. 1968; 1995–1996 Stipendiatin des Graduiertenkollegs »Mittelalterliche und neuzeitliche Staatlichkeit (10.-19. Jahrhundert)« der Justus-Liebig-Universität Gießen, 1996–1998 Stipendiatin in dem von der Volkswagen-Stiftung geförderten Forschungsprojekt »Politischer Diskurs und staatliche Praxis«, seit 1998 wissenschaftliche Mitarbeiterin am Institut für Politikwissenschaft der Universität Leipzig. Promotionsvorhaben: Die Todesstrafe in Bayern im 19. Jahrhundert.

Register